D1690542

Weihnachtsbaum und Blütenwunder

Christian Rätsch
Claudia Müller-Ebeling

Weihnachtsbaum und Blütenwunder

Geheimnisse, Herkunft und Gebrauch traditioneller Weihnachtspflanzen

Rezepte – Rituale – Räucherungen

AT Verlag

Für unsere Familie

Biene auf Weihnachtssternblüte. Blüten zur Weihnachtszeit bestärken die Hoffnung auf einen neuen Frühling.

2. Auflage, 2008

AT Verlag, Aarau und München
Sämtliche Fotos, sofern nicht anders vermerkt: Christian Rätsch
Umschlagfoto: Catherine Eigenmann, Bern
Lithos: AZ Grafische Betriebe AG, Aarau
Druck und Bindearbeiten: Appl, Wemding
Printed in Germany

ISBN 978-3-85502-802-3

www.at-verlag.ch

Inhaltsverzeichnis

Vorworte

Weihnachten feiern wir mitten im Winter, wenn die Bäume kahl sind und nichts im tristen Grauweiß daran erinnert, was dort sonst grünt und blüht. Was soll dann ein Buch, das sich ausgerechnet mit »Weihnachtsbotanik«, mit Weihnachtspflanzen befasst? Der Weihnachtsbaum im Titel erscheint noch einleuchtend – in jeder Hinsicht. Doch Blütenwunder? Ausgerechnet im Winter? Die simple Antwort ist: Weil wir uns gerade dann besonders nach Grün, Blüten und Sonne sehnen.

Bei Licht besehen – genauer beim Kerzenschein des Adventskranzes und des Lichterbaums – zeigt sich nämlich, dass dieses Fest erstaunlich viel mit Botanik zu tun hat. Gerade in der dunklen Adventszeit holen wir uns liebend gerne Tannengrün und blühende Pflanzen ins Haus, zum Beispiel den Weihnachtsstern und die Christrose. Wir hängen Mistelzweige auf oder schmücken unsere Türen mit Kränzen aus Tannen, Efeu und Stechpalmenzweigen. Wir verwenden zum Braten und Backen unzählige exotische Gewürze von Bäumen, Sträuchern und Pflanzen aus tropischen Regionen. Die Kinder freuen sich auf den Nikolaus, den Weihnachtsmann oder das Christkind, weil diese Marzipan und Schokolade, Äpfel, Mandarinen und Nüsse in den erwartungsvoll bereitgestellten Schuhen, Strümpfen und Gabentellern hinterlassen. Auch diese Leckereien stammen letztlich von Bäumen, deren Früchte wir zum Teil aus fernen, wärmeren Gefilden importieren. Ein Buch über die Pflanzen zur Weihnachtszeit macht also durchaus Sinn.

Doch was verbirgt sich hinter den uns lieb gewordenen Traditionen und Bräuchen rund um Weihnachten? Warum spielen Tannengrün, Blütenwunder, Weihnachtsgewürze und Räucherstoffe (wie Myrrhe und Weihrauch der heiligen drei Könige) noch immer eine derart zentrale Rolle? Worin liegen ihre symbolische Bedeutung und ihr Fortleben bis ins Computerzeitalter begründet?

Wir entdeckten erstaunliche Antworten, verborgen im Dunkel der Geschichte. Die Pflanzen, die eine gewichtige Rolle beim Weihnachtsfest spielen (dem erfolgreichsten und kulturumspannendsten Fest aller Zeiten), haben ihren Ursprung nicht allein dort, wo wir ihn suchen und vermuten, nämlich im christlichen Fest von Jesu Geburt, sondern vielmehr in vorchristlich-heidnischen Zeiten. Ihre symbolische Bedeutung wurzelt in ferner Vergangenheit, als unsere Ururahnen noch innig mit dem Jahreslauf verbunden und von der Wiederkehr der Pflanzen nach den langen, dunklen Winternächten existenziell weitaus abhängiger waren als wir Stadtmenschen heute. Dieses geschichtliche Dunkel, in dem unsere vertrauten Weihnachtsbräuche letztlich wurzeln, interpretieren wir je nach Weltanschauung schlicht als »verborgen« und »unbekannt« – oder auch im Sinne von »düster«, »schauerlich«, »gefährlich« und »unerwünscht«. Wir nehmen entsprechende historische Sachverhalte interessiert zur Kenntnis oder weisen sie entrüstet zurück. Wir reagieren aufgeschlossen auf das, was vor unserer Zeit war, oder wir fühlen uns von historischen Quellen, die vertrauten Überzeugungen widersprechen, in unseren religiösen Gefühlen zutiefst verletzt und angegriffen. Wir können von den Traditionen, Weltanschauungen und Wirklichkeiten anderer Menschen, Kulturen, Völker und Zeiten profitieren – oder sie ignorieren, ablehnen oder gar bekämpfen. Kurz gesagt: Wir haben die freie Wahl.

Bis heute erfreuen sich unzählige Pflanzen zur Advents- und Weihnachtszeit einer weltumspannenden Bedeutung und Beliebtheit. Vielschichtige symbolische Hintergründe machten sie zum zentralen Bestandteil des weihnachtlichen Rituals. Sie zählen daher zum historischen und kulturellen Erbe der gesamten Menschheit – unabhängig von Religion, Kultur und Rasse.

Wir alle haben eine Vergangenheit – ob als Individuum, Zeitgenosse einer bestimmten Generation oder Angehörige (selbstverständlich immer gleichermaßen auf Frauen und Männer bezogen) einer wie auch immer definierten übergeordneten kulturellen, religiösen oder nationalen Tradition. Inwiefern wir bereit sind, uns mit unserem eigenen Leben, unserer persönlichen Kindheit und Vergangenheit und darüber hinaus auch mit dem kulturellen, religiösen und geschichtlichen Erbe auseinander zu setzen, obliegt unserer individuellen Entscheidung. Wir können daher nur auf die kulturübergreifende Perspektive unserer Leserinnen und Leser vertrauen, wenn wir im Zusammenhang mit Pflanzen, die eine bedeutsame Rolle im Weihnachtsgeschehen spielen, oft auf andere als rein christliche Quellen verweisen.

C. Müller-Ebeling, Hamburg, im Advent 2002

Noch ein Buch zu Weihnachten! Gibt es deren nicht schon genug?

Tannenbäume, Mistelzweige, Stechpalmen, goldene Apfelsinen, rote Äpfel, reife Nüsse, exotische Gewürze, Strohsterne, Zimtsterne, Beifußbratenduft, Hexenhäuser aus Lebkuchen, Christrosen und Christstollen: Es weihnachtet sehr!

Weihnachten ist ein Weltkulturerbe, ein globaler Synkretismus, ein Potpourri und Konglomerat, was sich nicht zuletzt in der Flora aus aller Welt, heimisch und exotisch, manifestiert: Bäume und Sträucher aus Orient und Okzident, Gewürze aus dem Orient und aus der Neuen Welt, orientalisches und nordisches Räucherwerk, Nord- und Südfrüchte, Nahrungs- und Genussmittelpflanzen, magische Pilze und Zauberpflanzen, Blumen und Ziergewächse aus dem Regenwald, der Wüste, dem Gebirge, also aus allen Ökozonen und Kulturkreisen.

Unsere Weihnachtsbotanik beschäftigt sich mit Pflanzen aus aller Welt, die ins globale Weihnachtsritual integriert sind. Jede Pflanze bringt ihre eigene Geschichte mit und bereichert dadurch das Fest. Jede Pflanzengeschichte hängt an dem Weltenbaum, der uns einen heimeligen Ort im Universum offenbart. An Weihnachten wird die gutbürgerliche Stube zu einem schamanischen Ritualort.

Dies ist nicht nur ein Buch über Weihnachtsbräuche, sondern über deren Hintergründe. Wir folgen den Spuren zu den Wurzeln.

Wir mögen Weihnachten! Sogar Friedrich Nietzsche mochte das Fest: »Ihr glaubt nicht, wie ich mich auf Weihnachten freue, das wunderschöne Weihnachten!«, schrieb der Philosoph am 5.12.1861 an seine Mutter Franziska und Schwester Elisabeth, »Weihnachten macht alles gut!«[1]

C. Rätsch, Hamburg, zur Zeit der Sommersonnenwende[2] im Juni 2003

1 Friedrich Nietzsche, *Autobiographisches aus den Jahren 1856 bis 1869* (Schlechta-Index III 935).
2 Es erscheint skurril, über Weihnachten zu schreiben, wenn der Juni naht. Doch die Sommersonnenwende ist das kosmologische Gegenüber der Rauhnächte.

Weihnachtsbotanik

> »Unsere Ahnen sind die Weltwesen Wasser, Salze, Säuren, belebt, uns jederzeit verlassend, uns in jeder Stunde aufsuchend. In den Pflanzen erinnern sie uns an eine Zeitenlosigkeit, davor das Menschenerbe nur wie eine Windspur auf einer Seenfläche ist. Menschengeschichte ist auch Pflanzengeschichte.«
> Schenk 1960: 7

Weihnachten ist ein christliches Fest, unterwandert von heidnischen, spätantiken und altorientalischen Bräuchen, andererseits ebenso ein heidnisches Fest, überlagert von katholisch-liturgischen und volkstümlichen Ritualen. Es ist das Fest der Geburt des Erlösers Jesus Christus, der Wiedergeburt der Sonne, der Rauhnächte, des Jahreswechsels, der Götter und Geister, der Geschenkorgien und – einer reichen Weihnachtsbotanik, deren Spuren wir bis zu ihren kulturellen Wurzeln verfolgen werden. Bei dieser Exkursion in die Vergangenheit erfahren wir vieles über den Weihnachtsbaum und das Weihnachtsgrün, über Weihnachtsgewürze, -düfte und Räucherstoffe und über schadenabwehrende (apotropäische) Rituale, die bis in die Moderne überlebten. Die Mythologie der Pflanzen führt uns zu den Ursprüngen der Kultur im Schamanismus, zur göttlichen Botanik (Hierobotanik) der Antike; zu mittelalterlichen Bräuchen rund um Hexenzauber, Dämonenbannung, Fruchtbarkeits- und Opferriten.

Weihnachstbotanik auf Weihnachts- und Neujahrskarten: Vogelbeeren, Weihrauchkugel, Tannenzapfen, Stechpalmenzweig, Mistel, Buchsbaumzweig, Fichtenzweig, Schlehen, Efeu, Lampionblumen (Coos Storm, © Paperclip International, 1999).

Die symbolische Bedeutung der Weihnachtsbotanik öffnet den Blick auf längst vergangene Zeiten, Kulturen und Sitten: die Wilde Jagd, der Julbock und das Lichtfest aus dem Norden Skandinaviens, Saturnalien aus dem Mittelmeerraum, frühzeitliche Rituale zur Wiedergeburt der Sonne und Überlieferungen zum Schutz vor Hexerei aus der frühen Neuzeit (15. und 16. Jahrhundert), volkskundliche Perchtenläufe und Maskenumzüge, biblische Feste zu Ehren der Geburt des Christuskindes, der heiligen drei Könige, der heiligen Barbara und des heiligen Nikolaus.

Weihnachten ist das größte synkretistische Ritual des modernen Europas. Es umfasst Traditionen, Anschauungen und Bräuche aus aller Welt und allen Zeiten. Weihnachten ist kein »traditionelles« Volksritual. Es erweist sich vielmehr als eine sich ständig entwickelnde Gesamtschau zahlloser Elemente, die alle ihre eigene Geschichte und ihre eigenen Legenden haben. Man feiert Weihnachten und gewinnt dem »Fest der Liebe« einen Sinn ab, ob man die wahren Hintergründe versteht oder nicht. Wie viele Rituale birgt Weihnachten eine Magie, die schwer zu fassen und kaum zu erklären ist. Das Weihnachtsfest ist vielleicht das international erfolgreichste Massenritual, das ethnische, religiöse, kulturelle und politische Grenzen überschreitet.

Offensichtlich ist es für Menschen in aller Welt attraktiv, wie auch immer seine spezifischen Hintergründe und Elemente verstanden, übernommen oder in die jeweilige Kultur eingebettet wurden.
Dabei spielen und spielten Pflanzen, früher wie heute, eine wesentliche, wenn auch bislang weitgehend vernachlässigte Rolle. Der Siegeszug des Tannenbaums in alle Welt begann in Deutschland und den Schweizer Alpen. Mistel und Stechpalme gelangten von den Britischen Inseln ins benachbarte europäische Ausland und über den »großen Teich« in die Neue Welt. Der Christstern stammt aus Mittelamerika. Die Rose von Jericho ist in den Wüsten des Nahen Ostens zu Hause. Der Weihnachtskaktus lebt auf den Bäumen bei Rio de Janeiro im fernen Brasilien.
Von ihrer symbolischen Bedeutung für Weihnachten und dem Siegeszug der »Weihnachtsbotanik« in alle Welt berichten wir in diesem Buch. Dazu zählen: das Weihnachtsgrün, der Weihnachtsbaum, der Weihnachtspilz, Weihnachtsrauch, Weihnachtsduft, Weihnachtsbraten, Weihnachtsmann, Weihnachtsschmuck wie auch das Weihnachtsgebäck und Weihnachtsbier.

Was sind Traditionen, Rituale, Bräuche?

> »Rituale sind der Schlüssel zum Verständnis der inneren Konstitution menschlicher Gesellschaft.«
> Weltzien 1994: 9

Nichts ist für einen Ethnologen frustrierender als die Tatsache, dass Informanten bestimmte Fragen nicht beantworten können. So erging es mir (CR) bei den Lakandonen, als ich fragte, warum man die Schädel von erschossenen Tieren aufhängt, und darauf die lapidare Antwort bekam: »Weil man es so macht.« Dabei hätte ich zu gerne gewusst warum. Offensichtlich war der eigentliche Sinn und Zweck der Handlung im Laufe der Jahrhunderte in Vergessenheit geraten. Ähnlich erginge es wohl allen modernen Menschen, wenn sie von einem Ethnologen gefragt würden, warum sie eigentlich Weihnachten feiern, einen Tannenbaum aufstellen, bestimmtes Wintergrün als Raumdekor benutzen und weshalb schließlich bestimmte Düfte mit Weihnachten assoziiert werden.
Rituale sind wie Theaterstücke oder Opern. Ihr Inhalt wird zu jeder Zeit neu interpretiert, unterschiedlich gedeutet und mit aktuellem Sinn gefüllt. Rituale sind ideale Projektionsflächen. Sie bestehen aus Symbolen, die unbewusst wahrgenommen oder persönlich gedeutet werden. Ein solches Ritual ist Weihnachten. Die Art und Weise, wie wir es begehen, bleibt konstant; der individuelle Zugang und das Verständnis sind hingegen recht variabel.
Weihnachten ist ein komplexes Ritual aus Elementen von Baum- und Waldkulten, Feldbauriten, magischem Brauchtum, angewandter Volksbotanik, Opferriten, Mysterienspielen, Festgelagen und sozialen Austauschformen. Weihnachten ist ein Fest der Ritual- und Symbolpflanzen. Fast alle Pflanzen der Weihnachtsbotanik haben eine Geschichte als Fruchtbarkeits- und Liebeszauber oder als Aphrodisiaka. Somit sind sie wunderbar geeignete Zutaten zum Fest der Liebe.
Die Weihnachtsbotanik bietet Schutz und Besinnlichkeit in kalter und dunkler Zeit, in den geheimnisvollen Rauhnächten mit ihren Segnungen und Gefahren.

Ethnobotanische Pflanzenkategorien des Weihnachtsfests

- Symbol- und Schmuckpflanzen
  - Wintergrün
  - Weihnachtsbaum
  - Gestecke
  - Blütenwunder
- Orakelpflanzen
- Räucherstoffe
- Duftstoffe
- Gewürze
- Nahrungspflanzen
- Rauschpflanzen

Der Wald wird zu einer Schaubühne seltsamer Wesen – hold und unhold. Was sitzt und krabbelt unterm Hollerbusch? Es ist die Alte und ihre Schar von Alraunen, Waldmeistern, Kobolden und Wichteln – dienstbare Geister? Die Holden und Unhol-

»Auf dem Weg in die Wirklichkeit« heißt die Episode der Comix-Serie *Alef-Thau* von Alexandro Jodorowsky und Arno (© 1993, Carlsen Comics, Hamburg).

den tanzen lustig unterm Hexenkraut, »schmöken« Teufelstabak und erhellen die Unterwelt mit den magischen Lichtblitzen des Drudenmehls.

Die Pflanzengeister erscheinen im visionären Bewusstsein als anthropomorphe Wesen, die vielsprachig mit jedem sprechen können. Man muss sie nur fragen, mit ihnen reden, dann enthüllen sie dem Wissbegierigen die Geheimnisse der gewöhnlich unsichtbaren Natur. Die schmananische Welt lacht und singt!

Der Weihnachtskalender

Die für die Weihnachtszeit überlieferten maßgeblichen Daten setzen mit dem 11. November ein und enden traditionell am 2. Februar. Hier ein knapper Überblick über die wichtigsten Daten im Weihnachtskalender.

November

11. Martini oder St. Martin
Alter Winteranfang[3]; erstes Schlachtfest nach der Erntezeit.

25. Tag der heiligen Katharina
Beginn der Weihnachtsbäckerei.

30. Andreastag und -nacht
Beginn des neuen Kirchenjahres. Termin zur Wahrsage über Liebeshändel und die künftige Witterung. Astrologischer Glückstag.

Dezember

1. Beginn der Adventszeit und des Adventskalenders. Beginn des Klaubaufgehens.

4. Barbaratag
Aussaat des »Barbaraweizens«. An diesem Tag stellte man Zweige von Obstbäumen in die Vase. An ihrer Blüte las man das individuelle Liebesglück wie auch die Obsternte im nächsten Jahr ab.

Weihnachten im Märchenwald: Der Weihnachtsmann fährt auf seinem Schlitten durch die Welt der Fliegenpilze – im Schnee (aus einem deutschen Kinderbuch, ca. 1920).

6. Nikolaustag
Ende des Klaubaufgehens. Der heilige Nikolaus bringt den Kindern Geschenke. Mexiko: *Flor de San Nicolás.*
7. »Unglückstag«
8. Mariä Empfängnis
10. Astrologischer Glückstag
11. »Unglückstag«
13. Luzientag
Alte Sonnenwende. Vor der Einführung des gregorianischen Kalenders kürzester Tag des Jahres. Nacht der Austreibung von Geistern und Hexen.[4] Perchtennacht, Schneiden der Haselrute.
17. Christkindl-Anschießen[5].
Beginn der Saturnalien im alten Rom.
19. Ende der römischen Saturnalien (in der vorkaiserlichen Zeit).
20. Astrologischer Glückstag
21. Thomastag[6]
Astronomische Wintersonnenwende. Beginn der Rau(c)hnächte.
Räuchern von Haus, Hof und Stall.
22. Der Steinbock tritt in den Zodiak.
23. Ende der kaiserzeitlichen Saturnalien. Saturntag/Saturday.
24. Heiligabend. Nacht von Christi Geburt. Christnacht.
25. Erster Weihnachtstag
Sonnentag. Wintersonnenwende und Wiedergeburt der Sonne (Sol Invictus)
zur römischen Zeit. Geburtstag des Mithras.
26. Zweiter Weihnachtstag
Boxing-Day. Stephan(u)stag. Ilexbüsche werden von Dorf zu Dorf getragen.
»Zwischen den Jahren«:
Orakelnächte, Losnächte.
27. Dritter Weihnachtstag
Fudeltag (Frauen schlagen Männer mit Lebensruten). Johannestag (Bauernfeiertag).
28. Vierter Weihnachtstag
Tag der unschuldigen Kindlein.
29. Astrologischer Glückstag
31. Silvester
Jahreswende. Benannt nach dem Tagesheiligen Papst Silvester I. (314–335 n. Chr.).
Matthiasnacht.

Januar

1. Neujahr
Janustag. Der Januar wurde nach dem römischen Gott Janus benannt.
2. Berchtoldstag
Ende der Rauhnächte.
5. Plündern des Weihnachtsbaums.
In der Nacht zum 6. Januar kommt Befana, die italienische Dreikönigsfee oder »Hexe«, durch den Kamin und füllt die aufgestellten Stiefel mit Süßigkeiten; den Unartigen bringt sie Asche, Kohle und Knoblauch.
6. Dreikönigstag
Epiphanie/Erscheinungsfest. Tauffest Christi. Geburtstag des Dionysos. Alte Zeitenwende.
7. St. Valentin[7]

Februar

2.2. Mariä Lichtmess/Lichtmette
Offizielles Ende der Weihnachtszeit. Lichterprozessionen (basierend auf dem keltischen Candlemas). Rituale zur Sicherung der Fruchtbarkeit der Felder.

3 Unser heutiger Kalender datiert ihn auf den 26. Oktober.
4 In Bayern legte man Schlehdornzweige [*Prunus spinosa* L., Rosaceae] in das »Glütl« (die Räucherpfanne), um Hexen und Dämonen auszuräuchern (Weustenfeld 1996: 107).
5 In Bayern schießt man von diesem Tag an bis zum 24. 12. jeden Nachmittag Böller ab.
6 Um Obstbäume fruchtbar zu machen, werden sie am Thomastag mit einem Säckchen Erbsen geschlagen (Seligmann 1996: 100).
7 Bauernspruch: St. Valentin mit'm Hackl steckt die Weihnachtsfeiertag in Sackl!« (Fink 1983: 331) Heutzutage fällt der Valentinstag auf den 14. Februar.

Der harte Winter in Weihnachtsliedern

Aus den Weihnachtsliedern weht eine mehr als nur steife Brise in unsere zentralbeheizten Wohnungen; sie künden drastisch von den Entbehrungen, der erbarmungslosen Härte und Kälte des Winters, die Stein und Bein gefrieren lassen. Wie etwa die Verse: »Ein sehr harter Winter ist, wenn ein Wolf, ein Wolf, ein Wolf den andern frisst«, komponiert und getextet von Karl G. Hering (1766–1853)[8]. Heutzutage sind weiße Weihnachten selten geworden. Wir sehnen sie als märchenhaften Wintertraum herbei und freuen uns auf die Meldung »Ski und Rodel gut!«. Während wir in klirrend kalten und schneereichen Wintern in perfekter Skiausrüstung die Pisten hinunter wedeln, ohne uns die Finger blau und die Zehen abzufrieren, platzen anderswo, zum Beispiel in Russland, bei anhaltendem Frost Fernwärme- und Wasserleitungen. Dort erleben die Menschen »Väterchen Frost« noch immer so, wie ihn Matthias Claudius 1782, lange vor dem Skitourismus im »lieben Schweizerlande«, beschrieben hat (und wie ihn Jh. Fr. Reichardt 1797 vertonte):

Der Winter ist ein rechter Mann

»Der Winter ist ein rechter Mann,
kernfest und auf die Dauer;
sein Fleisch fühlt sich wie Eisen an
und scheut nicht süß noch sauer.

Aus Blumen und aus Vogelsang
weiß er sich nichts zu machen,
hasst warmen Trank und warmen Klang
und alle warmen Sachen.

Wenn Stein und Bein von Frost zerbricht
und Teich und Seen krachen;
das klingt ihm gut, das hasst er nicht,
dann will er tot sich lachen.

Sein Schloss von Eis liegt ganz hinaus
beim Nordpol an dem Strande,
doch hat er auch ein Sommerhaus
im lieben Schweizerlande.

Da ist er denn bald dort, bald hier,
gut Regiment zu führen,
und wenn er durchzieht, stehen wir
und sehn ihn an und frieren.«

»Jingle bells«, »Kling, Glöckchen, klingelingeling« und andere beliebte Weihnachtsweisen, die in der Adventszeit Kaufhäuser und Weihnachtsmärkte beschallen, tönen in unseren Ohren stimmungsvoll oder auch kitschig. Wer hört im Einkaufsstress schon genau hin? Die meist schmalzigen Geigenarrangements und süßen Glockenklänge täuschen darüber hinweg, dass die Inhalte dieser Weisen im Kontext der Zeit, aus der sie stammen, alles andere als romantisch und gefühlsduselig waren. Sie vermitteln Erfahrungen des Mangels, wie die Strophen der Volksweise »Inmitten der Nacht«:

»Ach, dass es Gott walt'!
Wie ist es so kalt!
's möcht einer erfrieren,
sein Leben verlieren,
wie kalt geht der Wind!
Mich dauert das Kind.

Ach, Gott es erbarm'!
Die Mutter so arm,
sie hat ja kein Pfännlein,
zu kochen dem Kindlein,
kein Mehl und kein Schmalz,
kein Milch und kein Salz.«

Mit dem auf Heu und Stroh gebetteten Jesuskind im ärmlichen Stall zu Bethlehem konnten sich unsere Groß- und Urgroßeltern weitaus besser identifizieren als wir in unserer Wohlstandsgesellschaft. In ihrer Zeit waren es viele schon zufrieden, wenn das tägliche Grundnahrungsmittel – ein Mus aus Mehl und Schmalz – gesichert war, von Salz ganz zu schweigen.
Noch vor drei, vier Generationen regierte zur Winterzeit in den meist ärmlichen Haushalten der berüchtigte »Schmalhans« als Küchenmeister. Die Arbeit auf den Feldern ruhte. Viele Höfe waren ein-

8 Die meisten Weihnachtslieder wurden im 18. und 19. Jahrhundert komponiert und getextet; manche stammen aber noch aus dem 13. und 14. Jahrhundert.

Ein Tannenbaum wie im Märchen … (Postkarte).

geschneit. Bauern und Gesinde rückten um das Herdfeuer zusammen und begnügten sich mit den im Herbst eingebrachten Vorräten, die mühevoll konserviert den Frost und den langen, dunklen Winter überstanden. Auf den Tisch kamen Getreidebreie, Eingemachtes, Gesalzenes, Gepökeltes, Geräuchertes, Gedörrtes. Auch für die Städter wurden die Tage kürzer und die Nächte länger. Wer keine warme Kleidung und kein Holz zum Feuern hatte, bekam noch bis zur Mitte des 20. Jahrhunderts die Unerbittlichkeit des Winters zu spüren. Man sehnte sich nach warmen Strümpfen und Jacken, einem lustig prasselnden Herdfeuer, einer wärmenden Suppe und hoffte auf Leckereien wie »Apfel, Nuss und Mandelkern«.

Inmitten dieser dunklen, entbehrungsreichen Zeit, am kürzesten Tag des Jahres, liegt das Weihnachtsfest. Die mit festlichem Lichterglanz begangene Geburt des Christkinds setzt die heidnische Tradition der Wintersonnenwende fort. Der Heiland – der das »Land heil« macht – wird auch zum Hoffnungsträger einer neu ergrünenden Natur, wie die Verse des Liedes »O Heiland, reiß die Himmel auf« belegen (vertont von Friedrich von Spee, nach einer Melodie aus dem Rheinfelsischen Gesangbuch von 1666):

»O Erd, schlag aus, schlag aus, o Erd,
dass Berg und Tal grün alles werd.
O Erd, herfür dies Blümlein bring,
o Heiland, aus der Erde spring.«

Weil das christliche Fest der Liebe und Freude mit der Geburt des Erlösers verbunden ist, motiviert es Gläubige zur Mildtätigkeit gegenüber Ärmeren und gegenüber dem Vieh. Bei Mittellosen nährte es die Hoffnung auf milde Gaben von wohlhabenderen Zeitgenossen, bei Kindern die bange Vorfreude auf den Nikolaus oder Weihnachtsmann, der neben Pfeffernüssen und Korinthen vielleicht sogar exotische Kolonialwaren, wie Apfelsinen aus dem Morgenland, im Sack hatte.

Bald ist nun Weihnachtszeit
Melodie: Hans Helmut
Text: Karola Wilke

»Bald ist nun Weihnachtszeit,
Jetzt ist der Weihnachtsmann gar nimmer weit.

Horch nur, der Alte klopft draußen ans Tor,
mit seinem Schimmel, so steht er davor …

Leg ich dem Schimmelchen Heu vor das Haus,
packt gleich der Ruprecht den großen Sack aus …

Pfeffernüss', Äpfelchen, Mandeln, Korinth';
alles das schenkt er dem artigen Kind …«

Die Verse der nach wie vor populären und gern gesungenen Weihnachtslieder tragen also Erfahrungen mit harten Wintern und die entsprechende Sehnsucht nach Wärme, Nahrung und Wohltätigkeit, mit denen unsere Eltern und Großeltern noch bestens vertraut waren, in unsere Wohnzimmer.

Weihnachten – ein heidnisches Fest

»Im Fest findet man die heilige Dimension des Lebens in ihrer Fülle wieder, im Fest erlebt man die Heiligkeit der menschlichen Existenz als einer göttlichen Schöpfung.«
ELIADE 1957: 52

Wir nennen das Fest zwischen dem 24. und 26. Dezember üblicherweise »Weihnachten«; in den angrenzenden Landstrichen im hohen Norden, in Skandinavien, heißt es »Julfest«; unseren Vorfahren war dieser Zeitraum als »Rauhnächte« oder »Rauchnächte« geläufig. Was aber bedeuten diese Bezeichnungen? Wovon leiten sie sich ab? Angaben in etymologischen Wörterbüchern, die Herkunft und Bedeutung von Begriffen klären, führen nicht wirklich weiter, sondern eher im Kreis. So vermerkt zum Beispiel *Der Grosse Duden* im entsprechenden Band (1963) zu »Jul« lapidar, das aus dem Nordischen stammende Wort habe in heidnischen Zeiten das Mittwinterfest bezeichnet »und ging nach der Christianisierung auf das Weihnachtsfest über«. Dazu aber, was »Jul« heißt, gibt es keine Angaben.
Nur wenige Autoren unterzogen sich der Mühe, die Quellen vergangener Jahrhunderte zu befragen, so etwa der namhafte Volkskundler Adolf Spamer. Seine detaillierte und kenntnisreiche Schrift *Weihnachten in alter und neuer Zeit* (1937 im renommierten Eugen-Diederichs-Verlag in Jena erschienen) gibt aufschlussreiche Hinweise. So brachte man »Jul« laut Spamer im frühen 18. Jahrhundert mit »juchzen« und »Juchhei« in Verbindung, leitete es später vom Altnordischen *él* (Schneegestöber) oder *jek* (sprechen) ab und bezog es auf einen mittelhochdeutschen Begriff für »Sonnenbeschwörung«. Eine durchaus logische Erklärung angesichts der bezwingenden Tatsache, dass die Sonne im Norden zur Mittwinterzeit den Horizont nicht erreicht. Daraus folgert Spamer: »Sicher ist, dass ›Jul‹ die Bezeichnung einer längeren, winterlichen Zeitspanne war«, und er ist auf der richtigen Spur, wenn er weiter alte Kalendereinteilungen zu Rate zieht. So benannte das altangelsächsische *giuli* wie auch das isländische *ylir* die Monate Dezember und Januar. Spamer begnügte sich auch nicht mit vagen Angaben einer Übertragung heidnischer Wintersonnenwendrituale auf das christliche Weihnachtsfest, sondern lieferte harte Fakten und Daten. Er verwies konkret auf Hakon, den Guten (934–960), der Weihnachten auf den Zeitraum der zuvor üblichen Julrituale verlegte und somit letztlich für die Überlagerung der beiden Begriffe historisch verantwortlich ist. Nach anderen Quellen war es der römische, zum Christentum bekehrte Kaiser Justinian, der 542 n. Chr. das Fest zu Ehren von Christi Geburt vom 6. Januar auf den 25. Dezember verlegte.
Das Wort »Weihnachten« taucht erstmals 1170 auf, von Spamer als Übersetzung des katholisch-liturgischen Begriffs »nox sancta«, heilige Nacht, gedeutet und auf die »geweihten Nächte« vorchristlicher

winterlicher Rituale bezogen. Die Germanen begingen das neue Jahr zur *modraneht*, der »Mütternacht«. So fiel es frühchristlichen Missionaren leicht, diesen Tag mit der Geburt des Jesuskindes durch die Mutter Maria gleichzusetzen. In Anlehnung daran hatte bis in Spamers Zeit die Bezeichnung »Nächte der Mütter« für die »Zwölfnächte« in verschiedenen Gegenden Deutschlands überlebt; in Kärnten stieß der Volkskundler außerdem auf die letzten Reste eines vorchristlichen Brauchs, den Verstorbenen in den heiligen Nächten einen Speisetisch zu decken, aus dem das heute übliche opulente Weihnachtsmahl hervorging.

Jeder begeht das Weihnachtsfest auf seine Weise. Gläubigen Christen ist die Nacht vom 24. auf den 25. Dezember als Wiederkehr der Geburt Christi heilig, heidnisch-naturverbundenen Menschen als Wintersonnenwende. Vielen gilt es als traditionelles Familienfest, als Zeit der Besinnung, als willkommene Auszeit vom Joch der Arbeit – oder als nebulöses Weihnachtsfest, weil es schlicht so Brauch ist. Manche lehnen den damit verbundenen »Konsumterror« ab. Andere wiederum ignorieren das Datum aus Überzeugung oder Desinteresse. So dürfen Anhänger der Zeugen Jehovas Weihnachten nicht feiern, weil sie es als »allzu heidnisches Fest« erachten. Und viele Menschen verbinden rein gar nichts mit dieser Zeit: Orthodoxe Juden hoffen auf die Wiederkehr ihres Messias; für sie hat das Datum des Begründers einer neuen jüdischen Sekte keinerlei Bedeutung. Ebenso wenig für Muslime, die Jesus nicht als Propheten Gottes anerkennen.

Nüchtern historisch betrachtet ist festzuhalten, dass das Weihnachtsfest in vorchristlich-heidnischer Zeit wurzelt. Seltsamerweise fiel wenigen auf, dass die Geburt Jesu alljährlich am selben Tag gefeiert wird, sein Tod und seine Wiederauferstehung zu Ostern aber von Jahr zu Jahr an einem anderen Tag begangen wird. Antwort auf dieses Rätsel geben zwei unterschiedliche Kalendersysteme. Das Weihnachtsfest verdankt seine konstanten Daten dem Sonnenlauf; die wechselnden Daten des Osterfestes hingegen beziehen sich auf eine am Mond orientierte Berechnung, nach der Ostern immer auf den ersten Sonntag nach dem Frühlingsvollmond fällt. Deshalb sitzen Osterhasen unterm Weihnachtsbaum – *White Rabbit in the Snow ...*

Der Osterhase mit Weihnachtsfliegenpilzmütze (Aufkleberbüchlein, Münster: Coppenrath Verlag, 1998).

Geistertreiben im Wald: Fliegenpilzwichtel, Feen, Osterhasen, Kröte und Vollmond (Kinderbuch-Illustration aus: Elsa Beskow, *De små skovnisser*, 1919).

Rot-weiße Weihnacht

Das Mysterium der im Zusammenhang mit Weihnachten allgegenwärtigen rot-weißen Symbolik – im Tannenbaum mit roten Kugeln und Kerzen oder im Gewand des Weihnachtsmanns etwa – erklärt sich durch die althergebrachten Symbolfarben der kosmischen Verbindung von Mann und Frau. Weiß wie Schnee erscheint das Licht, der reine Geist, die Sphäre des Himmels. Weiß ist das Sperma. Die interkulturell gültige Symbolik der Farbe Weiß bezog sich daher auf das männliche Prinzip. Erst später erhielt Weiß die Bedeutung von Unschuld, Keuschheit und Reinheit. Die Farbe Rot[9] wie das (weibliche Menstruations-) Blut symbolisiert hingegen universell die weibliche Lebensenergie – Liebe, Leidenschaft wie auch Zauber[10].

Mit dem eigenen Blut ritzte man in altgermanischer Zeit Runen in Stein. Runen waren keine Buchstaben zum Schreiben alltäglicher, banaler und belangloser Inhalte, sondern magische Zeichen, die durch das rituelle Ritzen und das Blutopfer »zum Leben erweckt« wurden. Sie sind Zauber, Magie und Kraft (Krause 1970). Wer die Runen beherrscht, kann damit zaubern. Das Wort »Zauber« hat mit dem Akt des Weihens eines Runenstabs mit dem eigenen Blut zu tun. Das Wort »Rune« bedeutet »Geheimnis« oder »geheimes Wissen«, aber auch »Zauber«. Die germanischen Seherinnen wurden *alruna*, »die alles Wissenden«, genannt, denn sie konnten wahrhaft sehen. Sie galten als von Natur aus seherisch begabt und wurden deswegen verehrt und hoch geschätzt. Das jedenfalls berichtet der größte römische Geschichtsschreiber Cornelius Tacitus (etwa 55–116/120 n. Chr.) in seiner *Germania*.

> »Die Runen waren ursprünglich Beschwörungsformeln, die als solche in bestimmter Weise zusammengesetzt und zum poetischen Lied wurden. Der Zauberer ist Arzt, der die Arznei, um sie wirksam zu machen, erst ansieht oder mit mächtigem Spruche beschwört.«
> Jordans 1933: 16f.

Weiß-rot ist die Schamanentracht in Nepal.

Die rot-weiße Garde aus dem Comicland ...

Marienkäfer waren in heidnischer Zeit der Liebesgöttin Freia hold und heilig (Freia = Maria). Warum haben sie aber – wie Fliegenpilze – weiße statt schwarze Punkte? (Schokoladenmarienkäfer)

9 Rot ist auch »die Farbe des Donners« (Braem 1995: 72), also des Donnergottes Donar/Thor, wie auch die Farbe des Fliegenpilzes, der aus Blitz und Donner entsteht.

10 Zauberei abgeleitet von ahd. *zoubar* = Mennigerot (Nemec 1976: 100).

Hinter der für Weihnachten so bedeutsamen Verbindung von Rot und Weiß verbirgt sich also eine farbliche Alchemie zweier gegensätzlicher Stoffe, die in der chymischen Hochzeit vereinigt werden sollen, um den Stein der Weisen zu ergeben. Im *Rosarium Philosophorum* (Rosengarten), einem alchemistischen Text, heißt es von Merkur: »Er ist das ganze Elixier, Weiße und Röte, und das permanente Wasser, und das Wasser von Leben und Tod, und die Jungfrauenmilch, das Kraut der Waschung« (Heinrich 1998: 234).

Schamanische Elemente im Weihnachtsfest

Astronomisches Datum: Sonnenwende/Mittwinter

Mythologie:
Wotan, die Wilde Jagd und die Weihnachtswichtel
Sol Invictus und die Wiedergeburt der Sonne
Saturnalien

Symbole:
Tannenbaum, Weltenbaum, Baum der Erkenntnis
Wintergrün: Mistel, Stechpalme usw.
Strohsterne
Opiumkapseln
Fliegenpilze
Engel
Rot-Weiß – Grün-Rot

Opferhandlungen:
Räuchern
Tieropfer/symbolisches Menschenopfer
Trankopfer/Libation, Jul(trinken)
Potlatsch, Austausch, Geschenkriten im sibirischen Schamanismus
Bescherung
Julklapp

Vegetationsriten:
Baumkult und Wintergrün
Blütenwunder
Orakelpflanzen
Aussaat

Mittwinter

»In der Trunkenheit der Ekstase haben wir die Winde bestiegen.«
Rigveda X, 126

Der Herbst bringt das Dunkel. Er endet mit dem kürzesten Tag des Jahres. Der Winter beginnt mit der längsten Nacht des Jahres und führt aus dem Dunkel zurück zum Licht. Er endet, wenn Tag und Nacht gleich lang sind, am Frühlingsäquinoktium, der Frühlings-Tagundnachtgleiche. »Alljährlich zur Wintersonnenwende vollzieht sich gleichsam eine Neugeburt der Zeit, begleitet von einer Verjüngung und Erneuerung des gesamten Kosmos: Die Welt taumelt in die Zeit des Uranfangs zurück; das Chaos kehrt wieder« (Giani 1994: 40). Daher findet das »Lichtfest« im Dunklen statt, denn das Dunkle birgt den Keim des Lichts in sich und umgekehrt – eine symbolische europäische Entsprechung der Vereinigung von Yin und Yang.
Zu Mittwinter bricht der Schnee herein. Die Tage werden wieder länger, und der Schnee reflektiert und verstärkt das Licht. Mittwinter bedeutet die Erneuerung des Lebens und birgt die Hoffnung auf neue Lebenskraft; auf die Rückkehr der *viriditas*, der grünenden Kraft. Diesen kosmologischen Tatbestand bezogen schon die Römer auf das Blütenwunder: »Am Tag der Wintersonnenwende selbst blüht der unter dem Dach zum Trocknen aufgehängte Polei [*herba pulei*], und mit Luft gefüllte Blasen platzen« (Plinius II, 108). Dies erhellt die bedeutsame Rolle immergrüner Pflanzen zur Zeit der Wintersonnenwende, den rituellen Einsatz von Feuer und Kerzen wie auch die mysteriöse Bezeichnung »Mutternacht«. »Die dunkelste Nacht des Jahres wurde einst Mutternacht genannt, denn nun wird der Sonnengott, der Geliebte der Göttin, tief im Schoß der Erde neu geboren. Mit ihm wird das Lebenslicht erneuert. Es ist eine Zeit der Stille, der Besinnung. Der im Sternenglanz erstrahlende kosmische Baum (der Schamanenbaum, die Himmelsleiter), unter dem das Lichtkind geboren wird, offenbart sich der inneren Schau. Tannengrün schmückt die Räume. Es wird mit Beifuß, Wacholder und anderen duftenden, reinigenden Kräutern

geräuchert« (STORL 1996a: 73f.). »In dieser Nacht gebiert die Göttin tief in der finsteren Erde in der stillsten aller Stunden das wiedergeborene Sonnenkind. Die Menschen nehmen das Wunder dieser geweihten Nächte in ihrer Meditation wahr, zünden Lichter an, lassen einen Eichen- oder Birkenklotz, den Julblock, schwelen und hängen den Wintermaien – den ursprünglichen Weihnachtsbaum – auf. Bei den britischen Kelten wurde das Haus vor allem mit Stechpalme, Mistel und Efeu geschmückt, auf dem Festland benutzte man Tannen- und Fichtengrün. Die Asche des Julfeuers galt als heilkräftig und wurde auf Felder gestreut, um diesen Fruchtbarkeit zu bringen« (STORL 2000b: 150).

Weihnachtsräucherung für die Sonnenwende

Olibanum Erithreia
Opopanax (süße Myrrhe)
Mastix
Stechwacholder *(Juniperus oxycedrus)*
Wacholderbeeren
Kardamom

Der Weihnachtsmann mit Pfeife, Rute und Geschenken bringt den Tannenbaum aus dem Wald, ganz wie der Wilde Mann (Postkarte nach einer englischen Oblate des 19. Jh.).

Weihnächte, Rauhnächte, Weihräuche

> »Der Traum wirbelt die Zeiten, die Räume, die Zeiträume durcheinander, er jagt sie, wie ein Sturm den Nebel jagt. Durch Traum- und Nebelfetzen schimmerten die Wirklichkeiten.«
> SCHENK 1960: 25

Die zwölf Tage zwischen dem 25. Dezember und dem 6. Januar – den Zeitraum zwischen dem ersten Weihnachtsfeiertag und dem Tag der heiligen drei Könige – bezeichneten unsere Vorfahren als Rauhnächte oder Zwölfnächte.[11] Daneben spricht man auch von vier Rauchnächten, die sich regional unterschiedlich auf einzelne Nächte zwischen dem 24. Dezember und dem 6. Januar beziehen.

Nach alten Überlieferungen spuken vor allem dann – insbesondere in den Nächten vor dem Thomastag, vor Weihnachten, Neujahr und Dreikönig – die Geister. In dieser dunklen, von den Elementargewalten beherrschten Zeit brauste die Wilde Jagd Wotans durch die Wolken, unheimliche Geistwesen entschieden den Kampf zwischen Licht und Finsternis. LUCAN (39–65 n. Chr.) beschreibt in seinem unvollendeten Epos *Der Bürgerkrieg = Pharsalia* die damit verbundenen Empfindungen der Menschen aus längst vergangenen Tagen: »Es stockt der Rhythmus der Natur. Die Nacht wird länger, und der Tag lässt auf sich warten. Der Äther gehorcht seinem Gesetz nicht mehr, und das sausende Firmament erstarrt, sobald es die Zaubersprüche hört. Jupiter, der das Himmelsgewölbe antreibt, das sich auf seiner schnellen Achse dreht, ist erstaunt, dass es sich nicht bewegen will. Einmal füllen die Hexen alles mit Regen, hüllen die wärmende Sonne in

11 Auch Rauchnächte, Losnächte, Zwischennächte oder Unternächte genannt.

Wolken, und es donnert am Himmel, ohne dass Jupiter davon weiß« (LUCAN, *Pharsalia* VI).

Um sich vor diesen dämonischen Einflüssen zu schützen und die Wiedergeburt der Sonne nach dunklen Tagen zu beschwören, wurde beim Anbruch der jeweiligen Nacht »Haus und Stall mit duftenden, Heil bringenden Kräutern – Beifuß, Wacholder, Mariengras, Tannenharz – ausgeräuchert« (STORL 2000b: 150). Auf diese ursprünglich heidnischen und später auch von den katholischen Geistlichen vorgenommenen Räucherrituale bezieht sich die Bezeichnung »Rauchnächte«, die später zu »Rauhnächte« wurde. Wacholder und Weihrauch wurden mit dem Zunderschwamm *(Polyporus fomentarius)* entzündet. Der in aufstrebende Rauchsäulen transformierte Duft der aromatischen Hölzer und Kräuter sollte die Götter beschwören, sie den Wünschen der Menschen gnädig stimmen und jegliches Unheil abwenden. Zur Dämonenaustreibung streute man in dieser Zeit nicht nur Weihrauch und Wacholderbeeren in die Glutpfannen, sondern legte auch die »neunerlei Kräuter« (siehe Seite 110) in die Betten und mengte sie unter das Fuder für das Vieh.

Ebenso wie es plausibel ist, die geweihten Nächte und den daraus abgeleiteten Begriff »Weihnacht« auf die Praktik des Ausräucherns der Häuser mit Weihrauch zurückzuführen, ist es vor diesem Hintergrund durchaus nahe liegend, den nordischen Begriff »Jul« für den Zeitraum der Wintersonnenwende etymologisch als »Zauber« oder »Beschwörungsfest« zu deuten (SIMEK 1984: 219) und das norwegische Wort *Jolareidi* auf den »Julritt« und das Wilde Heer zu beziehen.

Dass in Skandinavien die Rauhnächte nach wie vor ernst genommen werden, beweist eine Zeitungsmeldung vom 6. Januar 2003 aus Nuuk/Kopenhagen: »Grönlands neue Regierung hat zwischen Weihnachten und Neujahr im Regierungsgebäude in Nuuk durch eine Geisteraustreiberin alle Regierungsbüros von ›negativer Energie‹ befreien lassen. Wie die Nachrichtenagentur Ritzau berichtete, sagte die Geisteraustreiberin Manguak Berthelsen über den Verlauf der Aktion: ›Mein inneres Ohr ist von all den Misstönen dort drinnen fast gesprengt worden.‹« (*Frankfurter Rundschau*, 7.1.2003). Leider wurde nicht berichtet, auf welche Weise die Neo-Völva die Geister ausgetrieben hat.

Wotan und die Wilde Jagd

»Wodan id est *furor.*«
ADAM VON BREMEN 1595: IV, 26, Kap. 233

Wotan oder Odin, der »Wütende«, »Rasende«, Wanderer und Wilde Mann (Ahnvater des schlesischen Wald- und Gebirgsgeistes Rübezahl) ist der urschamanische germanische Gott der Götter. Von seinem Namen leitet man die althochdeutschen Wörter *watan, wuot* (»Ungestüm, Wildheit«), »Wut« wie auch »Wunsch« und »wünschen« ab. »Sollen nun die Eigenschaften dieses Gottes kurz zusammengestellt werden, so ist er die alldurchdringende schaffende und bildende Kraft, die den Menschen und allen Dingen Gestalt wie Schönheit verleiht, von der die Dichtkunst ausgeht und die Lenkung des Kriegs und Siegs, von der aber auch die Fruchtbarkeit des Feldes, ja der Wunsch, alle höchsten Güter

Wotan und die Wilde Jagd (Skulptur von Johann Bossard, Bossard-Haus, Heide).

»Rübezahl«, Gemälde von Moritz von Schwind (1804–1871) (Öl auf Leinwand, München, Bayerische Staatsgemäldesammlungen Schack-Galerie).

und Gaben, abhängen« (Grimm I, vii). Als mythischen Wunscherfüller könnte man ihn geradezu als Urahnen des Gabenbringers Nikolaus bezeichnen. Wotan ist der Gott, der nach Wissen strebt. Er will alles wissen. Er will *das* Wissen. Dafür reist er durch alle Welten und hängt sich, mit der eigenen Lanze verwundet, kopfüber selbst für neun Nächte an den Weltenbaum, um jede seiner neun Welten zu ergründen, sie kennen zu lernen, ihr Wissen in sich aufzunehmen. Dann bricht er Zweige vom Weltenbaum und wirft sie auf die Erde, wo sie sich zu den Runen, Buchenstäben oder Buchstaben formieren, die das geheime Wissen in sich tragen. Durch das selbst geopferte eigene Blut werden die Runen zauberkräftig: Sie schenken das ihnen eigene Wissen. Wotan opfert eines seiner Augen, damit er in die äußere und die innere Welt schauen kann. Er trinkt aus dem Brunnen der Weisheit, um alles Wissen aufzusaugen. Alljährlich zur Zeit der Rauhnächte ist das von Wotan angeführte Wilde Heer auf der Suche nach der Sonne. Auf diese ungestüme Suche inmitten der dunkelsten Zeit beziehen sich volkstümliche und lateinische Namen wie das Wodanskraut *(Heliotropium europaeum)*, der Sturmhut, Odins Hut oder auch Trollhat (nord. »der Hut des Trolls«, lat. *Aconitum napellus*).

Wotan, der Schimmelreiter, war der »gespenstische Reiter, der in den Zwölften (zwölf Tage um Neujahr) an der Spitze eines geisterhaften Heeres im Sturm dahinzieht (...) die Angst vor der um die Mittwinterzeit enger mit den Lebenden in Verbindung tretenden Gemeinschaft der Toten. (...) die kultisch-ekstatische Verbindung mit den Toten als besondere Form der Totenverehrung ist also die Basis der Umzüge des Wilden Heeres. Odin als Gott der Toten und der Ekstase ist ihr Anführer« (Simek 1984: 464).

Das »letzte Abendmahl« auf Mexikanisch: Skelette dinieren zum *Día de Muertos*, dem »Tag der Toten« (mexikanische Postkarte).

Ein germanischer »Pilzstein« und/oder Phallus mit dem Totenschiff für die Jenseitsfahrt und dem reitenden Wotan/ Odin als Seelengeleiter (Bildstein von Stenkyrka, Lillbjärs, Gotland, 8. Jh.; nach CRUMLIN-PEDERSON und THYE 1995: 171).

Auch Trolle, die nordischen Wilden Leute, feiern das Julfest. Auf ihrem behaarten, »rauhen« Haupt wächst wie eine geistige Antenne eine Fichte und sprießen Fliegenpilze, die die entsprechende geistige Nahrung liefern. Wen wundert's da noch, dass die Wände der Trollbehausung mit Rentierdarstellungen geschmückt sind? (Illustration aus einem Kinderbuch)

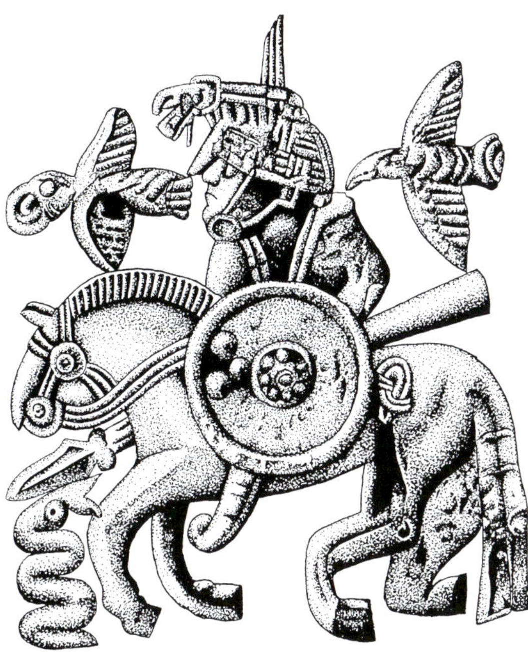

Wotan auf seinem Ross Sleipnir mit dem Weltenspeer in der Hand, begleitet von seinen beiden Raben »Gedanken« und »Gedächtnis«, vor ihm seine schlangenförmige Schamanenseele – Himmel und Erde sind verbunden (Darstellung aus der Wikingerzeit, aus DAVIS 2000: 51).

Ein Troll unterm Weihnachtsbaum. Der altnordische Name Troll bedeutet »Riese, Unhold, Zauberwesen« und bezeichnet heinzelmännchenartige Wesen (Huldrefolk), die oft in Wechselbalggeschichten eine Rolle spielen (Foto: cme).

Vom schamanischen Weltenbaum zum Weihnachtsbaum

»Lange waren ihre [das heißt der Natura] Wohltaten verborgen, und als das höchste dem Menschen gegebene Geschenk galten Bäume und Wälder. Von diesen nahm man zuerst die Nahrung, ihr Laub machte die Höhlenbehausung [der Troglodyten] weicher und der Bast diente zur Bekleidung.«
PLINIUS XII, 1

Ein auf Pappe gedruckter Weihnachtsbaum als Anhänger für denselben.

Bis heute haben Menschen zu Bäumen eine besondere, ja geradezu magische Beziehung. Schon immer erkannten sie in ihrem hohen Wuchs, den gen Himmel erhobenen Kronen und den fest im Boden verankerten Wurzeln ein bedeutsames und überaus vielschichtiges Symbol. Bäume verkörperten die Verbindung zwischen Himmel und Erde, vor allem wenn sie andere an Höhe überragten. Sie waren Stammbäume und Lebensbäume, »Bäume der Erkenntnis«, Weltachsen und Weltenbäume. Die Weltenbäume sind Symbole der sich entfaltenden Schöpfung, geistige Stammhalter, schamanische Himmelsleitern zu anderen Welten. Sie sind nicht nur Lieferanten von Rohstoffen, Baumaterial und Nahrung, sondern in manchen Fällen auch Quelle entheogener, aphrodisierender und heilsamer Medizin. »Ich bin der Baum, der die Menschen mit allem versorgt, was sie zum Leben benötigen« (ANISIMOV 1991: 57), so definiert sich der schamanische Weltenbaum der Evenken Sibiriens selbst. Er wächst im kosmischen Sumpf, an seinen Zweigen hängen Sonne und Mond, und bei ihm leben die »Waldmenschen«. Die ursprünglich schamanischen Weltenbäume wurden später zu religiös verehrten heiligen Bäumen (vgl. CALDECOTT 1993, COOK 1988).
Wer aufmerksam die Holzwände der Dreschtenne alter Schwarzwaldhäuser betrachtet, findet unter den dort oft eingeritzten magischen Zeichen auch den Lebensbaum in Form eines Tannen- oder Fichtenzweigs. Dasselbe Symbol ist in manchen alten Kirchen zu finden. Die drei waagrechten Stufen unter dem abstrahierten Weihnachtsbaum deuten auf die heidnische Vergangenheit als schamanische Himmelsleiter und Weltenbaum[12]. Dieses leicht zu übersehende Detail aus der bäuerlichen Kultur beweist, dass die symbolische Bedeutung des Tannenbaums tief in der Vergangenheit wurzelt: als Welten- und Lebensbaum und erst seit jüngster Zeit als allseits beliebter Weihnachtsbaum.
Eine der ersten Erwähnungen von Tannen im Zusammenhang mit dem Weihnachtsbaum stammt von 1605 aus dem elsässischen Straßburg: »Auf Weihnachten richtet man Dannenbäum zu Straßburg in den Stuben auff, daran hencket man roßen [Rosen] aus vielfarbigem Papier geschnitten, Äpfel, Oblatten, Zischgold, Zucker. Man pflegt drum ein vierekent [viereckigen] Ramen zu machen« (KRONFELD 1906: 149).
Je nach häuslicher Familientradition wird der ins Haus geholte, festlich geschmückte Baum Julbaum, Lichterbaum, Weihnachtsbaum oder Christbaum genannt. Wer aber hätte gewusst, dass dieser Brauch lange Zeit von kirchlicher und städtischer Seite unter Strafe stand? In der volkskundlichen Literatur stößt man auf unzählige Quellen, wonach der Brauch, Tannen- und Fichtenzweige oder ganze Bäume als so genannte Maien (oder »meyen«) zu

12 SCHILLI, Hermann, *Vogtsbauernhof in Gutach im Schwarzwald*. Führer durch das Schwarzwälder Freilichtmuseum, Freiburg, hrsg. Ortenaukreis Offenburg, 1968: 34.

schlagen und im Haus aufzustellen, als heidnisch verpönt und von kirchlicher Seite explizit verboten war, und zwar gerade aufgrund seiner schamanisch-heidnischen Vergangenheit: »Wegen des heidnischen Ursprungs und wegen des Waldschadens verboten zahlreiche Verordnungen das Abschneiden des Tannengrüns zur Weihnachtszeit oder legten Beschränkungen auf« (Vossen 1985: 86). Entsprechend untersagten Rechnungsbücher von Schlettstadt seit 1521 das unberechtigte Schlagen solcher »Maien« und ordneten den Schutz der Wälder vor derlei »Waldschaden« an. Das Abhauen von »weyhnacht meyen« verbot 1554 eine Ratsverfügung von Freiburg im Breisgau bei einer Strafe von 10 Rappen (Spamer 1937: 71). Erst zu Beginn des 18. Jahrhunderts (also hundert Jahre nach der oben erwähnten Quelle aus Straßburg) empfahl Johann David Gebhard, den Tannenbaum »um so mehr zu dulden, je weniger Idolatrie sich mit ihm verbinde« (Spamer 1937: 72).

Die Bezeichnung »Christbaum« erscheint daher aus historischen Gründen als reine Ironie. Immerhin war die Verehrung geschmückter Maienzweige oder -bäume aus christlicher Sicht heidnische Natur- und Götzenverehrung (Idolatrie). In der Bibel gibt es keinen Christbaum und keinerlei Verbindung zwischen Jesus Christus und der Tanne oder einem ähnlichen Nadelbaum. Ganz einfach weil – außer der Pinie – derartige Nadelbäume im gelobten Land nicht heimisch sind und waren.

Wie also erhielt der heidnische Weltenbaum seine kirchliche Weihe als Christbaum? Von Dorothea Forstner, Benediktinerchorfrau zu St. Gabriel in Bertholdstein, erfahren wir aus berufenem Munde: »Dass auch die Ursprünge der Mai- und Richtbäume, ja auch des trauten Christbaumes heidnisch waren, ist eine wenig bekannte Tatsache. Man begegnet hier wieder dem alten Aberglauben an die Übertragbarkeit der Naturkräfte von einem Wesen auf das andere: Indem man Zweige oder Bäume mit Menschen in Berührung brachte, wollte man das frisch blühende Leben der Natur und ihre Fruchtbarkeit auf sie übertragen und böse Einflüsse fernhalten. Namentlich in den so genannten ›Rauhnächten‹ zwischen dem 25. Dezember und 6. Jänner, in welchen man die Umtriebe böser Geister besonders fürchtete, pflegte man als Abwehrmittel grüne Zweige in den Häusern aufzuhängen und Lichter anzuzünden. Später benützte man Bäume zu demselben Zweck und besteckte sie mit Kerzen. (...) Die Kirche ließ solche eingewurzelte Bräuche bestehen, gab ihnen aber einen neuen Sinn als Symbol Christi, des wahren Lebensbaumes und Lichtes der Welt.«[13]

Weihnachtsbäume

> »Die Weihnachtsgeschenke liegen unter dem Christbaum. Schon Wochen vorher hatten die Kinder ein Brieflein an das ›Christkindl‹ geschrieben und zwischen die Winterfenster gelegt. Das heutige Beschenken ist als Brauch jedoch sehr jung. Ebenfalls war der Christbaum im Gebirgsland nicht beheimatet.«
> Fink 1983: 366

Der Markt bietet für jeden Geschmack den passenden Weihnachtsbaum, ob Weißtanne – wie die Tanne *(Abies alba)* einst hieß –, Fichte (früher Rottanne, *Picea abies*), deren kultivierte Veredelungen oder gar Plastikimitate: »Zum Beispiel die robuste Nordmannstanne, Originalimport aus Skandinavien. (...) Oder eine Edelfichte aus den neuen Bundesländern? Etwas konventionell in der Zweigstruktur, aber ein grundsolides Stück. Spitze markant ausgeprägt. Auch die Blautanne mit dezenter Farbenzüchtung im Nadelansatz werde heutzutage immer wieder gern genommen. (...) Ansonsten die gute, alte Edeltanne, Schwarzwald. (...) Oder etwas unbedingt Ungewöhnliches? Dann hätten wir hier die Alpentanne mit eingekreuzter Latschenkiefer«, wie der Romanautor Klaus Modick[14] süffisant in modernes Verkaufsgespräch auf die (Tannen-)Spitze bringt.

Der in die warme Stube verfrachtete Baum erfreute unsere gemütvollen Altvorderen vor allem zur Zeit der Romantik und des Biedermeier. Moritz

13 Forstner, Dorothea, *Die Welt der christlichen Symbole*, Wien: Tyrolia 1986: 150.
14 Modick, Klaus, *Vierundzwanzig Türen*, München: dtv 2002.

Am Nachmittag des 24. Dezember schmückt die Familie den Weihnachtsbaum (Zeichnung von Christian Wilhelm Albers, 1890).

von Schwind, Ludwig Richter und andere Künstler des 19. Jahrhunderts pflanzten das Bild vom festlich geschmückten Lichterbaum inmitten kinderreicher Familienidyllen tief in unser kollektives Gedächtnis ein. Der Brauch, für die Zeit vom 24. Dezember bis zum Dreikönigstag einen Baum ins Zimmer zu holen und zu schmücken, war eine deutsche Erfindung und blieb lange auf den deutschsprachigen Raum begrenzt. Das früheste schriftliche Zeugnis soll aus dem Jahr 1419 (!) von der Bäckerzunft aus Freiburg im Breisgau stammen. Andere nennen den viel zitierten Straßburger Baum von 1605 als ersten geschmückten Tannenbaum. Der erste Lichterbaum erstrahlte dort 1785. Ein Stich nach einer Zeichnung von Johann Martin Usteri (1763–1827) belegt den Lichterbaum 1799 als Mittelpunkt bei einer Schweizer, genauer einer Zürcher Familie. Um 1807 tauchten Christbäume in Leipzig auf, 1810 in Berlin und 1815 in Danzig (Fink 1983: 367). 1848 führte Prinz Albert von Sachsen-Koburg-Gotha, Gemahl von Queen Victoria, den Weihnachtsbaum in England ein. 1851 staunte man in Innsbruck über den ersten Weihnachtsbaum. Ironischerweise gelangte die Kenntnis von diesem Mittelpunkt des »Festes der Liebe« durch den deutsch-französischen Krieg von 1870/71[15] nach Frankreich, und 1912 erleuchtete der erste riesige Lichterbaum jenseits des »großen Teichs« einen öffentlichen Platz in New York (Fink 1983: 367). Seither macht der Siegeszug des Weihnachtsbaums vielleicht noch vor religiösen, nicht aber vor geografischen Grenzen Halt. Er erreichte die Mittelmeerländer, die Neue Welt und die schwül-heißen Tropen, wenn auch in Ermangelung botanisch korrekter Artgenossen nur als flirrend elektronisch illuminiertes Plastikimitat, dessen populäre Ursprünge in der Feldandacht von Soldaten des Ersten Weltkriegs liegen. Doch selbst im neuen Jahrtausend stellen die künstlich-unverwüstlichen Ersatzbäume den »auch zur Winterzeit Grünenden« nicht in den Schatten. Ökonomisch modern gesagt, beträgt ihr Marktanteil lediglich 15 bis 20 Prozent.

Andere Weihnachtsbäume

In der Neuen Welt wird auch die aus Chile stammende immergrüne Araukarie (*Araucaria araucana* [Mol.] K. Koch, Araucariaceae, syn. *A. imbricata* Pav.) gerne Weihnachtsbaum genannt, jedoch nur sehr selten als solcher benutzt. In Südchile schmücken die dort lebenden Deutschen die Araukarie manchmal zu Weihnachten als Christbaum. Dass dieser gewaltige, eindrucksvolle Baum mit seinem schuppigen Blätterkleid bei den dortigen Ureinwohnern, den Araukanern, als heiliger Schamanen- und Weltenbaum verehrt wird, ergibt sich aus dem oben genannten Zusammenhang von selbst.

Manche Pflanzen heißen im Volksmund auch deshalb Weihnachts- oder Christbaum, weil sie in ihrer

15 Die Ansichten darüber gehen allerdings auseinander. Riemerschmidt (1962: 21) nennt als Datum 1837, als Prinzessin Helene von Mecklenburg ihn als verheiratete Herzogin von Orléans nach Paris brachte. Andere verweisen dafür auf das Jahr 1840.

Die südchilenische Araukarie *(Araucaria araucana)*, ein »lebendes Fossil«, wird bis zu 35 Meter hoch. Der bei uns auch unter den Namen Chiletanne oder Andentanne bekannte Baum lässt sich in Mitteleuropa als winterfestes Zierholz ziehen und als Weihnachtsbaum dekorieren. Der heilige Baum heißt auf Mapuche *pewen* oder *pehuén*, die Menschen, die in seiner Heimat leben, heißen pewenches, »Leute der Araukarie« oder Araukaner. Für sie sind die Samen (*piñones*, »Pinienkerne«) das wichtigste Grundnahrungsmittel, ihr »täglich Brot«.

Wegen ihres auffälligen und ungewöhnlichen Blütenstands wird die sommergrüne Kastanie *(Aesculus hippocastanum)* in den USA *Christmas Tree*, »Weihnachtsbaum«, oder *Christmas Candles*, »Weihnachtskerzen«, genannt. In der Tat erinnern die weißen oder roten Blütenstände (eigentlich Scheinrispen, Thyrsen von gr. *thyrsos*, dem efeuumwundenen Stab des Dionysoskults) der Rosskastanie an Weihnachtsbaumkerzen.

Die Rosskastanie stammt aus dem Balkan (Nordgriechenland, Bulgarien) und wurde in Mitteleuropa erst im 16. Jahrhundert eingeführt. Kastanienholz wurde früher bevorzugt zur Herstellung von Schwarzpulver, unter anderem für das Silvesterfeuerwerk, genutzt. Kastanienmehl gehörte zu den Zutaten des Schneeberger Schnupfpulvers, dessen Hauptingredienz die Christrose war. Die Früchte gelten als Glückstalismane. Gewöhnlich trägt man drei Kastanien in der Hosentasche.

Gestalt oder Erscheinung an diesen erinnern. So wird der Ackerschachtelhalm auch Zinnkraut oder Kattenstert (*Equisetum arvense* L., Equisetaceae), manchmal Weihnachtsbaum oder Weihnachtsbäumchen genannt. Der neuseeländische Eisenholzbaum oder Pohutukawa (*Metrosideros excelsa* SOLAND. ex GAERTN., Myrtaceae, syn. *M. tomentosa* A. RICH.) heißt im englischen Sprachraum *New Zealand Christmas Tree*. Die Traubenhyazinthe (*Muscari* X, Liliaceae), eine bei uns beliebte Zierpflanze, heißt wegen der Gestalt des Blütenstandes Christbaum. Sie wird auch gerne in den Blütengestecken für Silvester beziehungsweise Neujahr verwendet. Christbaum nennt man auch die aus Südamerika stammenden *Begonia*-Hybriden, immergrüne Zimmerpflanzen, deren winterliche Blütenpracht an einen geschmückten Weihnachtsbaum erinnern. Die Gruppe der *Begonia* Rex cultorum (Begonia-Rex-Hybriden, syn. *Begonia rex-cultorum* L., Begoniaceae) stammt von der himalayischen *Begonia rex* PUTZ. ab; eine Züchtung heißt ›Merry Christmas‹ (syn. ›Ruhrtal‹), sie besitzt smaragdgrüne Blätter, die in der rötlichen Mitte silbern glänzend gepunktet sind.

Zwei Pflanzen erinnern wegen ihrer Blütenstände an kerzengeschmückte Weihnachtsbäume und werden Christbaum/Christmas Tree[16] und Christbaumkerzen/Christmas Candles genannt: Der Günsel (*Ajuga reptans* L., Labiatae) und die Rosskastanie (*Aesculus hippocastanum* L., Hippocastanaceae).

Heilige Bäume

> »Wo der Baum der Erkenntnis steht,
> ist immer das Paradies‹:
> so reden die ältesten und die jüngsten
> Schlangen.«
> Friedrich NIETZSCHE, *Jenseits von Gut und Böse,*
> Sprüche und Zwischenspiele, 152

Wenn wir einen immergrünen Nadelbaum schmücken und zum Mittelpunkt des Weihnachtsfestes machen, knüpfen wir unbewusst an uralte Vorstellungen an. An die Fruchtbarkeit der Natur, die nach langen, dunklen Wintertagen alljährlich im Frühling wiederkehrt. An das zyklische Geschehen, in das wir eingebunden sind und das uns im beständig wiederkehrenden Weihnachtsritual vor Augen geführt wird. Sogar an eine weit zurückliegende Vergangenheit, in der den Menschen alles heilig war, was uns heute nur noch als naturgegeben, selbstverständlich und nicht weiter beachtenswert erscheint. Schauen wir deshalb verzückt auf die staunenden Kinderaugen vor dem Lichterbaum, weil wir Erwachsene es verlernt haben, uns zu wundern über die Wunder, die uns umgeben? Nicht weiter verwunderlich angesichts der täglichen Flut von Sinneseindrücken, Informationen und Horrormeldungen ...

In der schamanischen Welt war und ist nicht nur jeder Baum, sondern jedes Wesen heilig, denn es ist erfüllt von der wunderbaren Lebenskraft, dem großen Mysterium des universellen Seins. »Ja, wir glauben sogar, dass gewissermaßen vom Himmel herab auch den Wäldern ihre Gottheiten, die Silvane, Faune und [verschiedene] Arten von Göttinnen zugeteilt sind« (PLINIUS II, 3). Vor allem die Eltern sind heilig, denn sie sind die Götter, die neues Leben gezeugt und erschaffen haben. So wie Himmel und Erde die Eltern des irdischen Lebens sind, so sind die Eltern die Schöpfer des eigenen Lebens. Alles ist heilig – man muss es nur dazu erklären. Die Heiligkeit ist eine menschliche Eigenschaft, projiziert *auf* und reflektiert *von* den kosmischen Zuständen. »Die Heiligkeit ist der eigentliche Lebenskern im Menschen, und sie wurde dem Kinde an dem Tage eingeimpft, wo es in Wahrheit und im Geiste geboren wurde« (GRÖNBECH 1997: II, 119).

Jeder Baum ist – wie jeder Mensch – *das* beziehungsweise *ein* Zentrum des Universums. Hoch gewachsene, stattliche, immergrüne Bäume galten von jeher als besonders heilig; sie sind *helga*, »geheiligt«. Ihre Zweige oder Äste wurden bei Festen in die Halle geholt. Im germanischen Mythos war die Esche Yggdrasil, laut der *Edda,* ein immergrüner

16 Schließlich ist *Christmas Tree* auch eine Underground-Bezeichnung für ein Barbiturat (Tuinal), das in rot-grünen Pillen auf den Markt kommt (LANDY 1971: 50).

Baum (V, sp. 19). Offensichtlich stehen solche Baumwesen in einer besonderen Beziehung zum menschlichen Geist. Ihre »Heiligsprechung« gab ihnen einen herausragenden soziokulturellen Wert. Jedem geheiligten Wesen kommt eine besondere Wahrnehmung, Aufmerksamkeit und Achtung zu. So führt die christliche Deutung die hoch gewachsene Tanne als Weihnachtsbaum auf den Paradiesbaum, den Baum der Erkenntnis und den Lebensbaum zurück, dessen Stamm zum Marterkreuz des geopferten Gottessohnes wurde. Manche Menschen in Island, Skandinavien und anderen Regionen der Welt verehren die Tanne nach wie vor als symbolische Verkörperung des mythologischen Weltenbaums und der wunderbar beständigen, fruchtbaren Natur. In jedem Fall entspricht die Missachtung und Entweihung solcher heiligen Bäume einer kulturellen Katastrophe.

So erlosch mit der Fällung der mythisch-germanischen Donareiche nicht nur ein physisch-materielles Wesen, sondern auch die geistige Kultur, der Lebenskern und Mittelpunkt der Chatten, der heidnisch-germanischen Vorfahren der Hessen, denen sie heilig war. Nicht umsonst wehrten sie sich mit allen Kräften gegen dieses Sakrileg und waren davon überzeugt, dass das Fällen ihres heiligen Baumes das Ende der Welt bedeute. Für sie war der heilige Baum ein Stellvertreter des Weltenbaums, der die kosmische Ordnung aufrechterhält und damit den Menschen das Überleben sichert. Als dieser Baum aus ihrem Bewusstsein verjagt wurde, zerfiel ihre Kultur, denn sie hatte keinen Stamm und keine Wurzeln mehr. Dieselben Überlegungen führten den bekehrten Aurelius Augustinus (354–430) und neoplatonisch angehauchten Kirchenvater Augustin zur folgenschweren Empfehlung, die heiligen Bäume der Heiden abzuholzen und zusätzlich umzudeuten. Er verkündete: »Man rotte die Heiden nicht aus, man bekehre sie; man fälle die heiligen Bäume nicht, man weihe sie Jesus Christus« (*De civitate Dei*, dt. *Über den Gottesstaat*).

Zweige im Schnee: ein grafisches Kunstwerk der Natur (Foto: cme).

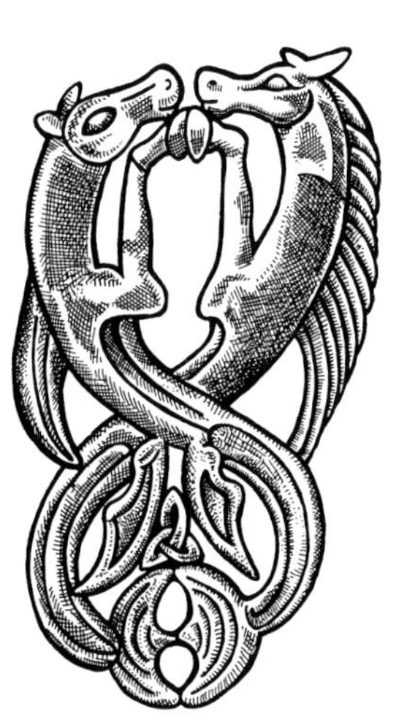

Yggdrasil hieß auch »Odins Pferd« (Yggr = Odin, altnord. »der Schreckliche«). Die Doppelpferde sind ein altgermanisches Motiv, das noch in den hölzernen, gekreuzten Pferdeköpfen an den Enden des Firstbalkens weiterlebt: In Norddeutschland heißen sie bis heute Wotanspferde (Motiv aus der Zeit um 1900).

So wurde der Weihnachtsbaum zwar gefällt, aber zugleich als christliches Heiligtum ins Haus gebracht. Früher war er den Göttern und Göttinnen heilig. Als die Kirche den Baumkult dem Volk nicht austreiben konnte, weihte sie ihn dem Christkindlein.

Der Weihnachtsbaum, der Tannenbaum ist das männliche Element: der Weltenbaum, die Weltenachse, das Erhaltende, der Speer, der Phallus. Das Blütenwunder ist der weibliche Pol des Universums: der Brunnen der Weisheit, das Erblühen, Gebären, das Entfaltende, der Gral, die Vulva.

Tanne

Abies spp., Pinaceae, Föhrengewächse
Abies alba Mill. (Weißtanne), syn. *Pinus abies* Dur., *Pinus pectinata* Lam., *Abies pectinata* DC., *Pinus picea* L., *Abies excelsa* Lk.
Abies balsamea (L.) Mill. (Kanadische Balsamtanne, Balsam of Gilead Fir), syn. *Pinus balsamea*
Abies fraseri (Pursh.) Poir. (Balsam Fir)
Abies lasiocarpa (Hook.) Nutt. (Alpine Fir)
Abies religiosa (H.B.K.) Schlecht et Cham. (Abeto, Heilige Tanne)
Abies sibirica Ledeb. (Sibirische Föhre, Sibirische Fichte)

Hoch oben im Himmel schütten die Engel aus der Christuskrippe unter dem Weihnachtsbaum die weihnachtlichen Gaben aus.

Andere Namen

Christbaum, Dannbaum, Danne, Edeltanne, Kynbaum, Kynholz, Silbertanne, Tanna (von *tan*, »Feuer«), Tannenbaum, Taxenbaum, Weihnachtsbaum, Weißtanne

> »Die Tanne ist mehr warm als kalt und hat viele Kräfte in sich. Und sie bezeichnet die Tapferkeit. Denn an welchem Ort auch immer Tannenholz ist, hassen und meiden es die Luftgeister mehr als andere Orte, und Zauber und Magie haben dort weniger Kraft und herrschen weniger vor als an anderen Orten.«
> Hildegard von Bingen, *Physica*, III, 23

Da nur wenige heutzutage Tannen von Fichten unterscheiden können, hier zunächst die wesentlichsten Kennzeichen: Bei Tannen stehen die Zapfen[17] nach oben, bei Fichten nach unten. Die Nadeln von Tannen sind weich und stehen waagerecht von den Zweigen ab, die von Fichten sind hingegen spitz und kreisförmig angeordnet.

Tannen sind in Süd- und Mitteleuropa heimisch und erreichen eine stattliche Höhe von bis zu sechzig Metern. Ihr dunkler, dichter Nadelbewuchs gab dem Schwarzwald seinen Namen. Dort befinden sich bis heute die größten zusammenhängenden Tannenwälder, und von dort eroberte die Tanne als klassischer Weihnachtsbaum die Wohnzimmer in aller Welt. Ihr immergrünes Nadelkleid besingt das populäre Weihnachtslied, dessen Melodie aus dem 18. Jahrhundert stammt: »O Tannenbaum, o Tannenbaum, / wie grün sind deine Blätter! / Du grünst nicht nur zur Sommerzeit, / nein, auch im Winter, wenn es schneit ... «

Bezeichnenderweise meint das althochdeutsche Wort *tanna* nicht nur die Tanne[18], die Föhre (und verblüffenderweise sogar die Eiche), sondern – wie das mittelhochdeutsche *tan, tann* – auch Wald (Höfler 1990: 49). Mit dem Tannenbaum trägt man folglich den Wald und die Wildnis ins Haus. Der Name Tanne leitet sich vermutlich auch von *tan*, »Feuer«, ab.

17 Eine große Zahl von Tannenzapfen kündigt einen harten Winter an, weist aber auch auf eine reiche Ernte hin. »Damit kleine Kinder einschlafen können, legt man ihnen Tannenzapfen unter das Kopfkissen« (Hiller 1989: 285).

18 Von der Tanne leitet sich auch der im Pflanzenreich weit verbreitete Gerbstoff Tannin ab.

An den Stamm einer heiligen Tanne bei Ruswil in der Schweiz sind ein christliches Kreuz und eine Gedenktafel angebracht.

Die Tanne galt in ihrem Verbreitungsraum von jeher als heiliger Baum. »Tacitus (I, 51) erzählt von dem Fest der Tasana, bei welchem Tannenzweige in der Hand getragen wurden, und von diesem Fest leitet man auch unseren Weihnachtsbaum ab« (Perger 1864: 340). Heilige Tannen werden überall in den Alpenländern verehrt. Man hielt sie für »den Wohnsitz der Götter« und glaubte, dass in Tannen geisterhafte Wesen hausen. Noch heute trifft man in Wäldern gelegentlich auf Tannen, denen eine religiöse Verehrung zukommt. Meist sind sie an einem Marienbild, seltener an einem angeschlagenen Kruzifix zu erkennen.

Im indogermanischen Phrygien (Kleinasien) war die Tanne der Fruchtbarkeitsgöttin Kybele geweiht. Römer erblickten in den geschlossenen Tannenzapfen ein Sinnbild der Jungfräulichkeit und heiligten sie der Jagd- und Waldgöttin Diana. Nach einer Legende der sibirischen Jakuten wurden die Seelen ihrer Schamanen in einer Tanne auf dem Berg Dzokuo geboren. Und schließlich wurde die Tanne zum Weihnachtsbaum der geweihten Nächte.

In schamanischen Kulturen dürfen heilige Bäume nicht wahl- und bedenkenlos gefällt werden (Abholztabu). Wer einen heiligen Baum missachtet, wird mit Krankheit oder Tod gestraft: »Den Dieben von Tannenbäumen hat man prophezeit, sie würden sich in den Arm hacken. Wer eine Tanne widerrechtlich fällte, sollte sieben Jahre Pech haben« (Hiller 1989: 285). Dennoch darf man ihr Holz sehr wohl für rituelle Zwecke und Ritualgeräte nutzen. So spielen nicht nur der Tannenbaum, sondern auch seine Zweige und die aus ihnen gefertigten Adventskränze eine zentrale Rolle zu Weihnachten.

Tannenharz als Duftstoff

Der Duft von Tannenharz und verglühenden Tannennadeln erfüllt die Adventszeit mit ihrem unwiderstehlichen, typischen Duft, den die Hersteller von entsprechendem Räucherwerk für Räucherkerzen und Räuchermännle aus dem Erzgebirge marktgerecht ausnutzen.[19]

Die meisten Tannen produzieren Harze, die in Geruch, Konsistenz und Charakter sehr ähnlich sind. Deshalb wurden sie früher auch Harzbäume genannt. Aufgrund seines Harzgehalts ist das frische oder getrocknete Holz besonders leicht entzündlich und wurde als Kienspan genutzt; daher hieß die Tanne auch Kynholz. In Europa gehören die Tannenharze wahrscheinlich zu den ältesten Räucherstoffen überhaupt. Der Gebrauch wurde allerdings mit dem aufkommenden Handel exotischer Harze stark zurückgedrängt. In der frühen Neuzeit war das Tannenharz als Räucherstoff noch gut bekannt und wurde oft als Ersatz oder zur Fälschung des Olibanum verwendet.

Zum Räuchern aller Tannen eignen sich am besten die getrockneten Nadeln. Sie verbrennen laut knisternd und schnell. Es entsteht ein weißer Rauch, der harzig und typisch nach Tanne riecht, sich aber schnell verflüchtigt.

Die Weiß- oder Edeltanne enthält in Nadeln und Zapfen 0,5% ätherisches Öl, bestehend aus Bornylacetat, Pinen, Limonen, Santen u.a. Aus allen Tannen kann Terpentin gewonnen werden (so ge-

19 Der beliebte Weihnachtsduft hat auch ansonsten eine positive Auswirkung auf das Gemüt: »Fichte und Tanne wandeln innere Unruhe, Nervosität und Angespanntheit um in Ruhe und Ausgeglichenheit« (Strassmann 1994: 139).

nanntes Strassburger Terpentin oder *Terebinthina argentoratensis*). Es besteht zu 34% aus ätherischem Öl und zu 72% aus Harz sowie etwas Bernsteinsäure. Wenn Terpentin durch Destillation das ätherische Öl entzogen wird, bleibt Kolophonium zurück.

Volksbräuche

Wie viele andere Pflanzen, die zur Weihnachtszeit von symbolischer Bedeutung sind, spricht man von alters her auch Tannenzweigen eine Schutzfunktion zu; sie sollen schädliche Einflüsse abwehren: »An manchen Orten setzt man am Christabend Tannenzweige vor die Hausthüren und Viehställe, um Krankheiten und Seuchen abzuwenden. Die Dienstleute dürfen jedoch für das Holen dieser Zweige nicht bezahlt werden und bekommen daher Kuchen und Kleider zum Geschenk« (PERGER 1864: 343). In ländlichen Gebieten nutzte man sie außerdem für Wettervorhersagen: »Tannenzweige verwendet man auch zu Wetteranzeigern, indem man sie waagrecht in die Mauer steckt, wo dann ihre Spitze, je nachdem das Wetter gut oder schlecht wird, um einen Zoll steigt oder sinkt« (PERGER 1864: 343).

Fichte

Picea spp., Pinaceae, Föhrengewächse
Picea abies (L.) KARSTEN

Andere Namen

Fiotha (ahd.), Gräne, Grötzli, Harztanne, Kreuztanne, Kynhol(t)z, Pechtanne, Pityusa, Rotfichte, Rottanne, Schwarztanne, Taxen, Viehte (mhd.), Waldweihrauch

> »Als Mutter- und Lebensbaum ist die Fichte ein Symbol der weiblich-schützenden und lebenserneuernden Kraft. Die Irminssäule war das Baumheiligtum der Germanen. Sie war eine Fichte. Aus ihr wurde dann später der Maibaum.«
> STRASSMANN 1994: 135

Die Fichte ist in Mitteleuropa und bis nach Ostasien verbreitet. Als Weihnachtsbaum verdrängt sie in manchen Regionen die Tanne vom ersten Platz auf der Beliebtheitsskala und wird sogar im westlichen Deutschland volkstümlich als Tanne bezeichnet, was umgekehrt nicht der Fall ist.

Somit treffen viele der oben genannten Eigenschaften auch auf die Fichte zu. Man versicherte sich ihres Schutzes vor unheilvollen Kräften: »Das Hereinholen einer Fichte bedeutete ursprünglich das Hereinholen und Verehren des Waldschutzdämons« (SCHÖPF 1986: 86). Man nutzte die beruhigende Wirkung des ätherischen Öls von Fichtennadeln für hautbelebende und nervenstärkende Heilbäder. »Eine Fichtenräucherung wirkt vermittelnd auf den Körper und lässt ihn wieder seinen Platz am Ort finden« (STRASSMANN 1994: 138).

Fichten identifizierte man mythologisch nicht nur mit Tannen, sondern auch mit Pinien[20]. So opferten die rheinischen Kelten (die Gallier) Pinien- und Fichtenzapfen den Quellgottheiten (HÖFLER 1911: 20). Schließlich überlebte in naturverbundenen Regionen die Vorstellung, dass Hexen ihre Tanzplätze bei einer Fichte haben, und blaue Lichter, die in der Nacht um die heilige Fichte tanzen, die Seelen Verstorbener sind, die sich von Fichten angezogen fühlen (FINK 1983: 46).

Kiefer

Pinus spp., Pinaceae, Föhrengewächse
Pinus sylvestris L.

Andere Namen

Feuerbaum, Föhre, Forche, Heiligföhre, Kienbaum

Wegen der büscheligen Anordnung ihrer Nadeln war die Kiefer als Weihnachtsbaum weniger geeignet. Dennoch kam ihr eine rituelle Bedeutung als heiliger Baum zu, was sich in der Bezeichnung »Heiligföhren« niederschlug. »Auch Hexen, ja sogar der Teufel, lauern auf uralten Föhren. Auf dem Ge-

20 Pinienzweige und -zapfen waren Attribute des archaischen Gottes Sylvanus, des Gottes der Haine und Fluren (SIMON 1990: 204f.).

Zuchtkiefer: *Pinus pumila* »Globe«.

Strandkiefer (*Pinus pinaster* SOLAND.) am Golf von Korinth.

äst einer Föhre in Villanders machten die Hexen verführerische Musik. Das ist wohl die letzte Erinnerung daran, dass sich der Mensch kultischen Bäumen nicht nähern soll!« (FINK 1983: 50). Kiefern waren ein Symbol von Unsterblichkeit und Wiederauferstehung. Auf ihren heidnischen Hintergrund als heilig verehrter Bäume geht wohl die Vorstellung zurück, dass »Glückskinder (...) unter Föhren verborgenen Reichtum« finden (FINK 1983: 50). Den Duft von Kiefernnadeln und -harz schätzte man als »Waldweihrauch«.

Lärche

Larix decidua, Pinaceae, Föhrengewächse

Andere Namen
: Larch, Lärch, Lärchbaum

Im Gegensatz zu anderen Nadelbäumen verfärben sich Lärchen im Herbst golden und werfen im Winter ihre Nadeln ab. Obgleich die Lärche somit dem klassischen Bild eines auch im Winter immergrünen Nadelbaums widerspricht, trifft man in den Alpen – zum Beispiel in Tirol und in der Schweiz – häufig auf »heilige Lärchen«, die volkstümlich als »heilige Larch« oder »Muttergottesbaum« verehrt werden. In das hohle Holz ihrer Stämme legte man Opfer- und Votivgaben, wie Zähne, Münzen und durchbohrte Lehmkügelchen. »Zu Kaserackern bei Wolfsgruben [in Südtirol] stand eine ›heilige‹ Lärche. In gewissen Nächten lohte sie feurig zum Himmel, sie verbrannte aber nie; aus ihrem Geäst seufzte eine menschliche Stimme. Der Baum galt als unheimlich und wurde verehrt. Nach dem Volksmund stammte er aus jenen fernen Zeiten, als noch das Heidentum auf dem Ritten herrschte« (FINK 1983: 48f.). Volkstümliche Legenden berichten davon, dass sich im Geäst der Lärchen Engel und Teufel bekämpfen. Ebenso gelten sie als Ruhe- und Tanzplätze von Wald- und Bergfeen. Sie sind daher den so genannten Säligen, den Waldfrauen, und den gehörnten Tieren des Waldes geweiht.

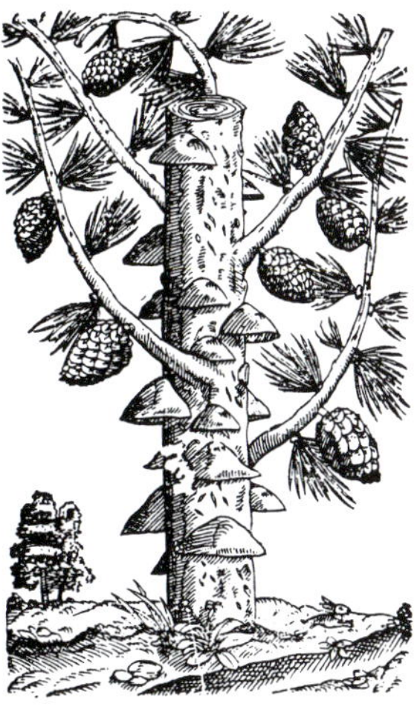

Lärchenschwämme *(Laricifomes officinalis)* am Stamm suggerieren die schamanische Himmelsleiter. Der Lärchenporling wurde schon von »Ötzi«, der 5300 Jahre alten Gletschermumie, zu seinen Lebzeiten benutzt (Holzschnitt aus TABERNAEMONTANUS 1731).

Wenn die Eibe *(Taxus baccata)* ihre roten Früchte trägt, sieht sie wie ein geschmückter Weihnachtsbaum aus.

Eibe

Taxus spp., Taxaceae, Eibengewächse
Taxus baccata L.

Andere Namen
Aiw Yew, Common Yew, Eibenbaum, Tasso

Eiben kommen in Europa und im nördlichen Kleinasien vor. Der selten anzutreffende dunkle Baum mit den rot leuchtenden, schleimigen Beeren wird bis zu 18 Meter hoch. Man schätzt sein Höchstalter auf bis zu 750 Jahre. Mit einem Stammdurchmesser von rund einem Meter wird die älteste Eibe Deutschlands, die so genannte Hintersteiner Eibe im Allgäu (bei Bärgündele), gar auf 2000 Jahre geschätzt (Hecker 1995: 168)! Könnten wir das Rauschen des Windes in ihrem verzweigten Geäst mit den weichen Nadeln verstehen, könnte uns dieser Eibenveteran wohl von einer wechselvollen Geschichte erzählen.
Ihr Name stammt vom Gotischen *aiw*, »immer, ewig; immergrün«, ab (Prahn 1922: 142). Diese sprachliche Wurzel verweist auf mehrere Bedeutungsschichten: auf die uralte Beobachtung des hohen Lebensalters, das die Eibe erreicht; auf ihre germanische Deutung als Sinnbild der Ewigkeit; und auf ihre Anpflanzung auf Friedhöfen, um den Toten ewiges Leben und die Erinnerung im Gedächtnis der Verbliebenen zu sichern.

Ihr immergrünes Nadelkleid sicherte der Eibe einen Platz in der Weihnachtsbotanik. Immerhin gilt sie als Unsterblichkeitssymbol, als Todes- und Auferstehungspflanze, als Weltenbaum, und ein Stück Eibenholz, das man bei sich trägt, soll üblen Zauber und die Angst vor Dunkelheit vertreiben. Außerdem verwendete man ihre Nadeln – nicht nur zur Weihnachtszeit – für Räucherungen.

Eberesche

Sorbus spp., Rosaceae, Rosengewächse
Sorbus aucuparia L.

Andere Namen
Aberesche, Aschbaum, Drachenbaum, Drosselbeere, Eberesche, Faulesche, Gureschbaum, Maalbaum, Maltzennasen, Moosbeerbaum, Quäkbom,

Eibenzweig mit roter Beere. Die Frucht ist entgegen landläufiger Meinung nicht giftig; das rote Fruchtfleisch (Samenmantel) hat einen süßen, fruchtig-schleimigen Geschmack. Nur die schwarzen Samen enthalten das starke Gift Taxin. Die Furcht vor den Eibenfrüchten hat wohl denselben Hintergrund wie die Angst vor Vogelbeeren. Die genießbaren und gesunden roten Früchte wurden dämonisiert, weil sie zu den heiligen Pflanzen der Heiden gehören.

Quickenbeere, Quitschenbom, Sperbeerbaum, Sporäpfel, Thorsbjög (= Thors Schutz), Vogelbeere, Vogelbeerbaum, Vogelspeierling

> »Hängen nämlich die Zweige recht voll von Früchten, so sieht man das als ein Zeichen dafür an, dass ein strenger Winter kommen wird. (...) Wenn man bedenkt (...) welch gute Naturbeobachter unsre Bauern im allgemeinen sind, so kann man nicht recht glauben, dass es sich hier um ein bloßes Gerede handelt.«
> (Marzell 1935: 104)

Obgleich die Eberesche, ein Strauch, der bis zu einem fünfzehn Meter hohen Baum heranwachsen kann, seine roten Früchte im Herbst ausbildet, hat er in der Weihnachtsbotanik als heiliger Baum eine gewisse Bedeutung. So pflegte die Landbevölkerung zu Heiligabend folgenden Brauch: »alle Vogelbeersträucher sollen zur Mitternachtsstunde brennende Kerzen aufgesteckt tragen, die auch im eisigen Wind und bei heftigem Schneetreiben nicht erlöschen« (Riemerschmidt 1962: 14).

Die Herkunft des Namens Eberesche ist ungeklärt. Vermutlich leitet er sich von *aber* im Sinne von »falsch« ab und meint eine falsche, unechte Esche. Der Botaniker Heinrich Marzell spricht von einem »lebendigen, lebensfrischen Baum«, da er sich in den Alpenregionen oft als einziger Laubbaum in Geröllwüsten behauptet. Diese Naturbeobachtung – wie auch seine typische Farbkombination Weiß-Rot – könnte auch seine symbolische Bedeutung zur winterlichen Adventszeit erklären.

In germanischer Zeit war die Vogelbeere dem Gott Thor/Donar heilig und stand mit der heiligen Esche Yggdrasil in Beziehung. »Die roten Beeren brachten unsere Vorfahren mit dem Blitz (Donar war der Gott der Blitze und des Donners) in Verbindung. Die gefiederten Blätter symbolisierten für sie die Wolken (Wolkenbaum)« (Abraham und Thinnes 1995: 68). Deshalb flocht man seine Zweige zu Kränzen und hängte sie zum Schutz vor Gewittern auf. Die Zweige dienten als Wünschel- und Lebensruten. Um das Vieh gesund zu erhalten, schnitt man am Tag des heiligen Martin, am 11. November, die so genannte Martinigerte von diesem Baum. Die Widerstandskraft der Eberesche bezog man im übertragenen Sinn auch auf die räumliche Orientierung in der Dunkelheit – nicht nur im Winter, sondern auch des Nachts –, woraus sich der folgende Volksglaube ableitet: »Wer nachts unterwegs war und ein Stückchen Vogelbeerholz im Mund hatte, konnte sich angeblich nicht verirren« (Abraham und Thinnes 1995: 69).

Nach einer märkischen Sage soll der Baum aus dem Gebein des Judas hervorgegangen sein (Abraham und Thinnes 1995: 69). Diese christliche Deutung, sein heidnisch-mythologischer Hintergrund und die Bitterstoffe seiner Früchte, die erst nach Frosteinwirkung für den Menschen verdaulich sind, machten ihn später zum Symbol des Bösen: »Die Eberesche ist in Brauchtum und Volksheilkunde als Baum der Druiden, Kelten, Heiden und Hexen verwurzelt. Daher keine Frage: Der Genuss der Früchte muss zwangsläufig ins Verderben führen. Und so kommt es, dass die Vogelbeere – im Gegensatz zu ihren nahen Verwandten Hagebutte und Schlehe – nur in Ausnahmefällen eine Rolle in der Ernährung spielt und in Rezepten auftaucht. (...) Der Ruf der Vogelbeere ist vom Makel einer Hexen- und Heidenpflanze geprägt« (Pfyl und Knieriemen 1998: 6, 7).

Rot-weiße Vogelbeeren (Ebereschenfrüchte, *Sorbus aucuparia*) im Schnee. Den heidnischen Germanen waren sie eine heilige Frucht, verbunden mit der Liebesgöttin Freia und dem auf einem Eber reitenden Fruchtbarkeitsgott Fro, den Christen eine »Teufelsbeere« (Illustration: Ernst Kreidolf, 1863–1956, zu: »Ein Wintermärchen«).

Nikolaus und Knecht Ruprecht

Unzählige Postkarten überlieferten das Bild vom Weihnachtsmann, der aus dem Tannenwald kommt und den Kindern Geschenke bringt (© Postkarten Edition Andrea Gebauer, Wolfsburg).

»Von drauß, vom Walde komm ich her.
Ich muss euch sagen, es weihnachtet sehr!
Allüberall auf den Tannenspitzen
Sah ich goldene Lichtlein blitzen,
(...)
›Hast denn dein Säcklein auch bei dir?‹
Ich sprach: ›Das Säcklein das ist hier:
Denn Äpfel, Nuss und Mandelkern
Essen fromme Kinder gern.‹«
Theodor Storm, *Knecht Ruprecht*

Besinnen wir uns zunächst auf die Erscheinung und Herkunft von St. Nikolaus und seinem düsteren Begleiter Knecht Ruprecht, bevor wir uns der weihnachtlichen Pflanzenwelt zuwenden, mit der die beiden sagenhaften Gestalten in Verbindung stehen.

»Morgen kommt der Weihnachtsmann, / Kommt mit seinen Gaben« – so beschreibt ein bekanntes Lied von Hoffmann von Fallersleben die erwartungsvolle Vorfreude der Kinder am Vorabend des 6. Dezembers. Die Gaben, die er großzügig an unsere Großeltern oder Urgroßeltern im zarten Kindesalter verteilte, waren »Äpfel, Nuss und Mandelkern«. In katholischen Regionen wird der heilige Nikolaus, der in vollem Ornat, mit Stab und Bischofsmütze (Mitra), würdevoll einherschreitet und den Kindern mit seinem langen, weißen Bart Respekt einflößt, begleitet von Knecht Ruprecht mit Sack und Rute. In manchen Sagen gehört er zum Gefolge des Wilden Heeres.

Der Nikolaus in vielfältiger Gestalt

Der Maler Moritz von Schwind (1804–1871) überlieferte Sankt Nikolaus 1847 im *Münchener Bilderbogen* als vermummten »Herrn Winter«, der ein mit Kerzen erleuchtetes Tannenbäumchen in die verschneite Stadt trägt. Auf einem Schimmel reitend,

Sollte das Bild von der strafenden Rute für ungehorsame Kinder auf einen Comic von Wilhelm Busch zurückgehen? (Wilhelm Busch, *Hänsel und Gretel, Bilderpossen* 1864.)

»Herr Winter«, der erste Weihnachtsmann (Radierung von Moritz von Schwind zum *Münchener Bilderbogen*, 1847).

mit schwarzer Kapuze und hoch geschlossenem schwarzem Mantel, dazu Rute und Korb taucht er 1863 mit grimmiger Mine auf einer niederrheinischen Grafik als »Sünnerklaas« auf. Als »Samichlaus« kennt man ihn in der Schweiz. Als Bischof »Sankt Nikolaus«, begleitet vom gehörnten Knecht Ruprecht mit Zottelfell, Rute und geschulterter Kiepe, begehrt er Einlass in süddeutschen Bauernhöfen. In Nordamerika und Skandinavien saust er als »Santa Claus« mit einem Rentiergespann durch die Lüfte und wirft seine Geschenke zielgenau durch Kaminschlote in die warmen Stuben. In Holland kommt er als »Sinterklaas« mit seinen »Zwarte Pieten« per Schiff an Land. Mit angeklebten weißen Rauschebärten und roten Kapuzenmänteln mit weißem Besatz bevölkern unzählige Weihnachtsmänner im Dezember Einkaufspassagen und Fernsehreklamen.

Wer ist diese sagenumwobene Gestalt, der jede Region und jedes Land einen eigenen Namen und ein anderes Aussehen gab? Wer oder was ist der Nikolaus oder Weihnachtsmann? Die Antwort des Hamburger Völkerkundlers Rüdiger Vossen ist ebenso umfassend wie vielschichtig: »Im Grunde ist es eine Kompromissfigur aus katholischen, protestantischen und vorchristlichen Anschauungen, eine Mischung aus kindlichen Gottvatervorstellungen mit dem kinderfreundlichen heiligen Nikolaus und dem dämonisierten, strafenden Knecht Ruprecht mit Rute und Sack« (Vossen 1985: 56).

In katholischen Regionen geht die Verehrung des heiligen Nikolaus auf den gleichnamigen Bischof von Myra zurück. Daher die Bischofsmütze und der Stab. Er soll um 270 in der Hafenstadt Patara im einstigen Lykien in Kleinasien geboren sein, wurde in Myra (dem heutigen Demre in der Türkei) zum Bischof geweiht und starb dort um 342 n. Chr. Seinen Todestag datieren einige Quellen auf den 6. Dezember, den heutigen Sankt-Nikolaus-Tag. Nach der Legende verteilte er sein Erbe freigiebig unter die Armen und versorgte seine Diözese bei einer Hungersnot mit Schiffsladungen voller Korn. In der Ostkirche ist seine Verehrung seit dem 6. Jahrhundert belegt. Um 980 wurden seine Gebeine in die italienische Hafenstadt Bari überführt. Von dort verbreitete sich sein Kult und Brauchtum in Mittel- und Nordeuropa und vereinigte sich seit dem 6. Jahrhundert mit dem Kult um den gleichnamigen Nikolaus von Sion, Bischof von Pinora, der in Myra ein Kloster gründete und ebenfalls Wundertaten vollbracht haben soll.

In der christlichen Bildwelt erscheint der heilige Nikolaus unter anderem als Patron der Kinder und einer der vierzehn Nothelfer, dargestellt mit drei Goldbarren oder drei goldenen Äpfeln. Auf ihn bezog sich das Fest der unschuldigen Kinder und die alljährliche Wahl zum Kinderbischof an Klosterschulen. Trotz kirchlichen Verboten im 9. Jahrhundert hielt sich dieser überaus populäre Brauch, der im 13. Jahrhundert vom 28. auf den bis heute üblichen 6. Dezember verlegt wurde.

Die sagenumwobene Mildtätigkeit des Bischofs von Myra spielte in der Kunst erstaunlicherweise jahrhundertelang keine Rolle. Die frühesten Darstellungen des heiligen Nikolaus im Zusammenhang mit der Bescherung von Kindern tauchen im 15. Jahrhundert auf. Doch erst im 19. Jahrhundert machten stimmungsvolle Illustrationen deutscher Romantiker – wie Moritz von Schwind oder Ludwig Richter (1803–1884) – den Ruhm des Heiligen als Gabenbringer der Kinder und Vorbote der Weihnachtszeit populär. Die exotischen Leckereien, die er aus seiner fernen, kleinasiatischen Heimat brachte, überlieferten Liedverse wie: »Pfeffernüss', Äpfelchen, Mandeln, Korinth'; alles das schenkt er dem artigen Kind«.

Sinterklaas in Holland

In Holland ist der Vorabend des 6. Dezember laut Zeitungsberichten das »einzige nationale folkloristische Fest« zu Ehren von Sinterklaas, dem Schutzheiligen der Seefahrer und Kaufleute. In der zweiten oder dritten Novemberwoche kommt er mit einem Boot aus Spanien[21] in Holland an, begleitet von Mohrenknechten, den »Zwarte Pieten«, die auf dem Schiff tanzen und Witze machen. Die Zwarte Pieten sind nach Landsknechtsart mittelalterlich mit Pumphosen in Blau-Gelb oder Rot-Schwarz, farblich passenden spitzen Mützen, Handschuhen und Schuhen gekleidet. Bei ihrer Ankunft werden sie vom Bürgermeister willkommen geheißen und auf einem weißen Pferd durch die Stadt geleitet, wobei die Zwarte Pieten Süßigkeiten auf die Straße werfen. Die Ankunft von Sinterklaas ist in Holland wichtiger als das Weihnachtsfest in Deutschland. Am 6. Dezember feiert Sinterklaas seinen Geburtstag und verschwindet auf geheimen Wegen über Deutschland wieder nach Spanien.

Vierzehn Tage vor der Ankunft von Sinterklaas stellen holländische Kinder ihre Schuhe mit einem kleinen Geschenk für den Schimmel vor den Kamin und singen Lieder:

»Sinterklaas Kapoentje
[Sinterklaas kastrierter Hahn][22]
gooi wat in mijn schoentje
[wirf etwas in meinen Schuh]
gooi wat in mijn laars
[wirf etwas in meinen Stiefel]«

Sinterklaas kündigt sich durch Klopfen an der Tür an und hinterlässt einen Sack von Geschenken mit persönlichen Gedichten an jedes einzelne Kind. Erscheint er höchstpersönlich, berichtet er davon, was die Kinder im vergangenen Jahr getan haben. Gutes belohnt er mit Geschenken, Schlechtes mit der Rute. Die meist kleinen, selbstgebastelten Geschenke beziehen sich ironisch auf die Eigenheiten des Beschenkten. Am nächsten Morgen finden sie ein kleines Gegengeschenk für ihre Gabe für den Schimmel im aufgestellten Schuh vor. Auch Sinterklaas bringt Leckereien aus dem Morgenland. Traditionell zählen dazu Marzipan, Pfeffernüsse, Orangen und Spekulatiusgebäck. Der Name dieses traditionsreichen Weihnachtsgebäcks leitet sich von der richtenden und beurteilenden Funktion des heiligen Bischofs als »Spekulator«, als Beobachter der Kinder, ab.

Schon 1613 wetterten calvinistische Prediger gegen dieses Fest und verdammten es als heidnischen Götzendienst. 1658 verfasste Jacobus Sceperus in Gouda eine 229 Seiten umfassende Klageschrift gegen den Nikolaus und beschuldigte ihn als Papstverführer. Der populäre Name Sinterklaas umgeht elegant die Nennung eines römischen Heiligen, der in den protestantischen Niederlanden bis heute tabu ist.

Der transatlantische Weihnachtsmann

»Erst im Jahr 1931 schuf der amerikanische Künstler Harold Sundblom das Image jenes Santa Claus, wie wir ihn heute von überall her kennen. Sundblom malte den Weihnachtsmann für die Werbung. Als fröhliche, dickliche Opagestalt in den Farben der Firma, die ihm den Auftrag dazu erteilt hatte – Coca-Cola« (Appleton 2002: 56). Das Bild vom Weihnachtsmann mit rotem Mantel, weißen Besätzen und langem Rauschebart, der mit dem Rentierschlitten durch die Lüfte fliegt und seine Geschenke durch die Kamine wirft, entstand in Nordamerika. Darin flossen Vorstellungen der holländischen und deutschen Einwanderer wie auch schamanische Rudimente ein. Den schamanischen Wurzeln widmete der Holländer Tony van Renterghem, der 1948 in die USA ausgewandert war, 1995 ein ganzes Buch mit dem Titel *When Santa was a Shaman* (Als Santa Claus Schamane war). Auf diese schamanischen Bezüge wurde bereits an verschiedenen Stellen verwiesen.

Die Gaben von Sankt Nikolaus

Von botanischem Belang sind hier vor allem die Gaben des Nikolaus. Doch gehen wir zunächst auf die Rute des Knecht Ruprecht ein.

21 Weil Bari, der Ort, an dem die Gebeine des heiligen Nikolaus verwahrt werden, ehemals zu Spanien gehörte.
22 Die Bezeichnung »kastrierter Hahn« bezieht sich auf die farbenprächtige Bischofsmitra von Sinterklaas.

Die Vignette vom Haselbusch mit dem Nussknacker stammt von Franz Pocci.

Ludwig Richter überlieferte das idyllische Bild vom schlichten Lichterbaum sowie der Rute, die auf dem Stuhl nebenan am 6. Dezember böse Kinder erwartet.

Der Name von Knecht Ruprecht leitet sich ab von »hruod-peraht«, dem ruhmglänzenden Odin/Wotan (Riemerschmidt 1962: 27). Sein Attribut, die Haselrute, bezieht sich jedoch auf Thor/Donar: »Die Haselnuss war dem Donar, dem Gott der ehelichen und animalischen Fruchtbarkeit, heilig. Die Haselgerte galt als eine vorzügliche Lebensrute, mit diesem Symbol des *penis* wurden Frauen wie Tiere geschlagen, ›genusst‹, damit sie fruchtbar würden (...) Urkundlich ist die erotische Heidensitte schon im achten Jahrhundert bezeugt. Die am Berchtentag oder auf Johannistag geschnittene Wünschelrute (*penis*) ist eine Haselgerte mit einjährigem Trieb. Diese Lebensrute wurde auch zur Wünschelrute, die verborgene Schätze findet. Man gab ihr menschliche Gestalt, indem man sie von unten schlitzte, das heißt zwei Beine gab« (Aigremont 1987: I, 38).

Aus der Naturbeobachtung, dass Haselsträucher merkwürdigerweise vom Blitz gemieden werden, leitetet sich sowohl ihr heil- als auch ihr unheilbringender Gebrauch ab. So schützten Haselruten einerseits vor bösen Geistern, dem Wuetenheer, der »Teufelsjagd«, den »feurigen Männern« (Abraham und Thinnes 1995: 82); andererseits peitschten Hexen »mit einer Haselgerte ins Wasser eines Teiches, bis eine Gewitterwolke aufsteigt« (Schöpf 2001: 175). »In der christlichen Legende wird die gewitterabweisende Kraft damit erklärt, dass Maria mit dem Jesuskind auf der Flucht nach Ägypten bei einem heftigen Gewitter Zuflucht unter dem Haselstrauch fand« (Abraham und Thinnes 1995: 84).

Nikolaus und sein Knecht Ruprecht bringen aber nicht nur die Rute, sondern hinterlassen auch Geschenke. Zu den typischen Gaben zählen Nüsse, Trockenobst, Schokolade, Spezereien, Gebäck, Wintergrün und Spielsachen.

Die Gaben aus dem Nikolaussack sind symbolisch mit Fruchtbarkeit, Liebe und Eheglück assoziiert. Darum wundert es wenig, dass in Nepal heute noch bei Hochzeiten der Newari, des auf Handel und Kunsthandwerk spezialisierten Volkes im Kathmandutal, Gastgaben gereicht werden, deren Inhalt den typisch europäischen Nikolausgeschenken entspricht. Darunter befinden sich: Walnüsse, Mandeln, Pistazien, Cashews, weißer Kandiszucker, Zimtrinde (Kassia), grüne und braune[23] Kardamomfrüchte, Gewürznelken, Schokolade (Cadbury), Candy (Coffee Candy), Bonbons, Butter-Toffees, Brausepulver zum Lutschen, luftgetrocknete Datteln, geschwefelte Aprikosen, Popcorn (geschmacklos), getrocknete Feigen, helle Rosinen, getrocknete und gesalzene Pflaumen, Kokosfleisch, Betel-

23 Die braunen Kardamomfrüchte stammen von dem Greater Cardamom (*Amomum subulatum* Roxb., Alainci) genannten Ingwergewächs.

nüsse (traditionelle Fruchtbarkeitssymbole und Liebeszauber), Pan Parag (Betelbissenmischung) und harter Trockenkäse.

Mit Nikolaus und Ruprecht assoziierte Pflanzen

> »Die gemeinste Art des Geranium ist daher auch im Volksglauben dem heiligen Ruprecht, dem Schutzgotte des Hauses, gewidmet und wird deshalb auch von dem Botaniker, der wohl weiß, dass der alte *Hruotperaht*, das heißt der Ruhmglänzende, sowohl Ruprecht als Robert geworden ist …«
> Söhns 1920: 159

Mit dem Nikolaus werden im deutschen Volkstum einige Pflanzen assoziiert. Das Ehrenpreis (*Veronica chamaedrys* L., Scrophulariaceae) heißt im Volksmund Niklasl, auf Englisch *Eye of Christ*, »Auge Christi«. Es gehört genauso wie die Königskerze (*Verbascum* spp.), die Niklaslbärtchen oder Niklosbärtchen genannt wird, zum »Wilden Tabak«, zu den Knasterkräutern. Sanikel (*Sanicula europaea* L., Umbelliferae) – das Wort ist eine Kontraktion von Sant Nikolaus – wird ebenfalls Santa Claas oder Nickelkraut geheißen. Nickel bedeutet Kobold. Im Sanikel vereinigt sich also Sankt Nikolaus mit seinem Kobold, dem Knecht Ruprecht!

Knecht Ruprecht, dem Schutzgott des Hauses, dem heiligen Ruprecht, ist der Storchschnabel (*Geranium robertianum* L., Geraniaceae) gewidmet. Andere Namen: Adebarsbrot (= Storchbrot), Herba Ruperti, Robertskraut, Ruprechtskraut, Sankt Katharinenkraut, Sankt-Ruprechts-Kraut, Wanzenkraut.

Sankt Ruprecht, ein Missionar des fränkischen Christentums, starb 717: »Der Heilige, dem das Geranium Robertianum zugeeignet wurde, vertritt hier wohl den Schutzgeist der Pflanze« (Höfler 1990: 25). Sie galt als eine »Verkörperung elbischer Geister, die auf dem Wasser und in der Luft sich bewegen« (Höfler 1990: 24). »Sie hat vielleicht ehemals eine Beziehung auf Thor, den Gott der Fruchtbarkeit und Ehe, gehabt. Sie ist daher auch dem heiligen Ruprecht, dem Schutzgott des Hauses, heilig« (Aigremont 1987: II, 50).

Hochzeitsgeschenk für jeden Gast als Symbol für langes Leben: fast ein Nikolaussack (Kathmandu, Nepal, 3/2003).

Der lila blühende Storchschnabel *(Geranium robertianum)* heißt im Volksmund Sankt-Ruprechts-Kraut.

Mexiko

Die mexikanischen »Blumen des Nikolaus« erinnern gewissermaßen an das altweltliche Blütenwunder. *Flor de San Nicolás, San Nicolás* oder *Estrellita*, »Sternchen«, wird die *Milla biflora* Cav. (Liliaceae) genannt. Ihre duftenden sechszipfeligen weißen oder leuchtend gelben Sternblüten erblühen in der Weihnachtszeit; sie werden während der Regenzeit gesammelt und als Hausschmuck für das Weihnachtsfest benutzt. Das zierliche Liliengewächs hieß auf Aztekisch *yolo-patli*, »Herz-Wurzel«, oder *tlalizqui-xochitl*, »Weiße Rose der Erde«. Von ihrem Blütenzauber schwärmt schon ein kolonialzeitlicher Aztekentext: »Tlaizquixochitl: Sie ist perfekt, hervorragend, angenehm, sehr angenehm, äußerst angenehm. Ihre Blüten, glitzernd, liegen glitzernd, strahlen glitzernd, wenn sie blüht. Sie erzeugt einen angenehmen Duft, sie verbreitet ihn« (*Florentiner Codex* XI, 10).

Der von Mexiko bis Peru verbreitete Schellenbaum (*Thevetia peruviana* [Pers.] Schum., Apocynaceae) hat gelbe trompetenförmige Blüten und gilt als »stark narkotisch«. Auf Aztekisch heißt er *yoyotl*, »Rassel«; heute heißt das beliebte tropische Ziergewächs *San Nicolás*.

San Nicolás oder Hierbas de San Nicolás heißen in Mexiko die gelb blühenden, als Aphrodisiaka geschätzten Damianakräuter: *Turnera diffusa* Willd. (syn. *Turnera aphrodisiaca* Willd., Turneraceae, Safranmalvengewächse), *Turnera diffusa* Willd. var. *aphrodisiaca* Urban (Damiana de California), *Turnera pumilla* L. (Bruja, »Hexe«), *Turnera ulmifolia* L. (Clave de oro, »Goldnelke«) und auch der Damianaersatz *Chrysactina mexicana* A. Gray (Compositae, Falsche Damiana).

Damiana wurde seit prähistorischer Zeit in Nordmexiko und im Mayagebiet als Medizin und Liebestrank verwendet. Der spanische Missionar Jesús María de Salvatierra hat in seiner *Chronica* von 1699 erstmals den aphrodisischen Gebrauch bei nordmexikanischen Indianern erwähnt. Der Name »Damiana« leitet sich entweder von dem heiligen Damian, dem Schutzpatron der Apotheker, oder von dem katholischen Kirchenkritiker Peter Damiani, der im 11. Jahrhundert die Sittenlosigkeit der Geistlichen anprangerte, ab. Die Pflanze wurde botanisch erstmals 1820 von dem österreichischen Botaniker Josef August Schultes (1773–1831) beschrieben. Im 19. Jahrhundert wurde das Kraut als Tonikum und Aphrodisiakum in die US-amerikanische (1874) und in die mexikanische Pharmakopöe aufgenommen. 1880 wurde es in Europa eingeführt. Seit Ende der sechziger Jahre gilt die Pflanze als *legal high* und als Marijuana- beziehungsweise Tabakersatz, neuerdings auch als Grundlage von kommerziellen »Knaster«-Mischungen. Hier schließt sich der Kreis zum »Knasterklaus«.

Hierba de San Nicolás, »Kraut des heiligen Nikolaus«, werden in Mexiko folgende Pflanzen genannt:

- *Dyssodia acerosa* DC., Compositae, ein Rauchkraut der nordamerikanischen Indianer.
- *Gutierrezia sarothrae* (Pursh.) Britt. et Rusby, Compositae; auch Pasmo oder Hierba del pasmo genannt; Symbolpflanze in manchen Dezember-Zeremonien. Gynäkologisches Mittel, zeremonielle Medizin für die leidenden Götter! Räucherwerk für Gebärende; enthält ätherisches Öl (Monoterpene, Diterpene), Flavonoide.
- *Piquieria trinervia* Cav., syn. *Stevia serrata* hort. non Cav., Compositae, eine gelb blühende Bergpflanze; enthält Pirrolizidinalkaloide (Piquerin), ätherisches Öl; auch *Raíz de San Nicolás*, »Wurzel des heiligen Nikolaus« oder schlicht Nicolás genannt.
- *Tecoma stans* (L.) H.B.K., Bignoniaceae/Trompetenbaumgewächse, auch *Ojo de Santa Lucía*, »Auge der heiligen Luzia«, auf Maya *xkanlol*, »Gelbe Blume«; gilt als allgemeines Tonikum, enthält psychoaktive Alkaloide (Indole, Tryptamine).
- *Ionidium polygalaefolium* Vent., Violaceae.

Das gelb blühende Damianakraut *(Turnera)* heißt in Mexiko *Hierba de San Nicolás*, »Kraut des heiligen Nikolaus«.

Der rauchende Weihnachtsmann oder »Knasterklaus«

> »Die Vision spannte ihre Flügel zu einem ekstatischen Flug aus, für den keine irdischen Gesetze mehr galten, und mit jedem Augenblick steigerte sich die Verzückung und gewährte immer köstlichere Blicke auf eine Vollkommenheit, die wie Weihrauch von der Oberfläche jenes ewigen Meeres aufstieg.«
> Ludlow 2001

Erstaunlicherweise entwarfen Illustratoren des 19. Jahrhunderts wie Thomas Nast (1840–1902) wiederholt das Bild eines gemütlichen, Pfeife rauchenden Weihnachtsmanns. Man könnte ihn geradezu als »Knasterklaus« bezeichnen. Worauf basiert diese Vorstellung? Vielleicht auf Ausgrabungen aus prähistorischer Zeit?

Weihnachtliches Tabak-Label: »Mrs. Jack Frost« ist nicht nur eine dicke Zigarre, sondern auch ein königliches Fliegenpilzweibchen; ihre Hilfsgeister bringen das Wintergrün, einen Stechpalmenzweig.

Der gemütliche »Father Christmas« mit einer langen Pfeife (Thomas Nast, Holzschnitt, um 1865).

Im Limburgischen werden im Erdboden gelegentlich prähistorische Pfeifen gefunden, *Feeënpijpjes* genannt und als Rauchgeräte der Riesen, Elfen, Feen und Erdmännchen angesehen: »Ihr Ursprung wird den Rauchopfern der Heiden zugeschrieben, wobei sie gebraucht wurden, um sich zu betäuben und in den Zustand des Entrückens zu versetzen«[24] – was an die schamanischen Ursprünge des Weihnachtsmannes denken lässt.

Der »Knasterklaus« teilt den Genuss von Tabak mit Schamanen, Heilern und Medizinleuten aller Zeiten und Welten. Sie überlieferten uns Schamanen-, Friedens- und Knasterpfeifen.

Im Grimmschen Märchen *Das blaue Licht* erscheint dem Helden, einem Soldaten, immer wenn er seine »Tabaks«-Pfeife anzündet, ein hilfreiches, geheimnisvolles Zauberwesen, ein schwarzes Männlein, ein Alraunenmännle. Vielleicht stopfte sich der Soldat denselben Knaster in seine Pfeife, den bei Wilhelm Busch (1832–1908), dem deutschen Erfinder des Comics, »Krischan mit der Piepe« schmaucht?

Rauchen ist eine Form des Räucherns. Moderne Knasterfabrikanten vermarkten ihre Produkte als »Kräutermischung zur Raumluftverbesserung«. Durch die Rauchtechnologie wird eine optimale Inhalation des Rauchs, Dampfes oder Destillats aus der brennenden Rauchware ermöglicht, das heißt,

24 F. Kapell, in: *Zeitschrift des Vereins für rheinische und westfälische Volkskunde* 4, S. 128, 1907; zit. nach Golowin 1985: 122.

Krischan hat starken Tobak in der »Smokepiepe« geraucht und sieht Halluzinationen (Wilhelm Busch, *Krischan mit der Piepe*, 1864).

es wird eine gezielte Erhöhung der Wirkstoffkonzentration angestrebt. Der Rauch verteilt sich nicht im Raum, sondern wird komprimiert auf die absorbierenden Schleimhäute geleitet. Rauchen ist pharmakologisch viel effektiver als Räuchern. Beim Räuchern überwiegt der olfaktorische, aromatherapeutische und damit neuropsychologische Effekt der Duftstoffe. Beim Rauchen geht es um biologisch aktive Wirkstoffe, die zu neuropharmakologischen Zustandsänderungen des Bewusstseins führen.

Tabakrauch

»Zu den altweltlichen Rauchmitteln, die ursprünglich mit dem Tabak nichts zu tun haben, gehört weiter der Hanf, wahrscheinlich auch das Opium. (...) Wir finden bei den verschiedenen Völkern eine recht erhebliche Anzahl von Pflanzen angegeben, von denen Teile geraucht werden (...) [Es] wird wohl auch hier und da ein altes Rauchmittel in ihnen stecken, wenn wir z.B. hören, dass die Blätter des Huflattich *(Tussilago farfara)* wie Tabak geraucht werden. (...) Freilich scheint die Sitte, solche Sachen zu rauchen, meist eine lokale gewesen zu sein und die alten Rauchmittel sind vor dem offenbar angenehmeren und besser mundenden Tabak verschwunden, mit zwei Ausnahmen: Hanf und Opium« (Hartwich 1911: 26).

Der Bauerntabak *(Nicotiana rustica)* stammt aus der Neuen Welt. Als er nach Europa kam, wurde er als eine Art Bilsenkraut (»Hyoscyamus Peruvianus«) angesehen und in der Knasterpfeife geraucht. Bauerntabak wird nicht als kommerzieller Rauchtabak genutzt. Er ist eben nur ein Kraut der Bauern, enthält aber wesentlich höhere Nikotinkonzentrationen, meist zwischen 6 und 9%, manchmal bis 16 oder sogar 18%! Deswegen hieß er früher auch Kneller – ein Kraut, das »knülle« macht.

Knasterklaus bringt die Geschenke: fertig gerollte Weihnachtsjoints (Weihnachtskarte der Zeitschrift *Hanfblatt*, 1999).

Die Blüten der weiblichen Hanfpflanze *(Cannabis)* liefern »Knaster«, »Gras« oder »Marijuana«. Ihre Früchte (»Vogelfutter«) wurden früher zu einem Weihnachtsbrei eingekocht. Viele alte Menschen haben sich noch gegen Ende des 20. Jahrhunderts daran erinnert, dass sie selbst oder ihre Eltern manchmal, meist sonntags nach Kirche und Stammtisch, gemütlich zuhause oder auf einer Bank im Garten eine Pfeife mit »starkem Tobak«, mit Hanfkraut, gestopft und geraucht haben.

Die älteste europäische Pfeife zum Rauchen von Opium stammt aus Zypern, der Insel der Aphrodite. In Kítion, einer alten phönikischen Siedlung auf Zypern, gab es einen bedeutenden Tempel, in dem die Große Göttin unter ihrem phönikischen Namen Astarte verehrt wurde. Im Innersten des Heiligtums wurde bei Ausgrabungen eine dreitausend Jahre alte, bronzezeitliche, aus Elfenbein geschnitzte Opiumpfeife gefunden (Karageorghis 1976), wie in Europa zahlreiche antike Rauchpfeifen aus der römischen Kaiserzeit (Golowin 1985: 121). Die Sennenpfeifen der Alpenländer, die nordischen und irischen »Elfenpfeifen«, »Dänenpfeifen« und »Knasterpipen« waren dereinst so populär, dass man sich den Weihnachtsmann ohne sie kaum vorzustellen vermag. »Die lange Pfeife ist ein Hort der Treue« heißt es in einem populären Gedicht des 19. Jahrhunderts. Die Pfeife vermittelt aber auch eine Atmosphäre von heimischer Gemütlichkeit, die gut zum gütigen Weihnachtsmann passt.

Knaster ist natürlich nicht der normale Tabak, sondern der »starke Tobak«, Hanf *(Cannabis)*. Jedenfalls *anno Tobak* ... *Knaster* bedeutet laut etymologischem Wörterbuch »übelriechender Tabak«. Das Wort ist seit etwa 1700 in Deutschland bezeugt; es ist eine Verkürzung aus *Canastertobac* oder *Knastertobak*. Damit wurde ursprünglich eine edle Tabaksorte bezeichnet, die in »Rohrkörben« gehandelt wurde. *Knaster* soll auf griechisch *kánna*, »Rohr«, zurückgehen und von dem Substantiv *kánastron*, »aus Rohr geflochtener Korb«, abstammen (gr. *kanna* ist jedoch auch die Wurzel von *kannabion*, »Hanf«!). Über das spanische *canasto* und niederländisch *knaster* gelangte es – immer gemäß Duden – ins Deutsche. Andererseits bezeichnet das deutsche Wort *Knaster* lautmalerisch ein Geräusch mit dunkler Tönung, im Gegensatz zu *Knister*, einem Geräusch mit hellem Klang. So wie das Feuer knistert, so knastert der Tobak. Echter Tabak macht beim Verbrennen jedoch kein Geräusch. Aber wenn eine Pfeife mit Hanfblüten *(Cannabis)*, die Samen enthalten, gestopft und entzündet wird, dann erzeugen die explodierenden Hanffrüchte kleine Knalle: Hanf »knastert«!

Eine brauchbare Definition von »Starkem Tobak« bietet die *Encyklopädie der gesammten Volksmedicin* (1843), eines der wichtigsten medizinischen Hausbücher des 19. Jahrhunderts: »Zu den Rauchtabakssaucen wird Ledum palustre [Sumpfporst], selbst oft Bilsenkraut, Stechapfel, ja Opium von gewissenlosen Fabrikanten zugesetzt, um den leichten Tabak stärker und betäubender zu machen. Alsdann erregt er bei Personen, die noch nicht durch Gewohnheit dagegen abgestumpft sind, Übelkeit, Erbrechen, Schwindel, Betäubung etc.« (Most 1843: 586).

Starker Tobak

»In Europa erfreute sich der Hanfgenuss zur Zeit der Hexenverfolgungen einer großen Beliebtheit, und die aphrodisierende Wirkung der in der Hanfpflanze enthaltenen Stoffe war allgemein bekannt. Nicht umsonst wetterte der als Abraham a Santa Clara berühmt gewordene Hans Ulrich Megerle (1644–1709) gegen die ›Bauren, so sich mit Hamf vollstopfen wie der Türck mit Opium‹. Nach der Einführung von Kaffee und Tabak im 16. und 17. Jahrhundert verlor der Hanf seine bisherige Bedeutung als Genussmittel und verkam zum ›Armeleute-Kraut‹ der Mittellosen. Als Vergnügungsdroge der Oberschicht und als Tabakzusatz konnte sich Hanf nur noch in beschränktem Ausmaß halten. Bis 1925 waren Tabak-Hanf-Mischungen in Europa frei erhältlich und eine mit Hanf und Tabak gestopfte Pfeife hieß zu Gotthelfs Zeiten *Sonntagspfeife*« (Lussi 1996: 134).

Der Name »Rauchkraut« wurde vom Volk sowohl dem Erdrauch *(Fumaria officinalis,* auch Heilandskraut genannt) wie dem Wacholder *(Juniperus communis)* verliehen. Beides gehörte zum »Kraut«, das die Bauern gerne in ihrer aus Wacholderholz geschnitzten »Sonntagspfeife« rauchten, zusammen mit einer Mischung aus Huflattich, der so heißt, weil seine Blätter die Gestalt eines Pferdehufs haben, und getrocknetem Ehrenpreiskraut.

Knasterzutaten

> »Der liebliche Ehrenpreis ist es, der uns des lieben Herrgotts Grüße bringt! Schaut ihm nur recht in das schöne Auge: er trägt die Farbe der Treue und kein Falsch ist an ihm.«
> Zimmerer 1896: 237

Der Ehrenpreis (*Veronica officinalis* L., Scrophulariaceae) zählt zu den stärkenden und leicht anregenden Mitteln der Volksmedizin und hat viele diesbezügliche volkstümliche Namen: Heil aller Schäden, Heil aller Welt, Allerweltsheil, Grund- und Grindheil, Schlangenkraut, Großbatengel, Männertreu, Himmelsblümchen, Gewitterblümel, Donnerbesen (engl. *Thunderbesom*); überhaupt trägt das Braunwurzgewächs in England Namen, die sich direkt auf die Weihnachtsbotanik beziehen: *European Mistletoe* (»Europäische Mistel«), einfach nur *Mistletoe* oder *Golden Bough* (»Goldener Zweig«); in der Apothekersprache heißt das aromatische Kraut sogar Sylvesterblume (Arends 1935: 263). Das getrocknete Kraut enthält ein ätherisches Öl und Flavonoide.

Für die Saucen zum Aromatisieren der Rauchknaster im 19. Jahrhundert wurden viele Weihnachtsgewürze und -räucherstoffe benutzt: Zimt, Sternanis, Cascarille, Gewürznelken, Zimtkassienblüten, Kardamom, Storax, Anis, Koriander, Rosenblätter, Baldrian, Mastix, Benzoe, Zitronenschale, Veilchenwurzel. Noch heute gibt es Rauchtabake, die mit Weihnachtsgewürzen sauciert werden: Vanille, Kakao, Schokolade usw. Berühmt sind die indonesischen *kretek*-Zigaretten, die eine ordentliche Portion Gewürznelken enthalten.

Im 19. Jahrhundert gab es einen Dreikönigstabak, eine Handelssorte, die auch als Knasterzutat angeführt wird. Man sprach sowohl von »Pastorenknaster« sowie von »Höllenknaster«, und verlieh der Rauchware, passend zur verkehrten Welt der Rauchnächte, einen christlichen Dualismus!

Alle möglichen Gewächse, die zur Weihnachtsbotanik gehören, dienten als Qualmkräuter und Knasterzutaten, oftmals volkstümlich »Wilder Tabak« oder »Tabakblumen« genannt: Große Klette *(Arctium lappa)*, Wurmfarn *(Dryopteris filix-mas)*, Tollkirsche *(Atropa belladonna)*, Waldrebe *(Clematis recta)*, Bilsenkraut *(Hyoscyamus niger)*, Ampfer *(Rumex obtusifolius)*, Königskerze (*Verbascum* spp.), Arnika *(Arnica montana)*, Kornblume *(Centaurea cyanus)*, Maiglöckchen *(Convallaria majalis)*, Lavendel *(Lavandula officinalis)*, Huflattich *(Tussilago farfara)*, Waldmeister *(Galium odoratum)*, Steinklee *(Melilotus officinalis)*.[25] Ebenso fügte man Knastermischungen Kräuter zu wie Habichtskraut, Schafgarbe, Beifuß, Haselwurz, Römische Kamille, außerdem die Blätter von Walnuss, Sumpfporst, Kartoffel, Linde, Steinklee, Ziest (Hexenkraut), Heidelbeere, Gartenrose, Kirsche,

25 Fast all diese Pflanzen heißen im Volksmund ebenfalls »Hexenkraut«.

Die getrockneten Blätter des Mangolds *(Beta vulgaris)* wurden als Tabakersatz und Knasterzusatz benutzt. Der Name Mangold setzt sich zusammen aus *man*, »Mann«, und *gold*, »hold, heil«, weil sie »besonders von Männern als Reizmittel gebraucht wurde« (Prahn 1922: 151).

Die winterfesten Blätter der Waldbrombeere (*Rubus fruticosus* L., Rosaceae) sind eine Grundlage der alten Knastermischungen (Hamburg, 2/2003).

Sonnenblume, Mangold, Buche, Weißdorn, Brombeere, Salbei, Holunder und Rhabarber. In der älteren Literatur werden meist Nussbaum-, Kartoffel- und Runkelrübenblätter (*Beta vulgaris* var. *rapacea* K. Koch) als Verschnitt für Knaster angeführt.

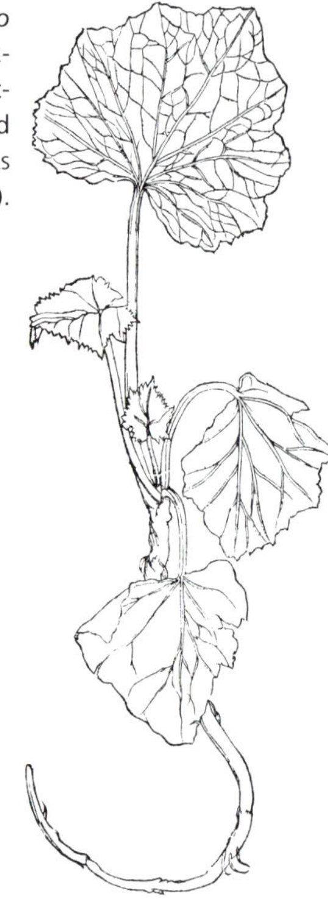

Der Huflattich *(Tussilago farfara)*, dessen getrocknete Blätter eine Hauptzutat des Knasters sind (Holzschnitt aus Brunfels 1532: vi).

Im 19. Jahrhundert wurden unter »Qualmkräutern« Hanf *(Cannabis)*, Stechapfel (Rauchapfel oder Rauhapfel, Hexenkraut oder Hexenkümmel), Bilsenkraut und Tollkirsche verstanden, da sie alle »ihre narkotischen Wirkungen« besitzen. Der Hanf, auch Rauhhanf, Rauchhanf, Rauchkraut genannt, war nicht nur ein Knaster- und Qualmkraut, sondern auch ein Bestandteil des Alexandriners. Alexandrinischer Tabak oder Smyrna-Pulver bestand im 18. Jahrhundert aus echtem Tabak, Hanf/Haschisch (Tyrus-pvr., Pulverum Tyrii, fol. cann. Tyrensis) oder Opium (Smyrna), Macis und Gewürznelken.

Eine brauchbare Grundlage für Knastermischungen sind drei gleiche Teile Huflattichblätter *(Tussilago farfara)*, Ehrenpreiskraut *(Veronica officinalis)* und Brombeerblätter *(Rubus fruticosus)*. Der Knasterer kann alles selbst in Wald, Wiese und Au sammeln. Dazu kann man etwas »Kraut« *(Cannabis)* und selbst gezogenen Tabak (*Nicotiana rustica* oder *N. tabacum*) geben.

Knasterrezepte

Die folgenden Rezepte sind als kulturhistorische Kuriositäten erwähnt und sollen nicht zur Nachahmung animieren. Da bäuerliche Rezepturen so gut wie nie Mengenangaben oder Mischungsverhältnisse angeben, kann die Dosierung der aktiven Zutaten problematisch sein. Auch die Verwendung illegaler Zutaten kann bekanntermaßen zu Problemen führen. (Man merke: Nur der Knasterklaus ist befreit von der menschlichen Justiz!)

- Bauernknaster

Gleiche Teile von:
Ehrenpreiskraut
Huflattichblätter
Brombeerblätter
Hanf (Kraut, Marihuana, Haschisch)
Tabak (Bauerntabak)

- Knüllerknaster

Bilsenkraut und/oder Knallbeere = Tollkirsche
Knasterkraut (Hanf)
Rabenbrot (getrockneter Fliegenpilz)
Kneller (Bauerntabak)

- Alexandriner

Tabakblätter (von *Nicotiana tabacum* oder *N. rustica*)
Hanfblätter (Cannabis oder »Gras«)
Haschisch
Mohnsaft (Opium)
Macis (Muskatblüte)
Gewürznelken

- Sanitätsknaster

(Nach einem Berliner Rezept von 1816)
5 Teile Hanfblätter *(Cannabis sativa)*
1 Teil Stechapfelsamen (*Datura* sp.)

- Weihnachtsknaster

Arnikablätter
Ehrenpreiskraut
Huflattichblätter
Sauerampferblätter

- Kräuterknaster

Beifußkraut
Waldmeisterkraut
Schafgarbenkraut
Große Klettenblätter
Heidelbeerblätter

Ein Lebkuchenmännchen mit Knasterpfeife und Tannengrün im rot-weißen Nikolausstiefel: ein echtes Vermächtnis des »heiligen Knasterklaus« (Weihnachtsaufkleber, 1998).

Ein kiffender Schneemann im Weihnachtswald (Postkarte: SpykoMan *snowman*, © Psykoman 2000).

Waiting for the Snow Man! Weihnachtliche Tabak-Label (Zigarrenkiste).

Der heilige Peter mit seinem Himmelsschlüssel im Gewand des Weihnachtsmanns raucht seine Knasterpfeife, mit der er den »Duft des Himmels« verbreitet (Umschlag eines Ausstellungskatalogs des Altonaer Museums in Hamburg, Hinrichsen 1994).

Die Haselwurz *(Asarum europaeum)* enthält Asaron, einen halluzinogenen Wirkstoff. Haselwurz gehört zu den europäischen Räucherstoffen und Rauchkräutern (Holzschnitt aus Brunfels 1532: ix).

Heute ist *Knaster* wieder im Handel erhältlich: Kräutermischungen zum Selbstdrehen von Kräuterzigaretten. Die althergebrachten Mischungen enthalten meist Huflattich, Ehrenpreis, Minze sowie traditionelle europäische Knasterkräuter. Oftmals sind es Kompositionen auf der Basis von *Damiana*, dem mexikanischen »Kraut des Heiligen Nikolaus«.

Der Weihnachtsmann, ein anthropomorpher Fliegenpilz?

> »Kluge Menschen haben den Nikolaus in Verbindung gebracht mit dem Fliegenpilz, der früher in Nordeuropa zum Fest der Wintersonnenwende verzehrt wurde und den Flug durch die Welten ermöglichte.«
> Nauwald 2002: 37f.

In Rom galt der 25. Dezember, der *dies natalis invicti solis* (der Geburtstag der unbesiegbaren Sonne), nicht nur der Verehrung der Sonne, sondern auch Saturns, des Gottes der Saat und des Reichtums. Auch jenseits der Grenzen des römischen Weltreichs feierte man mit dem uralten heidnischen Fest zur Wintersonnenwende die Wiedergeburt der Sonne, die Rückkehr von Licht und Leben. Dieses Ritual, das mit berauschenden Trünken und gebratenen Opfertieren begangen wurde, war für die Germanen von zentraler Bedeutung. Viele Aspekte moderner Weihnachtsrituale beruhen auf heidnischem Brauchtum. Sogar der rot-weiß-gewandete Weihnachtsmann entpuppt sich bei genauerer Betrachtung als verkappte Version von Wotan, als heimlicher Schamane und erstaunlicherweise sogar als anthropomorpher Fliegenpilz! Eine zugegebenermaßen zunächst abenteuerlich anmutende Deutung. Auf die schamanische Herkunft seines Fluges mit dem Rentiergespann durch die Wolken wurde an mehreren Stellen bereits hingewiesen. Welche Bewandtnis aber hat es in diesem Zusammenhang mit dem Fliegenpilz?

Der Fliegenpilz *(Amanita muscaria)*

Der charakteristische rote Pilz mit weißen Punkten ist *die* nordische Schamanendroge par exellence. Von den meisten Schamanen der nördlichen Hemisphäre wurde er rituell eingenommen. Bei den Lappen (Samen), den sibirischen Nomadenvölkern (Samojeden, Ostjaken, Tungusen, Jakuten) und den nordamerikanischen Indianern ist sein schamanischer Gebrauch nachgewiesen.

Der altnordische Schamanismus war aufs engste mit Odin/Wotan verbunden und glich dem Schamanentum der Lappen und der altfinnischen Völker. In vielen Mythologien sind Sturm- und Gewittergottheiten mit dem Fliegenpilz assoziiert; vielleicht weil das Stürmen und Blitzen in der Außenwelt durch den Fliegenpilz im Innenraum ausgelöst werden kann.

Der germanische Donner- und Fruchtbarkeitsgott Donar oder Thor fährt mit seinem Wagen mit Bocksgespann durch die Lüfte. Wenn er seinen Hammer in die Wolken schleudert, erzeugt er Blitz und Donner. Dadurch rasen blitzartig so genannte Donnerkeile (die fossilen Belemniten) auf die Erde. Dort, wo sie den Boden befruchten, entstehen Pilze – insbesondere Fliegenpilze.

Die in der Neuzeit aufgezeichnete germanische Mythologie enthält einige Geschichten, die Wotan (auch: Wodan oder Odin), den schamanischen Gott der Ekstase und Erkenntnis, mit dem Fliegenpilz in Verbindung bringen. Der Sage nach entsteht der Fliegenpilz, wenn Wotan in den dunklen Nächten

Der Donnergott Thor oder Donar jagt auf seinem Wagen mit dem Bocksgespann durch die Lüfte und erzeugt mit seinem Hammer Blitz und Donner (Illustration von Lucian Zabel für einen Werbeprospekt der Firma Minimax, Berlin).

zur Wintersonnenwende mit seinem Gefolge, der Wilden Jagd, auf seinem Ross durch die Wolken reitet. Überall dort, wo der Geifer von Wotans Pferd auf die Erde tropft, schießen im Herbst – also genau neun Monate später, zur Zeit der Tagundnachtgleiche – Fliegenpilze aus dem »geschwängerten« Boden. Manchmal heißt es, dass die Fliegenpilze aus dem Gemisch von Blut (rot!) und Geifer (weiß!) des Wotanspferdes (manchmal ist es ein Schimmel) entstehen. Die Wilde Jagd wird mit Räucherungen angezogen, besänftigt und günstig gestimmt; sie beschützt dort, wo sie Nahrung in den aufsteigenden Rauchsäulen der entsprechenden Räucherungen findet, Haus und Hof.

Fliegenpilze heißen im Volksmund auch »Rabenbrot«. Raben sind nicht nur uralte Schamanen- und Krafttiere, sondern auch Botschafter von Wotan/

Der Ursprung des Fliegenpilzes

»Der Gott Wotan ritt am Weihnachtsabend auf seinem Pferd aus und wurde plötzlich von Teufeln verfolgt. Das Pferd fing an zu galoppieren, und dabei tropfte rot gesprenkelter Schaum von seinem Maul. Wo der Schaum hinfiel, erschienen im folgenden Jahr die bekannten weiß gefleckten roten Hüte des Fliegenpilzes« (Helen L. Pursey, *Die wundersame Welt der Pilze*, Zollikon, Albatros, 1977: 80).

Odin, der den Beinamen Hrafnöss, »Rabengott«, trägt. In der Skaldendichtung kommt sogar die Bezeichnung *munins tugga*, »Speise des Raben [Munin]« vor (*Gísli* 31, 4). Damit könnte das Rabenbrot gemeint sein. Sollte der Fliegenpilz also mit den zwei Raben Odins, Hugin und Munin, in direktem Zusammenhang stehen? Ist er die Nahrung der beiden Raben, die ihm auf ihren Flügen durch die Welt den Gedanken und das Gedächtnis[26] zutragen?

In Kamtschatka (einer Halbinsel im äußersten Nordosten Sibiriens) ist der Rabe (*kutch*) noch immer ein heiliges Tier der dort lebenden Schamanen. Auch in diesem schamanischen Kulturraum, genauer in der Mythologie der Korjaken, entstand der *muchomor* oder Fliegenpilz aus dem Speichel des Schöpfergottes, nachdem er auf die Erde gespien hatte. Großer Rabe, der Kulturheros und Tierhelfer der Korjaken, sah das merkwürdige Gewächs zuerst und verspeiste es sogleich. Bald darauf fühlte er sich froh, begann zu tanzen und konnte plötzlich hellsehen. Da sagte Großer Rabe: »Lass den Fliegenpilz

Ein weiß-roter Pilzwichtel (Gartenschmuck, Deutschland, 1998).

26 Die Namen der Raben Hugin und Munin versinnbildlichen die flüchtigen Erscheinungsformen des menschlichen Geistes: die Gedanken und das Gedächtnis.

Die Glückspilzin. Eine moderne Fliegenpilzschamanin beschert »Viel Glück« (Postkarte, um 2001, Illustration: Hans-Christian Sanladerer).

für immer auf der Erde und lass auch meine Kinder sehen, was er ihnen zeigen wird.«

Die im Norden Kamtschatkas lebenden Ethnien, besonders die Tschuktschen und Korjaken, leben als Rentiernomaden und ziehen mit ihren Herden durch die unendlichen Weiten des Landes. Sie und andere nordsibirische Schamanen nehmen den Fliegenpilz vor allem dann ein, wenn sie mit den Seelen der Ahnen kommunizieren[27] und mit den Geistern Kontakt aufnehmen wollen, zur Divination und Krankenheilung.

Dass die Rentiere sich an Fliegenpilzen berauschen und im Schnee sogar nach ihren Überresten scharren, wurde häufig beobachtet. Zahlreiche Reisende beschrieben, dass Rentiere sogar nach dem Urin fliegenpilzberauschter Menschen gierig sind. »Es ist bekannt, dass der Urin von Menschen, die vom Fliegenpilz gegessen haben, ebenfalls halluzinogen ist. Unter den sibirischen Völkern herrschte der Brauch, von jenen, die sich mit dem Pilz berauscht hatten, den Urin aufzufangen und zu trinken, um selbst einen Trunkenheitszustand zu erreichen, der angeblich noch stärker war als jener, der durch den Pilz selbst hervorgerufen wurde. (Samorini 2002: 54).

Kahlköpfe und Fliegenpilze

> »Halluzinogene Pilze wie der Fliegenpilz sind ebenso weit über die Erde verbreitet wie das Bild des Weihnachtsmannes.«
> Siegel 1995: 72f.

Wie Zwerge, Heinzelmännchen und Wichtel hat auch der bekannte Weihnachtsmann eine rote Zipfelmütze. Sie ähnelt den Darstellungen behelmter Wikingerkrieger, wie auch den wenigen Bildzeugnissen von Wotan und anderen germanischen Göttern, die in Museen Skandinaviens zu bewundern sind. Ihr typischer Umriss erinnert an Pilze, die landläufig als »spitzkegelige Kahlköpfe« bezeichnet werden.

Pilze sind weder Pflanzen noch Tiere und werden deshalb auch »Schwämme« oder im Alpenraum »Schwammerl« genannt. Weil es einiger Kenntnis bedarf, um giftige von essbaren Pilzen zu unterscheiden, sind sie Biologen ebenso unheimlich wie der Mehrheit unbedarfter Sammler. Wer seine Scheu vor diesen erdverbundenen (chthonischen) Gewächsen aber verliert, hebt im Pilzreich einen Schatz, dem wir köstliche Pilzmahlzeiten, heilende Kräfte, Zunder zum Entzünden von Feuer wie auch Färbe- und Fermentiermittel verdanken (ohne Hefepilze keine alkoholischen Getränke).

Die Ähnlichkeit zwischen der Mütze des Weihnachtsmanns und dem Pilzhut ist nicht so weit hergeholt, wie es zunächst erscheinen mag. Schon Homer hielt Pilze für das Ergebnis der »Verbindung von Himmel und Erde«, Porphyrius hat die Pilze »der Götter Kinder« genannt, und Poeten der Antike erwähnen sie als »Kinder der Erde« (Lonicerus 1679: 160). Ihr griechischer Göttervater Zeus war der Blitzeschleuderer und galt zugleich als Vater der Pilze. Sein wichtigstes Symbol war der Donnerkeil, der die Erde befruchtet und die Pilze sprießen lässt (Wasson 1986). Dieselbe Vorstellung kennt auch, wie bereits ausgeführt, die germanische Mythologie.

27 Fliegenpilze sind bekannt dafür, dass sie Gehörhalluzinationen bewirken können. Diese akustischen Erscheinungen und Veränderungen lassen sich leicht als Mitteilungen aus fernen Welten interpretieren – oder sind es gar keine Halluzinationen, sondern ungewöhnliche Wahrnehmungen der Wirklichkeit?

Zwergenmützchen oder Wichtelhüte heißen die Spitzkegeligen Kahlköpfe *(Psilocybe semilanceata)*, heimische Pilze, die bei Verzehr farbenprächtige Visionen erzeugen und die Tore zur Wichtelwelt öffnen können (Postkarte, Psychedelic Shop).

Diese universal gültige mythologische Beziehung zwischen Pilzen und Göttern, welche die Naturkräfte beherrschen, wurde auch auf christliche Heilige übertragen. So wird beispielsweise auf der Ostseeinsel Rügen der ehemals slawische Kriegergott Sankt Veit[28] als »Schwammerlpatron« verehrt. »Die Slawen sagen, ihm stehen gute Kobolde zur Seite, die die Pilze gut wachsen lassen« (FROND und LEE 1979). Sankt Veit gilt als Beschützer der Felder. Er trägt ein Füllhorn (SAXO GRAMMATICUS) und reitet wie Wotan ein weißes Ross: »Aus dem schäumenden Geifer seines Pferdes entstehen die Pilze«[29] (MÜLLER-EBELING et al. 1998: 20).

Da Fliegenpilze in Europa als Glückssymbole gelten, sind sie auf Gruß- und Glückwunschkarten zur Jahreswende überaus beliebt. Fliegenpilzgeister erscheinen auf Oblaten (Glanzbildern) und als Weihnachtsdekoration. Es gibt zahlreiche Nachbildungen des Fliegenpilzes für Dekorationszwecke, Plastikfiguren von Schlümpfen mit Fliegenpilzen bis hin zu Feuerwerkskörpern (»Glückspilze«) für die Silvesterparty. Die schmucken Pilze werden auch gerne in Form von Osterkuchen, Schokolade und Marzipan reproduziert.

Die Beziehung zwischen dem Pferd und den im Wald sprießenden Fliegenpilzen wird in dieser Jugendstilillustration (von B. Löffler) zu *Des Knaben Wunderhorn* (1902) sehr deutlich.

Dass auch der rot-weiß gekleidete Weihnachtsmann oder Sankt Nikolaus als Gabenbringer in diesen vorchristlichen, schamanischen Kontext gehört, ist daher plausibler als vermutet. Insbesondere, da er sich mit seinem Rentierschlitten durch die Lüfte fortbewegt. Dazu mehr im folgenden Exkurs.

28 Sankt Veit, lat. Svantovitus, auch bekannt als Svantevit, Svantjevit oder Svantjewit.

29 »Am 15. Juni reitet in den Ländern der AltenWelt St. Veit auf seinem blinden Ross durch die Wälder und lässt Pilze sprießen. Ihre eigentümlichen Formen und unwirklichen Farben – manche sind sogar fluoreszierend – und die Tatsache, dass so viele unter ihnen giftig sind, wurden als sicheres Zeichen dafür gewertet, dass es sich um des Teufels Samen handeln musste« (FROND und LEE 1979).

Exkurs: Rentiere, Schlitten und Schamanen

»Da sich nach dem Verzehr [von Fliegenpilzen] oft ein Gefühl zu fliegen einstellt, könnte hier der Ursprung für die in Skandinavien und England verbreitete Version des Weihnachtsmanns liegen, der auf einem Rentierschlitten durch die Luft fliegt.«
BREMNESS 1994: 286

Nach weit verbreiteter Vorstellung fliegen jedes Jahr zur Weihnachtszeit zahllose Schlitten, von Rentieren gezogen, durch die Lüfte. Im Schlitten sitzt ein lachender rot-weißer Weihnachtsmann oder Santa Claus, mit Sack und Rute, mit Geschenken. Alle Jahre wieder kommt so der archaische Schamane im Rentierschlitten auf die Erde nieder – und landet auf zahlreichen Dächern in Gestalt großformatiger, blinkend erleuchteter Weihnachtsdekorationen.

»Der Weihnachtsmann ist ein heidnischer Schamane aus grauer europäischer Vorzeit. Das mag auf die meisten Menschen unserer Zeit befremdlich wirken, um nicht zu sagen, sie werden es für eine von ziemlich weit her geholte Behauptung halten. Kann man denn so etwas überhaupt beweisen?« (APPLETON 2002: 53).

In Sibirien wird die »Himmlische Jagd« ähnlich wie unser Wildes Heer beschrieben. Die sibirischen Schamanen jagen auf Rentierschlitten durch die Lüfte und über die Wolken. Ihr Ziel ist meist der

Fliegenpilzgeister erscheinen im visionären Zustand oft blauhäutig wie die Schlümpfe (aus der Verwandtschaft der Wichtelmänner). Der Fliegenpilz an sich ist das Zepter eines Königs, vielleicht das Zeichen eines der Weisen aus dem Morgenland (Schlumpffigur unter einem mexikanischen Pappmaché-Fliegenpilzschirm, 20. Jh.).

Auf Oblaten (Glanzbildern) erscheinen Fliegenpilzgeister und Weihnachtswichtel unterm Tannenbaum.

Der Weihnachtsmann auf Fliegenpilztrip (Illustration von Pablo Bruera, *Érase una vez Papa Noel ...*, © 2001, aus: *Cáñamo*, Especial 2001, Beilage).

Ein rollender Fliegenpilzmann ... (Kinderspielzeug, Deutschland 1999).

Weltenbaum, unter dem die magischen Rentiere stehen. Die sibirischen Tschuktschen erzählen, dass der Mond ein Mann ist, der auf seinem Schlitten, von zwei Rentieren gezogen zur Erde und wieder zum Himmel fliegen kann – ganz wie unser Weihnachtsmann (GUTER 1978: 57ff.).

In einem finnischen Kinderbuch trifft der Weihnachtsmann einen Schamanen. Auf der Suche nach dem eigenen Ursprung? (Illustration aus: Mauri KUNNAS, *Zauberspuk beim Weihnachtsmann*, Hamburg: Verlag Friedrich Oetinger, © 1996.)

Der »Seelenflug« des Weihnachtsmanns

»Ein weiteres, ziemlich überraschendes Überbleibsel des schamanischen Seelenfluges, das sich zumindest in den angelsächsischen Ländern in die heutige Zeit hinübergerettet hat, ist nach Ansicht vieler Forscher die wunderbare Reise des Weihnachtsmannes in seinem von Rentieren gezogenen Schlitten über den mittwinterlichen Nachthimmel. Es wurde behauptet, dass dieses Bild aus dem Schamanismus der rentierzüchtenden Stämme des arktischen Europas und Sibiriens stammt. Diese Menschen erlebten ihren Seelenflug mit Unterstützung des halluzinogenen Fliegenpilzes *(Amanita muscaria)*, der einen charakteristisch rot-weiß gefärbten Hut besitzt – die gleichen Farben, die wir im Gewand des Weihnachtsmannes wiederfinden!« (DEVEREUX 2000: 131f.)

Die Assoziation von Rentieren und Schamanismus ist uralt. In der Höhle von Ardèche gibt es Wandgemälde von Rentieren, die rund 30000 Jahre alt sind. Schon in der Altsteinzeit wurden Rentiere als Opfergaben in Mooren (z.B. in der Hamburger Stufe von Meiendorf und Stellmoor, Magdalénien) versenkt (POHLHAUSEN 1953). Damit stehen auch Kultpfähle, die oft anthropomorphisierte Pilze mit Zwergenmützen krönen, im rituellen Zusammenhang. Mitunter wurden auch Rentierschädel auf der Spitze solcher Opferpfähle angebracht. Diese oft übersehenen Details mögen eine frühe Assoziation von Rentieren mit dem göttlichem Pilz sein, womit die spitzkegeligen Pfahlgötter vielleicht zu den Urahnen des Weihnachtsbaums gehören. Somit könnte der weiß-rote Weihnachtsmann, der mit seinem Rentiergespann durch die Lüfte fliegt, ursprünglich nichts anderes als ein anthropomorpher Fliegenpilz oder ein Fliegenpilzschamane sein.

Ein fliegender Weihnachstmann hängt an einem fliegenpilzartigen Schirm – welch passender, schamanischer Christbaumschmuck (Holzfigur aus dem Käthe-Wohlfahrt-Vertrieb, Deutschland 2001).

Prärieindianer hängen Stoffstreifen, Federn, Traumfänger, tabakgefüllte Stoffkugeln, Präriebeifuß-Büschel *(Artemisia ludoviciana)* als Opfer für die Visionssuche in Kiefern oder Wacholderbäume (Devils Tower, Montana, USA, 5/2001).

Der Wald war der Tempel, die Bäume die Götter und Göttinnen. Das Weihrauchopfer stellt den Kontakt zwischen den Heiden und dem Numinosen her. Arnold Böcklin (1827–1901), *Heiliger Hain* (1886, Öl auf Mahagoniholz, Hamburger Kunsthalle).

Baumschmuck

> »Wie herrlich steht der Tannenbaum, dessen Spitze ein Engel ziert, vor uns, hindeutend auf den Stammbaum Christi, dessen Krone der Herr selbst war. Wie hell strahlt der Lichter Menge, sinnbildlich das durch die Geburt Jesu erzeugte Hellwerden unter den Menschen vorstellend. Wie verlockend lachen uns die rotwangigen Äpfel an, an die Vertreibung aus dem Paradies erinnernd ...«
> Friedrich Nietzsche,
> *Autobiographisches aus den Jahren 1856 bis 1869,*
> Schlechta-Index III, 33

Wir schmücken den Weihnachtsbaum heute nach dekorativen Gesichtspunkten. Über den Ursprung dieses Tuns wissen wir in der Regel wenig, und es kümmert uns auch kaum. Hauptsache, es sieht gut aus und passt farblich zum Design der häuslichen Umgebung. Doch das Schmücken von Bäumen ist ein uralter Brauch, der in aller Welt zu finden ist. Überall werden heilige Bäume mit Stoffstreifen, Heiligenbildern und Opfergaben geschmückt – in der schamanischen Welt, in heidnischen Kulten und in religiösen Bräuchen. So wurzelt der Baumschmuck in der christlichen Religion im Abendmahl: »Auch versucht man zur Weihnachtsnacht die Fruchtbarkeit der Bäume zu fördern, indem man ihnen die Reste des Heiligabendmahls opfert [und] Kuchen auf ihre Zweige legt« (Spamer 1937: 16). Im Himalaya werden Wacholderbüsche von Schamanen mit roten und weißen Stoffstreifen geschmückt. Bezüglich der heidnischen Baumverehrung schrieb Plinius (23–79 n. Chr.): »Wälder waren die Tempel der höheren Mächte, und auch jetzt noch weiht man auf dem einfachen Land nach uralter Sitte einen besonders schönen Baum der Gottheit« (Plinius XII, 3).

Zur selben Zeit lernte der römische Geschichtsschreiber Publius Cornelius Tacitus (um 55 bis 120 n. Chr.) die Sitten und Gebräuche germanischer Stämme kennen, die damals noch in undurchdringlichen Wäldern lebten, welche weite Teile unseres Landes bedeckten[30]. Wie schon Plinius fiel auch ihm die Naturverehrung dieser »barbarischen« Völker in »heiligen Hainen« auf: »Übrigens finden sie es unvereinbar mit der Erhabenheit der

30 Diese Wälder wurden erschreckend rasant abgeholzt. Eine Wegekarte des römischen Weltreichs aus dem 4. Jahrhundert verzeichnete die *Silva marciana,* den Schwarzwald und die Vogesen, als ein einziges zusammenhängendes Waldgebiet. Das Urwaldbild auf der Schautafel im Lorenzenhof im Gutacher Freilichtmuseum Vogtsbauernhof stellt eine menschenfeindliche, »schauerliche Wildnis« dar, als die der Schwarzwald lange Zeit galt (Schilli 1968: 69, siehe Fußnote 12).

Der antike Brauch, heilige Bäume an Tempeln zu schmücken, dadurch zu weihen und zu verehren, hat sich bis heute auf Zypern gehalten. Der geschmückte Baum für die Liebesgöttin steht heute neben einer christlichen Kapelle (1992).

Himmlischen, die Götter in Wände einzuschließen und sie den Zügen des Menschenantlitzes irgendwie nachzubilden; sie weihen ihnen Waldlichtungen und Haine und bezeichnen mit göttlichen Namen nur jenes geheimnisvolle Wesen, das sie allein in ihrer Ehrfurcht schauen« (TACITUS, *Germania* IX).

Wie die nordamerikanischen Indianer erkannten unsere germanischen Vorfahren den Großen Geist in den Geschöpfen der Natur und schätzten diese als elementare Lebensgrundlage. Diese Lebensgrundlage wurde schon in der griechisch-römischen Antike zum Bau von Kriegsschiffen hemmungslos geplündert. »In ihrem Streben nach Förderung ihrer Zivilisationen förderten sowohl Griechen als auch Römer eine gedankenlose Entwaldung des Mittelmeergebiets. Schon im 4. Jahrhundert v. Chr. erinnert sich Platon sehnsüchtig an eine Zeit, als Wälder noch große Teile Attikas bedeckten«[31].

Am Ende des 4. Jahrhunderts n. Chr. verbot der römische Kaiser Theodosius der Große (347–395) heidnische Rituale und vor allem die Sitte, heilige Bäume zu schmücken: »Wenn jemand Weihrauch Götzenbildern opfert, die von der Hand des Menschen stammen und verdammt sind, oder wenn er es wagt, eitle Bilder zu verehren, indem er einen Baum mit Bändern behängt oder im Freien einen Altar errichtet, so macht er sich damit, selbst wenn er eine Kultübung ausführt, nichtsdestoweniger einer Beleidigung gegen die Religion und eines Sakrilegs schuldig« (zit. nach FILLIPETTI und TROTEREAU 1979: 30).

Nichtsdestotrotz hielt sich dieser Brauch bis heute – auch wenn die symbolische Bedeutung des Baumschmucks als Beschwörung der Fruchtbarkeit weitgehend vergessen ging. Genau darum jedoch kreist alles, was wir an den Weihnachtsbaum hängen.

»An einen Zweig hängten sie kleine, aus farbigem Papier ausgeschnittene Netze, und jedes Netz war mit Zuckerwerk gefüllt. Vergoldete Äpfel und Walnüsse hingen herab, als wären sie festgewachsen, und über hundert rote, blaue und weiße kleine Lichter wurden in den Zweigen festgesteckt. Puppen, die leibhaftig wie Menschen aussahen (...) schwebten im Grünen, und hoch oben in der Spitze

Rot-weiße Wichtel schmücken einen verschneiten Tannenbaum im Wald mit Kerzen, roten Äpfeln und Spezereien (Weihnachtskarte mit Bild von Fritz Baumgarten, Deutschland, um 1999).

31 POGUE, Robert, *Wälder. Ursprung und Spiegel der Kultur*, München: Carl Hanser 1992: 75.

wurde ein Stern von Flittergold befestigt. Das war prächtig, ganz außerordentlichen prächtig!« (Hans-Christian ANDERSEN, *Der Tannenbaum*).

Das Angebot zur festlichen Dekoration des Weihnachtsbaums ist heute schier endlos. Im 19. Jahrhundert sicherten die in Heimarbeit hergestellten Glaskugeln und Holzfiguren ärmeren Landstrichen, wie dem Erzgebirge, dem Bayrischen und Thüringer Wald, das Überleben. Heutzutage ermöglicht die entfesselte Weihnachtsromantik ganzen Ladenketten (wie Käthe Wohlfahrt in Rothenburg ob der Tauber) und Industriezweigen (die in Asien billig produzieren lassen) ein ganzjähriges Auskommen. Doch die Warenflut der Weihnachtsmärkte und Warenhäuser von Kunst bis Kitsch, von folkloristisch Gediegenem bis zu kommerziell Verstiegenem ist unser Thema nicht. Konzentrieren wir uns in der folgenden Übersicht auf »natürlich gewachsenen« Baumschmuck aus dem Pflanzenreich und im Backofen entsprechend »veredelte Rohstoffe«.

- **Fliegenpilze** und ihre Bedeutung als Glücksbringer zur Weihnachtszeit und zur Jahreswende mitsamt ihrem schamanischen Ursprung haben wir bereits kennen gelernt. Obgleich Tannen (neben Birken) in der Natur ein Lieblingswirtsbaum des Fliegenpilzes sind (HEINRICH 1998: 73), geraten die Pilze zur Weihnachtszeit nicht selbst als Schmuck an den Baum, sondern zieren ihn ausschließlich in Nachbildungen aus diversen Materialien.
- **Äpfel** – ob die echten roten Früchte oder mit rotgoldenem Glanzpapier und Oblaten nachgebildete – galten seit je als Sinnbild der Fruchtbarkeit und der Frucht des Lebens und verwiesen im christlichen Kontext auf den Paradiesbaum. In Anlehnung daran interpretierte man seine bleiche, lichtabgewandte Seite als Sterben und Vergehen, die rote entsprechend als Leben und Werden. »Das späte Mittelalter scheint sich die in der Weihnachtszeit blühenden und früchtetragenden Bäume vornehmlich als Apfelbäume gedacht zu haben.« Schon 1426 berichtete der Bischof von Bamberg von solchen »Wunderapfelbäumen« (SPAMER 1937: 74). Da Äpfel nicht so lange haltbar sind, übernahmen später Christbaumkugeln die Rolle des Apfels, der als Reichsapfel die weltliche und religiöse Macht des Erlösers repräsentiert.
- **Christbaumkugeln** reflektieren den Schein der Kerzen und sollen damit Glück, Reichtum und die Fruchtbarkeit all unserer Bemühungen auf vielfache Weise vermehren. Der für seine Glashütten berühmte Landstrich Thüringen, genauer der Ort

Ein Weihnachtsbaum, vollständig mit Fliegenpilzen dekoriert, aus dem Angebot von »Käthe Wohlfahrt«, Rothenburg ob der Tauber, Oktober 2001. In diesem insbesondere bei Touristen beliebten Verkaufsgeschäft ist immer Weihnachten, das ganze Jahr und rund um die Uhr (Foto: cme).

»Glückspilz im Zauberwald«. In einem Konkurrenzunternehmen zu »Käthe Wohlfahrt« sitzt der Weihnachtsmann unter dem Fliegenpilz im Schaufenster (Oktober 2001, Foto: cme).

Eine Christbaumkugel in Gestalt eines roten Teufelchens (Deutschland, 2001).

Lauscha, steuerte vor allem glasgeblasene und mehr und mehr bunt verzierte Kugeln bei. Diese funkelnden künstlich hergestellten Gebilde traten die Nachfolge von Fruchtbarkeitssymbolen aus der Natur an und werden mittlerweile in sämtlichen Farben, Formen und Gestalten geliefert.

• **Granatäpfel**, **Apfelsinen** – vor allem getrocknete Orangenscheiben – und **Zitronen** aus dem Mittelmeerraum dienten demselben Fruchtbarkeit verheißenden Zweck, waren jedoch als Baumschmuck insgesamt seltener. Da sie in ihren Verbreitungsgebieten zu den ersten Früchten des Jahres zählen, sollten sie eine gute Ernte im kommenden Jahr verheißen.[32]

• **Nüsse**, zum Beispiel Haselnüsse, sind nicht nur reich an Fetten, Mineralien und Vitaminen und halfen den Menschen früher als Wintervorrat über Mangelerscheinungen in der kalten Zeit hinweg. Sie galten von jeher ebenso als Symbol des Lebens und der Fruchtbarkeit. Die Germanen weihten Nüsse Iduna, der Göttin des leuchtenden Grüns. Um 400 n. Chr. gab der Kirchenvater Augustinus ihnen eine auf Christus bezogene Bedeutung: »Als Christussymbol bezeichnet die Hülle das Fleisch Christi, das die Bitterkeit der Passion gekostet hat, der Kern das süße Innere der Gottheit, die Nahrung spendet und durch ihr Öl das Licht ermöglicht, die Schale das Holz des Kreuzes« (Vossen 1985: 102). Mit Daunenfedern beklebt werden Haselnüsse gern als Engelchen in den Baum gehängt. Von vergoldeten und an Schnüre gereihten Haselnüssen war bereits 1795 in der Beschreibung eines Nürnberger Christkindelbaums die Rede.[33]

• Die **Walnuss** oder Welsch Nuss *(Juglans regia)* war in der Antike ein heiliger Baum des Dionysos, der Artemis in ihrer erotischen Gestalt der Karyatis (Karya = Walnuss) und des Jupiter (darum hießen sie *Jovis glans*, »Jupitereichel«, woraus der Gattungsname *Juglans* zusammengezogen wurde; auch *Nux iuglans*). Walnüsse waren nicht nur ein Symbol der Fruchtbarkeit, sondern auch der Unsterblichkeit. Sie wurden deshalb, zum Beispiel bei den alten Alemannen, als Grabbeigaben den Toten mitgegeben. Daraus hat sich auch der Brauch entwickelt, Walnüsse an den Weihnachtsbaum zu hängen.[34]

• **Lametta**, Papierstreifen, Engelshaar, Flitter, vergoldete Nüsse, aus Goldfolie gestanzte Äpfel, Rosen und **Rauschgoldengel**, also alles, was glitzert, erinnert nicht nur an funkelnden Schnee, Eiszapfen und den überirdischen Glanz von »goldgelocktem Engelshaar«, sondern geht auf den uralten Brauch zurück, heilige Bäume mit Metallplättchen, Münzen, Stoffstreifen und dergleichen zu behängen und zu weihen. Goldglänzendes galt als Abwehrzauber gegen Dämonen und versprach Reinheit und Gesundheit. Schon im alten Mesopotamien wurden

Typischer Weihnachtsschmuck: Die getrockneten Orangenscheiben erinnern an die Sonnenräder des Helios (Foto: cme).

32 Daher dienten sie in Kairo auch als Ladenamulette (Seligmann 1996: 35).

33 In: *Der Simplizianische Wundergeschichts-Calender auf das Jahr 1795* (Text abgedruckt bei Riemerschmidt 1962: 17).

34 Die Walnuss war in der frühen Neuzeit eine Zutat zu Liebestränken und galt als »besonderes Aphrodisiacum«. In der Signaturenlehre wird die Walnuss als Abbild des Gehirns betrachtet und dementsprechend als Hirntonikum angesehen.

Engel dargestellt, die um den Weltenbaum flattern. Desgleichen gab es Räucherungen für die himmlische Schar, ob sie figürlich am Baum hängt oder unsichtbar im Äther schwebt ...

- **Engelsrauch**

Man nehme folgende Zutaten:
60 g Benzoe
60 g Storax (Styrax calamitus)
30 g weißes Sandelholz
8 g Gewürznelken
2–3 Stücke Veilchenwurzel *(Iris germanica)*
etwas Zitronenschale
2 Muskatnüsse
etwas Rosenwasser

Die Muskatnüsse werden zerrieben, Nelken und Veilchenwurzel gepulvert. Das Sandelholz wird fein zerkleinert oder gemahlen. Benzoë und Storax werden zermörsert. Alles wird gut gemischt. Dann wird frische Zitronenschalen darüber gerieben und das Rosenwasser darauf gesprenkelt. Alles wird miteinander verknetet. In kleinen Gaben nach und nach auf die Räucherkohle geben.

- **Gebildbrote** aller Art, wie Weihnachtsplätzchen, Springerle und Lebkuchen, sind oft christlichen Motiven (Nikolaus, Engel, Christkind) nachgebildet – daher auch ihre Bezeichnung »Gebildbrote« – oder mit entsprechenden Mustern und Glanzbildern geschmückt. Auch profane Motive sind häufig: Nussknacker, Schaukelpferde, Sterne, Sonnen, Bäume usw. Der Name der in Franken und Schwaben beliebten steinharten und mit weißem Zuckerguss überzogenen Anisgebäcke, »Springerle«, bezieht sich auf ihr traditionelles Reitermotiv (das wir unter dem Namen Springer von den Schachfiguren kennen) und geht möglicherweise auf Amulette gegen das Geisterheer der Wilden Jagd zurück. Im Erzgebirge schrieb man dem in der Weihnachtswoche gebackenen Brot besondere Zauberkraft zu.

Insgesamt geht die Tradition, solche Gebildbrote in den Baum zu hängen, auf uralte Wurzeln zurück. So kannten schon die Griechen segenbringendes Brot, das im folgenden Jahr Glück bringen sollte und für eine gute Gesundheit dem Heilgott Asklepios geweiht wurde; die Römer sandten sich solche Brote als Neujahrsgeschenke (Seligmann 1996: 45). In der mittelalterlichen Klosterbäckerei verwendete man zur Herstellung von Lebkuchen und Pfeffernüssen alle damals bekannten Spezereien und viel Honig, um alles, was die Welt zu bieten hatte, Jesus Christus zu opfern. Außerdem verhießen diese kalorienreichen Süßigkeiten denjenigen, die sie letztlich verzehrten, Gesundheit, langes Leben und eine üppig gedeckte Tafel im neuen Jahr.

- **Zuckerkringel**, Schokoladenplätzchen und in glitzerndes Papier eingewickelte Süßigkeiten mit Bändchen zum Aufhängen traten in unserer Zeit die Nachfolge von Gebildbrot und Flitterstreifen an, die seit dem 18. Jahrhundert als Baumschmuck erwähnt werden; zum Beispiel 1797 von Jean Paul: »Frucht- und Zuckerbäume mit brennenden Zweigen [das heißt Kerzenlicht], versilbertem Obst, Goldquasten von Äpfeln, Nuss- und Fruchtschnüren sowie Hängezucker«. Zucker »ist nicht nur ein Zeichen der Fülle, sondern recht eigentlich das für den Gnadenreichtum Gottes« (Riemerschmidt 1962: 24).

- **Mohnkapseln** und **Kiefernzapfen** – ob vergoldet oder in natura – sind wegen ihrer Samenfülle ein uraltes Symbol für Fruchtbarkeit. Da sie sich getrocknet quasi endlos halten, verweisen sie zudem auf ein ewiges Leben und die Wiederauferstehung der Toten im christlichen Sinne. In diesem Kontext stehen auch Miniaturkunstwerke von ausgehöhlten Mohnkapseln mit einer Krippe im Innern. Mohn und Getreide waren in der Antike Attribute

Kiefernzapfen im Weihnachtsgesteck: griechisch *strobilon* – »Strobiloskop«!

Die getrockneten Früchte der Lampionblume oder Judenkirsche *(Physalis alkekengi)* werden als Schmuck von Adventsgestecken, Kränzen und Trockensträußen benutzt. Die orangeroten »Lampions« sind die vom aufgeblasenen Kelch umhüllten runden Fruchtbeeren, die auch »Teufelskirschen« oder »Teufelspuppen« heißen. Die beliebte Garten- und Zierpflanze gehört wie Tabak, Bilsenkraut und Alraune zu den Nachtschattengewächsen. Die Judenkirsche heißt in den USA *Christmas Cherry*, »Weihnachtskirsche«.

der Großen Göttin Demeter/Ceres, deren Verehrung eine gute Ernte sicherte.

• **Strohsterne** wurden erst relativ spät populär. Wer in den fünfziger Jahren des vergangenen Jahrhunderts vom »Strohsternfeuer« ergriffen wurde, wird nichts davon geahnt haben, dass das (plattgebügelte) Material auf uralte Feldkulte und Wiederauferstehungsrituale zurückgeht. Eine letzte Erinnerung fand der Volkskundler Perger (1864: 343) in Schlesien. Dort wurde beim so genannten Todaustragen[35] ein mit Strohketten gefesselter Tannenbaum umhergeschleppt.

• **Kerzen** in Form von Talglichtern sind vermutlich etruskischen oder altitalienischen Ursprungs und spielten seit je zur Verehrung von Göttern und Göttinnen wie auch an den Gräbern Verstorbener eine zentrale Rolle im Ritualgeschehen. Während der Saturnalien machte man sich Geschenke: Kerzen und Tonpuppen – »Lebenslichter« und »Lehmmenschen«. Der Kerzenschein symbolisiert die wiederkehrende Sonne und das sprichwörtliche

Weihnachtsbaumkerze in der Gestalt des Weihnachtsmannes (Foto: cme).

Lebenslicht. Das Christentum übernahm diesen Brauch, wo er in der Vergangenheit vor allem am 2. Februar, zu Mariä Lichtmess – 40 Tage nach der Geburt des Gottessohnes – bezeugt wurde. »Viele kennen die strahlende Schönheit von Gold und Silber, das noch hellere Glitzern der Edelsteine – aber nichts kommt dem Glanz und der Schönheit einer Kerze gleich«, fasste der Physiker und Chemiker Michael Faraday (1791–1867) die Faszination dieses Lichts 1860 in einer vor Schülern gehaltenen Rede über die *Naturgeschichte einer Kerze* in Worte (Riemerschmidt 1962: 20).

Wachs ist neben der guten alten Bienenwachskerze und den heute verbreiteten Produkten aus Paraffin und Stearin unter anderem ein von Bäumen stammendes pflanzliches Produkt. Bis zum Ausgang des 15. Jahrhunderts gehörte der Wachszins zu den Abgabepflichten der Gläubigen, um die erforderliche Menge an Rohwachs (das über Handelswege aus diversen Ländern kam) für die liturgisch notwendigen Kerzen aufzubringen. Die Nachfolge der Wachskerzen traten 1902 dank der Erfindung von Thomas Edison in den USA elektrische Weihnachtskerzen an.

Der Fantasie des Menschen und seiner magisch-symbolischen Denkweise waren offenbar kaum Grenzen gesetzt, wenn es darum ging, den weihnachtlichen Lichterbaum, Adventskränze, Tür- oder Tischgestecke mit den Gaben von Mutter

35 »Das Getreide kommt von den Toten!« (Hippokrates, *Vict.* 4,92; VI 658 L)

Natur aus Fern und Nah auszustaffieren. Ob mit heimischen Strohblumen, roten Beeren und getrockneten Lampionhülsen oder mit exotischen Zimtstangen, Lotusfruchtkapseln, Eukalyptuszweigen und dergleichen.

Die Goldenen Äpfel

»... der schuppige Drachen mit stechendem
Blicke, der Hüter
Golden erstrahlender Äpfel im Garten
der Hesperiden,
Der mit riesigen Ringeln die Stämme
des Baumes umwindet.«
Lukrez, *Von der Natur* V, 32ff

Äpfel spielten in der Kulturgeschichte schon immer eine gewichtige Rolle. So kennen wir aus der germanischen Mythologie die »Äpfel der Unsterblichkeit«, die die Liebesgöttin Freia dem Göttergeschlecht schenkt. Dazu kommentiert Loge, der Feuergott, in Wagners *Rheingold*: »Alt und schwach sinken sie hin, müssen Freias Früchte sie missen.« Ebenso besitzt die Wanen-Göttin Idun, deren isländischer Name »die Erneuernde« oder »die Verjüngende« bedeutet, »goldene Äpfel«, welche die Götter verzehren, damit sie nicht altern. Die Lebensfrucht verleiht immerwährende Jugend. Herakles holte die »goldenen Äpfel der Hesperiden«. Als Symbol der Sonne gehörte der Apfel zum Kult des Sonnengottes Apollon. In Delphi gehörte er zu den Preisen der pythischen Spiele. Theokrit spricht sogar von »Dionysos-Äpfeln« *(2. Eidyllion)*. Eva pflückte den Apfel als verbotene Frucht vom Baum der Erkenntnis; entsprechend hörten wir von Paradies- und Liebesäpfeln.

Kein Wunder also, dass Bratäpfel zur Adventszeit gehören wie Äpfel in den Nikolaussack und rote Spätäpfel an den Tannenbaum oder auf den Gabenteller. Auch die orangeroten Zitrusfrüchte wurden nach dem sagenumwobenen Apfel genannt und werden als Duftkugeln mit Nelken gespickt.

Der Apfelbaum (*Malus sylvestris* Mill., syn. *Pyrus malus* L., Rosaceae) gehört in Europa seit der Jungsteinzeit zur Kultur des Menschen. Im Gelobten Land aber gab es ihn nicht: »Trotz des weitverbreiteten Glaubens, dass die verbotenen Früchte im Garten Eden Äpfel waren, werden sie in der Geschichte nicht namentlich erwähnt« (Zohary 1986: 70). »Besonders merkwürdig ist es aber, dass in der Mitternachtstunde der Christnacht Äpfelbäume blühen und Früchte tragen, da dieser Baum doch bei dem Sündenfalle der Voraltern im Paradiese im Spiel war« (Perger 1864: 57).

»Die Äpfel sind noch heute auf allen Christbäumen, und der Gebrauch, sich am Christabend Geschenke zu machen, stammt ebenfalls aus der Heidenzeit. Das älteste Sinnbild Wodans war ein grünender

Apfelringe mit Schokolade überzogen am Tannenbaum; die versüßten und kakaoumhüllten Äpfel der Idun.

Blütenwunder am Apfelbaum: Der Früchte tragende Apfelbaum bekommt manchmal im Spätherbst noch ein paar Blüten. Darin sah man früher das »Blumenwunder« am Heiligen Abend (Weihnachten) (Obstbaum, Berne bei Hamburg, Deutschland, 1999).

Die »Apfelfee« ist vielleicht eine Ahnin des Christkinds (Alte englische Weihnachtspostkarte, Illustration: Edmund Dulac, »Apple Fairy«).

Baum, und selbst geistige Wesen vertheilten in der Weihnacht Geschenke. Nach Saxo Grammatikus saß Hadding am Christabend bei Tische, als ein unterirdisches Weiblein den Kopf aus dem Boden steckte und ihn mit einem frischen Kraut beschenkte [Alraune]. Ein armer Bürger von Budissin wurde zur Weihnacht von einem kleinen Männlein mit einem großen runden Hut, eingeladen und mit Äpfeln und Nüssen beschenkt, die dann zu Gold wurden [Idun]. In der Christnacht schüttelt man von den Bäumen Brod und von den Sträuchern Bretzeln ...« (Perger 1864: 58).

Wie oft in der Geschichte führten Handlungsweisen, die auf Naturbeobachtungen basierten, zu magisch anmutenden und auf religiöse Feste bezogenen Bräuchen, deren Sinn lange vom Dunkel der Zeit verschluckt war, bis er wieder entdeckt wurde. So zum Beispiel der folgende: »Wenn man in der Christnacht nasse Strohbänder um die Obstbäume bindet, so werden sie fruchtbar, denn diese Bänder halten den Rauhreif ab, der die Knospen erfrieren macht [Reifriesen]« (PERGER 1864: 58). Den letzten Apfel am Baum lässt man hängen. Er ist eine Opfergabe für das Apfelbaumheinzelmännchen – oder für die Baumnymphen aus antiker Zeit.

Die Meliaden sind die Nymphen der Apfelbäume. Sie stehen naturgemäß mit Aphrodite in Zusammenhang. Die zypriotische Liebesgöttin hat auf Zypern im tamasenischen Feld einen ihr geweihten Tempel. Dort, »mitten im Gelände schimmert ein Baum, rötlich belaubt; rötliches Gold raschelt an den Ästen« (OVID, *Metamorphosen* X, 647f.). Dort pflückte Aphrodite ihre berühmten goldenen Äpfel.

Granatapfel

Punica granatum L.
Punicaceae, Granatapfelbaumgewächse

> »So ist der Granatapfel das Symbol sowohl für das körperliche Geheimnis der Frau als auch für den Zugang zu diesem. Er gehörte zu Aphrodite ebenso wie zu jeder anderen Göttin der Fruchtbarkeit und Sexualität. Der Granatapfel, Heras Symbol für die Ehe, war auch eine von Demeters Früchten.«
> GRIGSON 1978: 190

Der Granatapfel wird getrocknet manchmal als Weihnachtsdekor verwendet. Er wird steinhart und sieht einer Tannenbaumkugel ähnlich. Auch der Granatapfel gehört zu den goldenen Äpfeln der Aphrodite. Der zypriotischen Sage nach hat Aphrodite, die selbst aus dem Orient stammt, den ersten Granatapfelbaum auf Zypern gepflanzt. Warum ist er der Liebesgöttin so hold? Wenn man die Knospe *(kytinoi)* betrachtet, kurz bevor sie sich öffnet, hat man ein fast naturalistisches, knallrotes Modell eines schön geformten Penis vor sich. Oft wird die Göttin mit einem Granatapfel in der einen, mit einer Granatblüte in der anderen Hand dargestellt. Frucht und Blüte verkörpern die beiden Pole der Sexualität, Weiblich und Männlich, die von der Göttin vereint werden. Der Granatapfel ist vielfach als der »Baum des Lebens« oder als »Baum der Erkenntnis« gedeutet worden (MUTHMANN 1982). Der berühmte »Apfel vom Baum der Erkenntnis«, die verbotene Frucht, war nach einigen Deutungen nicht der Apfel, sondern der Granatapfel.

Granatäpfel spielten bei Feiern zu Ehren Aphrodites und daher auch auf Hochzeiten eine wichtige symbolische Rolle. Noch heute werden auf Zypern Granatäpfel vor die Tür des Hauses eines jung verheirateten Ehepaares geworfen, damit das Haus mit Fruchtbarkeit gesegnet werde. Je mehr Samen aus der zerspringenden Frucht hervorquellen, desto größer wird der Kindersegen sein. Aphrodite wird noch immer unter katholischem Deckmantel als »Heilige Jungfrau vom Berge des goldenen Granatapfels« im Kloster Chrysorogiatissa bei Pano Panayia verehrt.

Granatäpfel gehören zu den wichtigsten Hochzeitsgaben beim Heiratsritual der Newari, dem Händler- und Künstlervolk von Nepal (Kathmandu, Nepal, 3/2003).

Das Blütenwunder zur Wintersonnenwende

> »Ich will Dir zeigen, wie eine Blume mitten in der Dunkelheit leuchtet. Die Blüten werden sich vor Deinen Augen öffnen und werden wachsen, obgleich es Herbst ist, ja, obgleich es bald Winter ist.«
> Schenk 1943a: 218

Eigentlich ist jede Blüte und jedes neue Erblühen ein Wunder. Ein Wunder, das kaum noch ein moderner Mensch wahrnehmen, erkennen und tatsächlich bewundern kann.

Die Künstler vergangener Epochen stellten die Abfolge der menschlichen Lebensalter in einen bildlichen Bezug zur Vegetation. Unzählige Redewendungen beziehen das Wunder der erblühenden Natur auf den Menschen. Wir sprechen von der Blüte der Kindheit und Jugend, von blühenden Wangen, von einer knospenden Jungmädchenblüte. Wir stehen als junge Erwachsene in der Blüte unseres Lebens. Im Alter blicken wir auf die Blüte unserer Jugendzeit und die daraus erfolgte Ernte zurück, bevor unser Leben schließlich verwelkt und verblüht. Unsere Fantasie treibt Blüten, und Geldfälscher drucken Blüten. Das Herz erblüht in Liebe, und unser Bewusstsein schenkt uns Blüten der Erkenntnis. Als Menschen betrachten wir uns als Blüte und Krone der Schöpfung.

Wir sind daran gewöhnt, dass Pflanzen im Frühling erblühen und im Herbst verblühen. Daher erregten immergrüne Sträucher und Bäume und vor allem Pflanzen, die ihre Blüten sogar im Winter, bei Eis und Schnee austreiben, schon immer besondere Aufmerksamkeit.

Zu allen Zeiten erklärten sich die Menschen die Wunder der Natur auf eine ihrer Kultur entsprechende Weise, ob mythisch, religiös oder wissenschaftlich. Die Antike machte ihre Göttinnen und Götter verantwortlich für die Farbenpracht und Blütengestalt, das Wachstum der Pflanzen und deren Wirkung auf den Menschen und überlieferte derartige Vorstellungen in ihren Mythen. Heidnische Völker und schamanische Stammeskulturen erkennen in all dem bis heute das Wirken von Pflanzenseelen und Geistern und formulieren dies in entsprechenden mythischen Erklärungen. Christliche Autoren betrachteten die Schöpfung als Buch, das der Finger Gottes schrieb, und stellten das Wesen und Aussehen von Pflanzen in zahlreichen Legenden gleichnishaft in Beziehung zum Leben und Wirken von Jesus Christus und den Heiligen. Wissenschaftlich aufgeklärte Menschen der Moderne wiederum ziehen für die Wunder des Pflanzenreichs chemische, physikalische und biologische Prozesse als Erklärungsmodelle heran. All diese Erklärungsmodelle basieren letztlich auf demselben Muster – auch wenn die verantwortlichen Mächte und Kräfte für das Wunder der Natur im Lauf der Zeit unterschiedlich benannt wurden.

Warum ergrünen Sträucher und Bäume mitten im Winter, und warum trotzen die zarten Blütenkelche gewisser Pflanzen Schnee und Eis? Dieses widernatürliche Geschehen beschäftigt vor allem in unseren Breitengraden von jeher die Gemüter, und noch immer faszinieren uns diese botanischen Wunder vor allem zur Weihnachtszeit. Selbst wer sich diese Fragen niemals bewusst stellte, holt solche Pflanzen alljährlich zur Adventszeit gerne als Topfblumen, Tannengrün, Adventskranz oder als Zweige für die Vase ins Haus oder erwirbt weihnachtliche Geschenkpapiere, Publikationen oder Grußkarten, geziert mit deren Abbild.

Der Anblick immergrüner und zur Winterzeit blühender Pflanzen gab den Menschen in heidnischen Zeiten und Kulturen Hoffnung auf die Wiederkehr des Lichts und die sich beständig erneuernde Kraft der Göttin Natur. Christen interpretierten diese staunenswerten Naturphänomene als Zeichen der Allmacht des Schöpfergottes und seines Sohnes, dessen Geburt sie von den Mächten der Finsternis erlöste. Pflanzen, die ihre Blütenkelche zur Weihnachtszeit öffnen, tauften sie daher zu Ehren der Feier seiner Geburt auf den Namen Christi und erklärten die Blütenwunder zur eisigen Winterzeit mit zahlreichen christlichen Legenden.

In der Christnacht erblühen unter anderen »Nelken, die Silge, der Polei, der Safran, die Nieswurz, die Mandragora und Kirschbaumzweige. Auch die so genannte Rose von Jericho *(Anastatica hierochuntica)*, die das ganze Jahr dürr und wie todt erscheint, entfaltet sich und gibt den köstlichen Geruch, sie heißt deshalb auch ›Auferstehungsblume‹ und ist vorzüglich dem Heiland geweiht« (Perger 1864: 56f.). Hinter der Polei verbirgt sich *Mentha pulegium* oder *Herba pulei* (siehe Seite 19).

Barbarazweig

»Der Barbarazweig ist schon eine Vorahnung des Frühlings, in seiner Lebensfrische kann ihm sogar der Winter nichts anhaben, er verkörpert das stets wiedererwachende Leben. Seine Lebenskraft überträgt sich auch auf den Menschen, bringt ihm Glück und Segen für das kommende Jahr. Stirbt aber der Zweig ab, so erwartet auch seinen Besitzer ein schlimmes Los.«
Marzell 1935: 147

Die Römer schenkten sich zur Wintersonnenwende und zu Beginn des neuen Jahres immergrüne Zweige von Nadelbäumen, Buchsbäumen, Rosmarin und Misteln. Den Jahresbeginn legte der römische Kalender zunächst auf den 1. März und später auf den 1. Januar fest. Auf diese römische Sitte gehen bis heute die in Frankreich üblichen traditionellen Neujahrsgaben der »Etrennes« zurück.

Denselben Hintergrund hat auch der Brauch, winterkahle Zweige in eine Vase zu stellen, damit sie rechtzeitig zum Christfest ergrünen. Man schnitt sie am 4. Dezember, dem Tag der heiligen Barbara, daher ihr Name Barbarazweige. Die Ansichten darüber, welche Bäume sich für dieses ergrünende oder erblühende Wunder zur Weihnachtszeit eignen, sind von Region zu Region verschieden. Der Münchner Viktualienmarkt schließt Zweige von Obstbäumen als Barbarazweige ausdrücklich aus. In anderen ländlichen Gebieten hingegen sind Zweige von Kirschen oder Weichselbäumen (*Prunus cerasus* L., Rosaceae, Sauerkirsche) dafür besonders beliebt.

Die rechtzeitige Blüte der in die Wärme gestellten Zweige zur Weihnachtszeit verhieß der Landbevölkerung eine gute Obsternte für das kommende Jahr oder eine Missernte, wenn sie ausblieb. Erstaunlicherweise beruht dieser Brauch weniger auf magischem Aberglauben als vielmehr auf aufmerksamer Naturbeobachtung. Dies war K. Ritter von Perger 1864 noch bewusst, im Gegensatz zu modernen Autoren, die sich später zu diesem Thema äußerten. Den natürlichen Sachverhalt erklärt Perger in seinem Buch *Deutsche Pflanzensagen* auf Seite 53: »denn da sich sowohl die Blatt- als auch Blüthenknospen für das nächste Jahr schon im Herbst ansetzen, kann man auch aus der größeren Zahl der einen oder der anderen auf mehr oder minder Obst schließen.«

In Niederösterreich und in der schwäbischen Region um Ellwangen war es Sitte, einen Zweig für jedes Familienmitglied aufzustellen. Wessen Zweig sich zur rechten Zeit am schönsten entfaltete, dem winkte das meiste Glück im kommenden Jahr. Zweige, deren Knospen sich nicht rechtzeitig öffneten, prophezeiten hingegen Unglück oder gar Tod für die entsprechenden Mitglieder der Familie. In Schlesien reservierten heiratsfähige Mädchen jedem Angebeteten einen Zweig. Die größten Chancen räumten sie dem Verehrer ein, dessen Zweig zuerst zur Weihnachtszeit erblühte. Dazu dichtete Martin Greif:

»Am Barbaratage holt ich
Drei Zweiglein vom Kirschenbaum,
Die setzt ich in eine Schale:
Drei Wünsche sprach ich im Traum.
Der erste, dass einer mich werbe,
Der zweite, dass er noch jung,
Der dritte, dass er noch habe
Des Geldes wohl genung.
Weihnachten vor der Mette,
Zwei Stöcklein blühten zur Frist,
Ich weiß einen armen Gesellen,
Den nehm' ich – wie er ist.«

Christrose oder Nieswurz

> »Die schwarze Nieswurz ist warm und trocken und etwas feucht, aber sie hat eine gewisse Grünkraft, die nützlich ist.«
> (Hildegard von Bingen, *Physica*, Kap. 1, 152)

Die Christrose oder Schwarze Nieswurz, *Helleborus niger* L. (Ranunculaceae, Hahnenfußgewächse) ist unter vielen anderen Namen bekannt: Alröschen, Brandwurz, Christbaumwurzel, Christblume, Christiana, Christmas Flower, Christmas Herb, Christmas Rose (engl.), Christrose, Christrosenwurzel, Christröslein, Christwurtz, Christwurz[36], Eisblume, Ellébore noir (franz.), Feuerwurz, Frangekraut, Gillwurz, Hainwurz, Helleborische Nieswurtz, Helleboros (gr.), Herbe de feu (franz.), Herrgottsrose, Himmelswurz, Isaia (ägypt.), Leüßkraut, Niesswurzel, Nießwurzel, Nyesewurtz, Nyeßwurtz, Rose d'hiver, Rose de Noël (franz.), Schneeberger, Schneeblumen, Schneekaderl, Schneekalt, Schneekatzen, Schneekönigin, Schneerose, Schneerosenwurz, Schwarze Nieswurz, Veratrum nigrum (lat.), Weihnachtsblume, Weihnachtsrose, Weinblume, Winterblume, Winterkind, Winterrose.

Die Christrose oder Schwarze Nieswurz *(Helleborus niger)* enthält die digitalisähnlichen Glykoside Helleborin und Helleborein.

Rund fünfzehn Arten zählen zur Gattung dieser in Europa und Westasien heimischen mehrjährigen und frostbeständigen Pflanze. Sie kommt wild in den Berchtesgadener Alpen und in Tirol vor, wo sie ihre weißen Blütenblätter unmittelbar nach der Schneeschmelze – und bei milden Wintern sogar pünktlich zur Weihnachtszeit entfaltet. Für den florierenden Absatz kultivierter Arten sorgen städtische Konsumenten. Ebenso beliebt sind zur Adventszeit Grußkarten mit dem Konterfei der weiß blühenden Pflanze. Vor allem in England schätzt man die Schwarze Nieswurz als Weihnachtsrose. Man holt sie in Töpfen oder Sträußen ins Haus und dekoriert damit das festliche Heim.

Überschwenglich rühmt die Dichterin Agnes Franz die Schönheit der weißen Blütenblätter der Christrose (Söhns 1920: 35f.):

»Wie Sternenhimmel strahlt ihr Glanz
Tief im smaragdnen Blätterkranz.
Und wer sie sieht und wer sie bricht,
Drückt froh die Hände sich und spricht:
Gottlob! Die Zeit gekommen ist,
Wo Erd' und Himmel Frieden schließt!
Die Sonne scheint versöhnt herab,
Der Tag nimmt zu, die Nacht nimmt ab,
Christröslein blüht, der lichte Stern!
Gelobet sei das Fest des Herrn.«

Dem Botaniker Otto Brunfels (1489–1543) verdanken wir die früheste Erläuterung zu ihrer Namensgebung aus dem 16. Jahrhundert: »Woher ihr Name kommt: Wird Christwurz genannt, weil sich ihre Blüte, die ganz grün ist, in der Christnacht öffnet und blüht. Das habe ich selber wahrgenommen und gesehen, mag man darüber spotten soviel man will. Nieswurz, weil sie pulverisiert zum Niesen reizt« (Brunfels 1532: 62)[37].

Da die weißen Blüten und grünen Blätter der Christrose der Kälte trotzen, sprach man ihnen magische Kräfte zu. Daraus resultierten zahlreiche Bräuche zur Schadenabwehr und Wahrsagung. Wer Helleborus vor dem Viehstall pflanzte oder als

36 Die Stinkende Nieswurz (*Helleborus foetidus* L.) wird auch »Wilde Christwurz«, die Knollige Bergerbse (*Lathyrus montanus* Bernh., syn. *Orobus tuberosus* L.) ebenfalls »Christwurz« genannt (Chamisso 1987: 24, 99).

37 Anscheinend hat Otto Brunfels hier die Grüne Nieswurz (*Helleborus viridis* L. = Wild Christmas Rose) beschrieben, denn nur sie hat grüne Blüten.

Die Pflanzenseele der Nieswurz *(Helleborus niger)* friert im Schnee: »Des Winters Kleid ist ihre Wiegendecke« (Söhns 1920: 35). (Buchumschlag: Ida Bohatta, *Blümlein im Winter*, München: arsEdition, 2000.)

Strauß an die Stalltüre hängte, wollte sein Vieh vor Seuchen schützen. Die Landbevölkerung sah in ihr eine Orakelblume für das kommende Erntejahr, weil ihre Blüte den Beginn eines neuen Wachstumszyklus anzeigt.

Die Christrose als Orakelblume

»Im Zürcher Oberland stellt man an Weihnachten zwölf Blütenknospen der ›Weihnachtsrose‹ ins Wasser. Dann beobachtet man, welche sich öffnen. Die sich öffnenden Knospen deuten auf gutes Wetter in dem betreffenden Monat, die geschlossen bleibenden auf schlechtes. Öffnet sich zum Beispiel die sechste Knospe, so gibt es im Heumond gutes Wetter usw.

Ebenfalls im Kanton Zürich gilt es als ein gutes Zeichen für das kommende Weinjahr, wenn die Christrose beim Verblühen rötlich (statt bräunlich) wird. In der Rheinpfalz heißt die Nieswurz geradezu die ›Weinblume‹; denn die Winzer sagen von ihr, dass ihr reichliches Blühen eine recht gute Weinernte vorhersage« (Marzell 1935: 167).

»Mit dem Saft der Nießwurz *(Helleborus)* bestrichen die Gallier ihre Speere und Pfeile und glaubten, dass dadurch das Fleisch des erlegten Wildes bedeutend zarter werde, nur gebrauchten sie dabei die Vorsicht, die Wunde ringsherum auszuschneiden. Bei dem Ausgraben der Nießwurz musste man einen Kreis um sie ziehen, sich gegen Morgen stellen und beten, auch durfte sich dabei kein Adler zeigen, sonst starb der Wurzelgräber noch im selben Jahr. Dieses Ausgraben verursachte auch eine Schwere des Kopfes, weshalb man früher Knoblauch essen und ein Glas ungewässerten Weines trinken musste. Die Nießwurz war dem Planeten Saturn zugeeignet, sie bewahrte Verlobte vor allerlei Krankheiten, und wer sie stets bei sich trug, wurde sehr alt« (Perger 1864: 184).

Die Sehnsucht nach blühenden Frühlingsboten zur dunklen, kalten Winterzeit sorgte für die anhaltende Beliebtheit der Christrose im Dezember. Ihr Ruf als magische und heilbringende Pflanze hielt sich bis in jüngste Vergangenheit: »Im Winter 1932/34 ist diese Christrose besonders volkstümlich geworden; denn sie war allenthalben im Deutschen Reiche das Opferzeichen des Winterhilfswerks. Eine Reihe von deutschen Städten, so München und Nürnberg, hatten im Advent ›Tage der Christrose‹ veranstaltet, an denen auf den Straßen und in den Gaststätten künstliche, aus weißem Stoff gefertigte Christrosen verkauft wurden, um den von der Not des Winters bedrängten Volksgenossen zu helfen« (Marzell 1935: 166).

Magischer Gebrauch der Nieswurz

Ein weiterer Grund für den bis heute anhaltenden Glauben an die Magie der Nieswurz verbirgt sich in ihrer schwarzen Wurzel. Das aus ihr gewonnene Pulver bewirkt einen Niesreiz, worauf sich der volkstümliche Name und die lateinische Bezeichnung bezieht. Ein *helleborosus* ist – laut Plautus (etwa 250 bis 184 v. Chr.), dem bedeutendsten römischen Lustspieldichter – ein Mensch, der, weil er nicht genügend bei Verstand ist, Nieswurz nötig hat. Der römische Name der Nieswurz, *Veratrum*, leitet sich von *verus*, »wahr«, ab, »weil die gepulverte Wurzel Niesen erregt, was als Bestätigung der Wahrheit gilt« (Söhns 1920: 35).

Alltäglich rufen Umstehende Niesenden »Gesundheit!« zu. Dass sich hinter diesem spontanen Ausruf eine magische Formel verbirgt, wird wenigen bewusst sein und noch weniger deren historischer Hintergrund oder gar die Pflanze, auf die sich dieser Segenswunsch bezieht. In der Regel deuten wir Niesen als Ankündigung einer Erkältung; davor will man den Betreffenden bewahren, indem man »Gesundheit!« wünscht.

Im Gegensatz dazu deuteten die griechischen Hippokratiker Niesen als Zeichen der erfolgreichen Bannung von Krankheit, und antike Quellen erklärten heftiges Niesen als Zeichen der Austreibung eines Krankheitsdämons. Das Niesen wurde mit Hilfe von Niespulvern stimuliert. Diesem Zweck dienten insbesondere Drogen aus verschiedenen Nieswurzarten, die bei den frühen Griechen weit verbreitet waren und den volkstümlichen Namen der schwarzen Wurzel erklären. Die unter dem Namen *helleboros* zusammengefassten Pflanzen wurden vielfältig und häufig angewandt. Nieswurz war in der Antike das berühmteste Arzneimittel der griechischen Materia Medica. Auch im alten Ägypten glaubte man, dass Niesen durch dämonische Einwirkung entstehe und ein Zeichen dafür sei, dass die krankheitserregenden Dämonen oder die im Körper hausenden schädlichen Kräfte den Menschen verlassen. Auch dort stimulierte man befreiendes Niesen mit Hilfe von Niespulvern aus der Wurzel der Nieswurz.

Die Wurzeln der frostharten Pflanze waren bei den Rhizotomen oder Wurzelschneidern besonders begehrt. Beim Graben der Schwarzen Nieswurz, die auch *melampodion*, »Pflanze des Melampus«, genannt wurde, ist Vorsicht geboten, da man es sonst mit dem Pflanzengeist, der in der Gestalt eines Adlers erscheinen kann, zu tun bekommt: »Man soll, so wird gesagt, einen Kreis um die Schwarze Nieswurz ziehen und beim Schneiden nach Osten gewandt Gebete sprechen; man soll vor allem nach einem Adler, entweder rechts oder links, Ausschau halten. Denn wenn ein Adler nahe kommt, ist es für den Schneider gefährlich; er wird innerhalb eines Jahres sterben« (Theophrast, *Geschichte der Pflanzen* IX, 1).

Die Nieswurz *(Helleborus)*. Die Wurzel macht diejenigen, die »mangel an der vernunfft gehabt / melancholisch / od hyrnwütig« sind, wieder gesund (Faksimile aus Brunfels 1532: 62).

Volksmedizinischer Gebrauch

Der schwarze Wurzelstock der Christrose enthält einen giftigen Stoff, Helleborin, der Erbrechen und Durchfall bewirkt und in früheren Zeiten als Purgiermittel für »starke Leut« galt (Marzell 1935: 167). Um trübsinnigen Stimmungen zur langen und dunklen Winterzeit entgegenzuwirken, bereitete man daraus in der Volksheilkunde und Homöopathie eine Tinktur gegen Melancholie, Herzschwäche, Wahnsinn und Epilepsie.

»Christwurzel gilt als Penis des Heilands und deshalb als potenzsteigerndes Mittel. Enthält das kreislaufsteigernde Glycosid Helleborin ... Weihnachtsrose (bewusstseinsveränderndes Aphrodisiakum ...« (Bornemann 1974: II, 52,2).

Im heidnischen Brauchtum galt *Helleborus niger* als Zauberpflanze und als Pflanze des Saturn, mit der man Wahnsinn heilte. Zubereitungen aus der pulverisierten Wurzel wurden in christlicher Zeit als Hexenkraut dämonisiert. Um sich für ihren Flug zum Sabbat unsichtbar zu machen, sollen sich die Hexen damit gepudert haben (Emboden 1974: 66).

Die Gletscherprise: Ein Schneeberg zum Schnupfen

> »Schwarze Nieswurz wird sie genannt,
> weil früher das Pulver der schwarzen Wurzel
> als Schnupftabak verwendet wurde.«
> Vonarburg 2002a: 66

Die »Schneekönigin« ist nicht nur die Weihnachtsrose oder das Christröslein, sondern auch das Herz des »Schneebergers«. »Der ›Schneeberger‹ ist nach der Stadt Schneeberg im sächsischen Erzgebirge be-

Apothekerpackung des Schneeberger Schnupftabaks (1981) (aus MARTINETZ 1994: 126).

nannt, wo er einst hergestellt wurde. Aber er verdient den Namen Tabak gar nicht. Früher war der ›Schneeberger‹ ein Pülverchen aus Nieswurz, Leberblümchen und medizinischer Seife: Ein Niespulver. Und heute, wo er im Erzgebirge nicht mehr hergestellt wird, taucht er wieder auf: Als Pfefferminzpulver! Für Damen eine angenehme Erfrischung, wenn auch vielleicht nicht für g'standene Mannsbilder« (HARTEL 1977: 52).

Der »Schneeberger« wird Pulvis sternatutorius Schneebergensis, Schneeberger Schnupftabak, Schneeberger Haupt- und Schnupfpulver, Schniebetabak oder schlicht Schnupftabak genannt. Seine Hauptzutaten waren Schwarze Nieswurz *(Helleborus niger)* und/oder Weiße Nieswurz oder Germer *(Veratrum album)*; beide Pflanzen gehören heute zu den verbotenen Ingredienzien von Schnupftabaken oder Niespulvern.[38] Eine weitere, heutzutage ebenfalls illegale Zutat war die Haselwurz (*Asarum europaeum* L., Aristolochiaceae). Die toxische Haselwurz »wurde wohl deshalb zum Hexenkraut erklärt, weil sie in der Antike, wie der Efeu und die Nieswurz (= Christrose oder Germer), zu den Bacchus-Kräutern gerechnet wurde« (BECKMANN und BECKMANN 1990: 165).

Eine weitere Ingredienz der Schneeberger Schnupfpulver (Pulv. sternutatoris alb.) war eine Pflanze, die auch ansonsten weihnachtsbotanisch bedeutsam ist: die Arnika *(Arnica montana)*, die im Volksmund deshalb sogar Schneebergerblume, Schneebergerblüte, Schnupftabak oder Schnupftabakblume genannt, also geradezu mit dem Schneeberger Schnupfpulver identifiziert wird (ARENDS 1935: 239). Auch das zarte und fein duftende Maiglöckchen *(Convallaria majalis)* wird mit dem Schneeberger assoziiert. Seine getrockneten und pulverisierten Blüten sind eine Hauptzutat des legendären Schnupfpulvers. Deshalb heißt die Pflanze in Schaffhausen Tubakblüemli und im Elsass Nießblüemle (MARZELL 1935: 37).

Der Schnupftabaksklee (*Melilotus officinalis* [L.] PALL., Leguminosae) und das Schnupftabakkraut (*Tragopogon pratensis* L., Compositae, Wiesenbocksbart) lieferten gemäß ihren volkstümlichen Namen weitere wichtige Ingredienzien für den Schneeberger Schnupftabak.

Unsere Schafgarbe *(Achillea millefolium)* heißt heute noch auf Englisch *Sneezewort*, »Nieswurzel«. Neben

---

Pulvis sternatutorius Schneebergensis

Schneeberger Schnupftabak, Schneeberger Haupt- und Schnupfpulver; Rezept aus *Hagers Handbuch der pharmazeutischen Praxis* (FRERICHS et al. 1938: 591):

20 g Haselwurz *(Asarum europaeum)*
5 g Maiblumenblüten *(Convallaria majalis)*
2 g Nieswurz *(Helleborus niger)*
50 g Veilchenwurzel *(Iris germanica)*
15 Tropfen Bergamottöl (von *Citrus bergamia*)

Die Rohdrogen werden zerkleinert und mit dem Bergamottöl besprenkelt. Nach dem Trocknen sehr fein pulverisieren. Es heißt, die giftige Nieswurz ließe sich durch »Seifenpulver« ersetzen. Na dann, Prosit!

---

38 *Helleborus niger* wird heute nur noch als homöopathische Potenz (D3, D4, D12, D30, D200) verwendet, z.B. bei Gemütsleiden, Psychosen, manischen Zuständen, Geistesverwirrung, bei Gehirntraumen, Folgen von unglücklicher Liebe und unterdrückter Menstruation.

Der »Schneeberger« von heute ist nur noch eine Prise Traubenzucker; er stammt auch nicht mehr aus dem Erzgebirge, der Heimat der Räuchermännle. Das abgebildete Fläschchen ist ein Souvenir aus Garmisch-Partenkirchen (erworben 2001).

dem Leberblümchen (*Hepatica nobilis* GARS., syn. *Anemone hepatica* L., *Hepatica triloba* CHAIX, Ranunculaceae) gehörten Majoran, Lavendel, Salbei, Rosmarin, zu den eher harmlosen Beimengungen. Daneben bildete Kastanienmehl (*Aesculus hippocastanum*) einen der Hauptbestandteile des Schneeberger Schnupftabaks (VRIES 1989: 167).

Andere Christrosen und -wurzeln

Das Adonisröschen (*Adonis vernalis* L., Ranunculaceae) trägt die bezeichnenden Namen Böhmische Christwurz oder Böhmische Nieswurz (SCHOEN 1963: 51). Im Apothekerlatein und im Volksmund ist sie einerseits als Christwurzkraut, andererseits als Teufelsauge bekannt. Die Pflanze ist seit dem Altertum als starkes Pharmakon mit heilenden, aber auch tödlichen Kräften ebenso geschätzt wie gefürchtet.

Der Wilde Sauerampfer oder Sichterwurtz (*Rumex crispus* L., Polygonaceae) heißt im Volksmund Christrose: »Wenn aber ein Mensch durch irgendeine Krankheit oder eine Schwäche, im Kopfe geplagt, seine Sinne und den Verstand verliert, so dass er unsinnig wird, dann nimm Christrose und füge weniger Quendel bei«, rät Hildegard von Bingen (*Physica*, Kap. 1, 129). Der Sauerampfer war in der Antike schon eine Ingredienz des legendären Kyphi! Aus diesem Räucherwerk wurde später ein Rauchkraut. Deshalb heißt die Pflanze im Volksmund »Wilder Tabak«: »Die Landleute rauchen nicht selten die getrockneten Blätter als Tabak« (CHAMISSO 1987: 144). Ganz ähnlich wird *Rumex crispus* bei nordamerikanischen Indianern benutzt: Bei den Irokesen ist der Sauerampfer eine *Love Medicine*, ein Liebeszauber, gilt als Panazee, Kräftigungsmittel und Tonikum. Die Ojibwa bereiten mit den getrockneten Blättern eine Jagdmedizin, die mit Kinnikinnik, dem »Indianer-Knaster«, vermischt geraucht wird, um Wild anzulocken (MOERMAN 1998: 496).

Auch eine andere Pflanze der Weihnachtsbotanik, die gerne im Knaster geraucht wurde, zählt zu den Christrosen. Der Berg-Wohlverleih (*Arnica montana* L., Compositae), auch Marienkraut, Mutterwurz, Wolfsauge, Sankt-Luzien-Blume oder Sanktluziankraut genannt, trägt eine goldgelbe Strahlenblume, »eine kleine Sonne«, die »einen Abglanz des himmlischen Lichtes über den Vegetationsteppich ausbreite (...) und uns dadurch andeute, dass das Licht des Schöpfers in unvertilgbarer Weise allerwärts aus der Pflanzenwelt hervorbricht, wenn auch das Auge des Menschen nur zu oft getrübt ist, um es nicht zu sehen (Lorinser)« (ZIMMERER 1896: 254f.).

Die Lausitzer Wenden bezeichnen die Wurzel des Wohlverleih als »Christwurzel« (SELIGMANN 1996: 82). An der Nahe heißt das gelb blühende Schöllkraut (*Chelidonium majus* L., Papaveraceae) ebenfalls »Christwurzel« (SÖHNS 1920: 95).

Weihnachtsrosen

> »Eros führte bei einem Fest der Götter
> den Tanz an und stieß mit seinem Flügel einen
> Nektarbecher um (...) Auf diese Weise fielen
> Nektartropfen zur Erde und verwandelten
> weiße Rosen in rote.«
> GRIGSON 1978: 181

»Es ist ein Ros entsprungen« beginnt ein Weihnachtslied, dessen Melodie[39] 1599 in Köln entstand.

39 Wie in diesem Falle wurden die Texte zu bekannten Melodien erst von späteren Autoren verfasst.

Die rote Rose (*Rosa* sp.) ist als Symbol der Liebe und des reinen Herzens ein heiliges Gewächs.

Ihre Wurzel bezog M. Praetorius 1609 in seinen ersten beiden Versen auf den Stammbaum Christi. Mit dem »Blümlein (...) mitten im kalten Winter« meinte er das neugeborene Jesuskind, das mit seinem hellen Schein die Finsternis vertreibt, wie auch »Maria die reine, die uns das Blümlein bracht«. Ähnliche allegorische Vergleiche betteten Rosen aller Art – obgleich sie ihre üppige und duftende Blütenpracht im Sommer und Herbst entfalten – ins Weihnachtsgeschehen ein und inspirierten damit volkstümliche Namen und Gebräuche rund um Maria, Christus und die heilige Nacht.

Die kleinen Blüten der wilden, dornigen Heckenrose sind schneeweiß. Ihre Hagebuttenfrüchte überleben bisweilen den Herbst und leuchten rot im Schnee. Im Nahegebiet nennt man sie »Marien- oder Muttergottesrose«, im Schwäbischen »Frauadorn«, auf der Schwäbischen Alb »Herrgotts- oder Heilandsrösli« und in Thüringen »Jesuskraut«. Christliche Legenden erklärten ihre weißen Blüten und ihren zarten Duft dadurch, dass die Mutter Gottes bei ihrer Flucht vor Herodes nach Ägypten mit Josef und dem neugeborenen Jesuskind Windeln oder Schleier an einem wilden Rosenbusch trocknete, der am folgenden Morgen weiß erblühte und einen sanften Duft ausströmte.

An den Hagebutten las man im Allgäu die Bedingungen des kommenden Winters ab. Waren sie im Herbst dick, wurde der Winter klirrend kalt; waren die Früchte länglich, wurde er entsprechend lang.

»Schon seit Jahrhunderten« sei die Rose ein Sinnbild »der höchsten Ehren der Kirche«, bemerkte Walahfrid Strabo bereits zu Beginn des 9. Jahrhunderts in seinem »Hortulus«, dem bedeutendsten Zeugnis der frühen Geschichte des Gartenbaus in Deutschland. Er war Abt der Insel Reichenau im Bodensee, deren Blütenpracht heute alljährlich Touristenmassen anzieht. Seinen Zeitgenossen galt die Jungfrau Maria als »Mystische Rose«, als Symbol für Keuschheit, Jungfräulichkeit und eine von fleischlichen Gelüsten freie Liebe. Im Zusammenhang mit der jungfräulichen Braut Maria steht auch der spätere magische Volksbrauch: »Schneidet ein Mädchen im Sommer an Sonnwend eine Rose und trägt sie am Weihnachtstag zum Kirchgang, so wird sich ihr der künftige Ehemann offenbaren, indem er die Rose stellvertretend für das Mädchen an sich nimmt« (Hiller 1989: 233).

Rosen mit Liebe und schönen Frauen in Verbindung zu bringen ist ein Erbe der Griechen. Nach ihren Mythen fiel die Blume einst aus den Haaren Auroras, der Göttin der Morgenröte, oder erblühte unter den Schritten ihrer Liebesgöttin Aphrodite. »In dem Augenblick, als im Meer aus dem Sperma des Uranus die junge Göttin entstand, erwuchs auf Erden ein neuartiger Busch. Die heilige Götterversammlung verschüttete Tropfen von Nektar auf die Zweige, und jeder Tropfen wurde zu einer Rose« (Grigson 1978: 179).

Die »lesbische« Dichterin Sappho (6. Jh. v. Chr.), die zeitlebens eine Verehrerin der Aphrodite war, besang die Rose als »Königin der Blumen«. Achilleus Tatios (2. Jh. v. Chr.), der alexandrinische Schriftsteller, der durch seinen Liebesroman *Leukippe und Kleitophon* berühmt wurde, verehrte nicht nur die Liebe, sondern auch die Rose: »Sie ist die Zierde der Erde, der Stolz des Pflanzenreichs, die Krone der Blumen, der Purpur der Wiesen, der Abglanz des

Schönen. Sie ist der Liebe voll, im Dienste der Aphrodite, sie prangt mit duftenden Blättern, wiegt sich auf beweglichem Laub, freut sich des lächelnden Zephirs.«

Die wilde Rose *(Rosa canina)*, die den Tränen der Aphrodite entspross, als sie um Adonis weinte, verströmt den Duft der Liebesgöttin. Römer, die Amors Lächeln für ihr Entstehen verantwortlich machten, erkennen in ihr den »Duft der Venus«. Germanen waren ihre Blüten und deren Duft der Liebesgöttin Freya heilig.

Viele Kulturen deuteten die rote oder weiße Rosenblüte als ein weibliches, mystisches und heiliges Symbol der Liebe. In dieser Tradition steht auch die Verwendung von Rosenwasser in der weihnachtlichen Bäckerei und in Weihnachtsräucherungen.

»Die Rose ist der Duft der Götter«, hieß es im Altertum (Grigson 1978: 180). An ihre zwischen glühender Liebe und Keuschheit schillernde Symbolik, die ebenso vielfältig ist wie ihre hundertblättrige Blüte[40], knüpfen auch heute noch viele Aromatherapeuten an: »Die Rose hat einerseits den Duft von Reinheit und Unberührtheit, andererseits gilt sie als Aphrodisiakum, als Mittel, das die Sinnlichkeit stimuliert. Geschichtsschreiber berichten, die Römer hätten in ihrer dekadentesten Zeit Riesenmengen von Rosen verbraucht, um Festsäle, Straßen und Schlafgemächer damit meterhoch zu bedecken« (Fischer-Rizzi 1989: 142). Rosen: »Rote und weiße Blüten: Sonne« (Belledame 1990: 103).

Rhododendron, eine Weihnachtsrose aus dem Himalaya

Der Gattungsname *Rhododendron* wurde von Carl von Linné eingeführt, gebildet aus dem griechischen *rhodos*, »Rose«, und *dendron*, »Baum«, also »Rosenbaum«. Der *Rhododendron* aus der Familie der Erikagewächse (Ericaceae) gehört zu den frühesten bekannten kreidezeitlichen Blütenpflanzen. Er entwickelte sich vor etwa hundert Millionen Jahren[41].

Der blühende Baumrhododendron *(Rhododendron arboreum)* aus dem Himalaya (Dhulikhel, Nepal, 3/2003).

Die ersten Rhododendren stammten aus dem Gebiet zwischen den heutigen Provinzen Yünnan und Szechuan sowie Tibet. Praktisch alle Rhododendren (inklusive der Zuchtformen), die weltweit Parkanlagen und Gärten zieren, stammen von dieser Art ab. Der Rhododendron ist damit ein Geschenk des Himalaya an die ganze Welt. Vermutlich entwickelten sich die verschiedenen Formen aus der ursprünglichsten, noch heute existierenden Art *Rhododendron giganteum*, einem Baum, der bis 25 Meter Höhe erreicht (Milleville 2002: 2).

Der heutige Himalaya lag zu jener Zeit noch unter dem Thetysmeer. Als sich aufgrund der Kontinentalverschiebung das Himalayagebirge gen Himmel reckte, besiedelte der Urrhododendron Sikkim, Darjeeling und Nepal. Der *Rhododendron arboreum*

40 Kultivierte Rosenarten kennt man in Deutschland seit dem Mittelalter. Eine der ältesten Gartensorten verdankt ihren vielblättrigen Blüten Namen wie *Rosa centifolia* oder »Centifolie«, die Hundertblütige; sie ging vermutlich aus einer Kreuzung zwischen der Essigrose *(Rosa gallica)* und der Hundsrose *(Rosa canina)* hervor.

41 Vielleicht das bekannteste »lebende Fossil« in der Pflanzenwelt ist der *Ginkgo biloba*. Er stammt aus geologischen Zeiten, die noch keine Blütenpflanzen kannten. Die Blütenpflanzen entwickelten sich erst in der Kreidezeit. Sie erlebten eine evolutionäre Explosion, als die Dinosaurier, Belemniten und Ammoniten am Aussterben waren.

fühlte sich auf dem Thron der Götter, auf dem Dach der Welt so wohl, dass er zum floralen Emblem des hinduistischen Königreichs Nepal wurde. Von den etwa dreißig dort heimischen Arten des Rhododendrons gewannen viele ethnobotanische Bedeutung. Ihr Holz wird als Bau- und Werkmaterial geschätzt. Aus dem so genannten *Rosewood* werden Gebrauchs- und Ritualgeräte geschnitzt. Viele werden ethnomedizinisch verwendet, als Räucherstoffe genutzt und als Genussmittel geschätzt. Am herausragendsten ist der ethnische Gebrauch der rot blühenden Art *Rhododendron arboreum* SM., auf Nepali *Laliguras*, »Schöne Frau«, genannt (MILLEVILLE 2002: 59).

Wie der Weihnachtsstern erstrahlt der Rhododendron in den traditionellen Weihnachtsfarben Grün-Rot. Kein Wunder also, dass man ihn in seiner Heimat mit der Weihnachtsblume und den Schneemenschen Yeti mit dem Weihnachtsmann assoziiert. Eine durchaus überzeugende und interkulturell zwingend logische Auffassung. Da das Weih- nachtsfest im Westen das wichtigste und berühmteste Ritual ist, identifizieren die Nepali den Yeti logischerweise mit dem Weihnachtsmann. Umgekehrt ist für westliche Menschen der Yeti die bekannteste Sagengestalt des Himalayas. War Reinhold Messners Suche nach dem Yeti (1998) in Wahrheit der ausgelebte Kindertraum, dem Weihnachtsmann auf die Spur zu kommen? Von Angesicht zu Angesicht?

Der Yeti, als Weihnachtsmann getarnt, erklimmt die Höhen des Himalayas (Weihnachtskarte aus Kathmandu, Nepal, 2002).

Yeti, der Schneemensch

Selbstverständlich ist der Yeti kein physisches Tier[42], wie der Bergsteiger und Himalayabezwinger Reinhold Messner (1998) annimmt, sondern eine schamanische Gestalt. Er ist der *Ban Jhankri*, der Wilde oder Waldschamane, eine Figur aus dem schamanischen Universum, ein Geistwesen, ein verbündeter Schamanengeist (MÜLLER-EBELING et al. 2000).

Ein »Multikulti«-Weihnachtsmann

Ein tibetischer Weihnachtsmann sitzt auf einem Schubkarren, den ein Schimmel zieht. In seiner Rechten schwingt er die lamaistische Gebetsmühle, die bei jeder Drehung den Segensspruch »Om mani padme hum« (der Edelstein in der Lotusblüte) in alle Himmelsrichtungen wirbelt. Tibetisiert ist auch der Christbaum. Statt Rauschgoldengeln, Baumkugeln und Lametta ist der Vajrayana-Tannenbaum mit flatternden Gebetsflaggen geziert. Der Wind soll ihre Gebete in die Welt wehen und alle mitfühlenden Wesen erreichen.

Dem Weihnachtsbaum ist es egal, aus welchen religiösen und weltanschaulich-ideologischen Perspektiven er verehrt wird. Hauptsache, er wird verehrt! Es kommt auf die Geste, die Besinnung angesichts des Baumes an. Wenn Weihnachten wirklich das Fest der Liebe ist, steht es allen Völkern frei, am Wunder der Liebe und der Natur teilzunehmen, ob feierlich, satirisch oder komödiantisch.

42 In dem tibetisch-mongolischen *Anatomischen Wörterbuch zur Erkennung verschiedener Krankheiten* ist der Yeti abgebildet und beschrieben (VLČEK 1959): »Der Wilde Mann ist ein Wesen aus der Familie der Bären, das in der Nähe der Berge lebt und einem Mann ähnlich sieht. Es hat sehr große Kraft. Sein Fleisch ist ein gutes Mittel gegen böse Geister, die Krankheiten verursachen« (VLCEK et al. 1960: 153), und Bärenfleisch ist ein bekanntes Aphrodisiakum (RÄTSCH und MÜLLER-EBELING 2003). Der berühmte Bergsteiger Reinhold Messner bestätigt (1998), dass der Yeti ein Bär ist. – Der Yeti ist schon früher als Weihnachtsmann-Entsprechung identifiziert worden (RÄTSCH und PROBST 1985).

Tibetische Gebetsfahnen wehen im Wind (Swayambunath, Kathmandu, Nepal, 3/2003).

Der Weihnachtsmann tanzt mit einem tibetischen Paar (Weihnachtskarte aus Kathmandu, Nepal, 2002).

Der tibetische Weihnachtsmann bringt den heiligen Baum mit einer Pferdeschubkarre (Weihnachtskarte aus Kathmandu, Nepal, 2002).

Die Tibeter kennen Tänze mit und ohne Masken. Mann und Frau tanzen mit dem Maskierten in ihrer Mitte, und die Gebetsmühlen markieren den Puls und die Musik des Lebens ..., bis das Juwel in der Lotusblüte erstrahlt und alles erleuchtet. Om ist der Anfang und Hum ist das Ende und wiederum der Beginn von Om. Alle Jahre wieder ... Alles ist zyklisch. Weihnachten ist für uns das markanteste Zeichen der ewigen Wiederkehr des wunderbaren Lebens, an dem wir teilhaben dürfen. Deshalb symbolisiert das Weihnachtsfest das Ende des Jahreszyklus und die Geburt des folgenden Zyklus eines neu erwachenden Lebens.

Auf diesen Grußkarten begegnet der Weihnachtsmann aus asiatisch-buddhistischer Perspektive der westlichen Welt. Ein amüsanter Fall von *going native*[43]– wie man an seiner typisch traditionellen Bhotya-Tracht der in Nepal lebenden Hochlandtibeter erkennen kann; sogar die Stiefel stimmen. Dass der Weihnachtsmann kein gläubiger Christ ist, wird an den Zeichen auf seinem Fellmantel deutlich. Es sind die berühmten buddhistischen Glückszeichen, die Kundige mit dem Kulturraum »Tibet« verbinden. Die Glückszeichen heißen auf Englisch *auspicious signs*, »günstige Vor- und Anzeichen«, vom Lateinischen *auspicium*, »Beobachtung der Wahrzeichen«, abgeleitet.

Eines der »Wahrzeichen« von Nepal ist der durch die engen, verwinkelten Gassen laufende Träger mit zwei Körben voller Waren. Eigentlich sollen sie verkauft werden, aber der Weihnachtsmann macht da schon mal eine Ausnahme, sonst wäre er ja nicht der mythische Geschenkebringer.

43 Die englische Wendung »going native« heißt, sich als Ausländer den Gebräuchen und dem Erscheinungsbild anderer Völker anzupassen.

Der als Weihnachtsmann verkleidete Warenträger ist Buddhist (Weihnachtskarte aus Kathmandu, Nepal, 2002).

Ob man den Weihnachtsmann als barmherzigen Bischof Sankt Nikolaus, als Sinterklaas, Knecht Ruprecht aus dem Wilden Heer Wotans oder – wie diese Beispiele zeigten – sogar als gabenbringenden Buddha wiederfindet und verehrt, das interkulturelle spirituelle Konzept basiert immer auf demselben Muster. Ein offensichtlich uraltes und hartnäckig in die Gene einprogrammiertes Urmuster der Menschheit. Wer die Natur ehrt, wird reichlich beschenkt! Vor allem mit Liebe. »Liebe das Leben!«, wie mein Vater Paul Rätsch, der sich in meiner Kindheit als Weihnachtsmann verkleidete, auf derlei »große Fragen« zu antworten pflegt ...

Eine psychedelische Weihnachtswunderblume

In Mexiko wird seit vorspanischen Zeiten von den Schamanen der Azteken, der Mazateken, der Zapoteken und Maya ein schneeweiß blühendes Windengewächs (*Turbina corymbosa*, Convolvulaceae) als Entheogen rituell verwendet: auf Aztekisch heißt es *Ololiuqui* (»das, was Drehungen bewirkt«), auf Maya *xtabentun* (»Edelsteinkordel«). Mit den Samen, die ein LSD-ähnliches Molekül enthalten, können Schamanen zielgerichtet in andere Wirklichkeiten *reisen* oder *fliegen*, um dort die Ursachen der Krankheiten ihrer Klienten aufzuspüren und einen Weg der Heilung zu finden (Rätsch 1998a: 513ff.). Im heutigen Mexiko wird diese schamanische Zauberpflanze zur Tranceinduktion merkwürdigerweise auf Spanisch *Flor de pascua*, »Weihnachtsblume«, genannt, ebenso wie *Euphorbia pulcherrima*, *Pascua* oder *Santa* beziehungsweise *Santa Catarina*. Sollte sie den Weg zu Santa Claus öffnen können? Diese Weihnachtsblume wird ebenfalls *Bejuco de San Pedro*, »Ranke des heiligen Petrus«, *Flor de la virgen*, »Blume der Jungsfrau«, und *Hierba María*, »Marienkraut«, genannt. Sie ist der Himmelsschlüssel!

Die Edelsteinkordel ist der psychedelische Tunnel, der den Schamanen mit dem Kosmos verbindet. Sie ist die Nabelschnur der Geburt einer neuen Welt. Deshalb wird die Winde in Mexiko mit dem Wunder der Geburt assoziiert. Wer von den Edelsteinen der kosmischen Nabelschnur kostet, sieht eine wunderbare, fantastische Welt, das Mysterium des Seins, welches die Pole Leben und Tod einschließt und erst dadurch überhaupt existiert.

Rose von Jericho

> »Bei den Kreuzrittern galt diese Pflanze (...) wegen ihrer Fähigkeit, bei Feuchtigkeit die tote Hülle aufzurollen und neu aus den Samen zu sprießen, als ein Symbol der Auferstehung.«
> Germer 1986: 50

Auf keinem mitteleuropäischen Weihnachtsmarkt fehlt eine Bude mit wohlfeiler Weihnachtsbotanik. In den letzten Jahren liegen unter den aufgehängten Mistelzweigen auch die seltsamen »Rosen von Jericho« zum Kauf aus. Wenn man das dürre Knäuel in Wasser legt, kann man schnell sein Blütenwunder erleben.

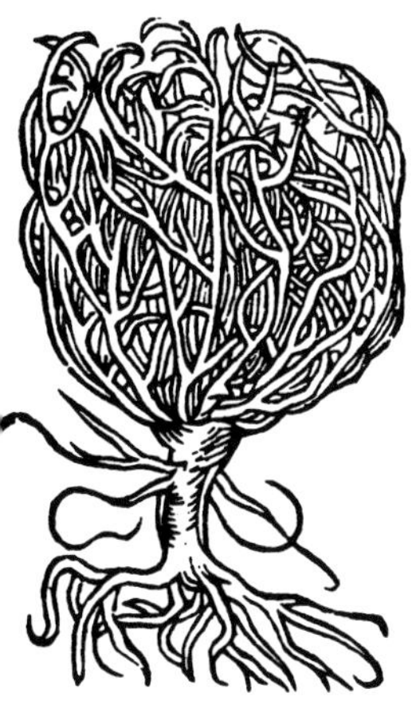

Die »Rosen von Hiericho« *(Rosa Hierichuntis)* (Holzschnitt aus LONICERUS 1679: 501).

Die ominösen »Rosen von Jericho«[44] haben schon die frühneuzeitlichen »Väter der Botanik« beschäftigt. Sie wurden erstmals von LONICERUS (1679: 501) erwähnt und beschrieben. Tabernaemontanus führt »drei Geschlechter« der Rosen von Jericho an: »Es wird diese Rose von den alten Weibern in grossem Werth gehalten: Und geben für / dass sie das gantze Jahr über zubleibe / ohn allein die Christnacht / da soll sie sich in einer gewissen Stund aufthun / wenn man sie in frisch Wasser setzt / und haben alsdann ihre besondere Speculation und Merck darinn / wie es sich hernach mit etlichen Sachen schicken werde / welches falsch ist / dann sie in Wasser gesetzt / jede Stund aufgeht« (TABERNAEMONTANUS 1731: 836).
Früher gehörte die Rose von Jericho zum Ritual der Weihnachtszeit. Am Weihnachtsabend ergrünte die unscheinbare Knolle in einer Wasserschüssel unter dem Weihnachtsbaum. Vor Silvester legte man sie zum Trocknen zurück in eine Kiste, um sie im nächsten Jahr erneut zur wundersamen Entfaltung hervorzunehmen. Im Laufe der Zeit geriet das gerühmte Naturwunder mitsamt dem Brauch in Vergessenheit. Seit einigen Jahren bieten fahrende Händler sie erneut auf Märkten mit mittelalterlichem Flair der staunenden Kundschaft an.
Die echte Rose von Jericho (*Anastatica hierochuntica* L., Cruciferae, Kreuzblütler) gedeiht in den Wüstenregionen von Marokko, dem Südiran und Ägypten.[45]

Andere Namen: Auferstehungsblume, Chérites panagiás (gr. »Hand der Mutter Gottes«), Christrose, Doradilla (mexikan.), Id fatma bint e nabi (alger. »Hand der Fatima«), Jerichorose, Kaff maryam (ägypt. »Handballen der Maria«), Marienrose, Rosa della Madonna, Rosa di Egitto (it.), Rose de Marie, Rose hydrométrique (franz.), Weihnachtsrose, Weinrose.
Mit wirklichen Rosen hat das seltsame Wüstengebilde wenig zu tun, eher mit ihren symbolisch-mystischen Qualitäten. Die perfekt an das Wüstenklima angepassten Stengel ziehen sich bei Trockenheit und Dürre zu unansehnlichen dürren und grauen faustgroßen Knollen zusammen. Dieses Bällchen kann der Wind leicht dem Wüstensand entreißen und durch die Weiten der Wüste tragen, genauso wie das texanische Tumbleweed. Doch sobald sie in Wasser gelegt werden, ergrünen sie

Die »drei Geschlechter« der »Rosen von Jericho« *(Rosa Hierichuntina)* (Holzschnitt aus TABERNAEMONTANUS 1731: 835).

In der frühen Neuzeit wurde das ominöse Kraut *Amomum* vielfach zu den »Rosen von Hiericho« gerechnet. Der Holzschnitt im *Kräuterbuch* des Tabernaemontanus (1731: 1336) ist botanisch nur schwer zu deuten.

44 Nicht zu verwechseln mit der Jerichotomate, auch Grauer Nachtschatten (*Solanum incanum* L.) genannt, dessen narkotische Früchte mitunter als die verderblichen »Äpfel von Sodom« identifiziert werden!
45 Ebenfalls »Rose von Jericho« genannt wird *Asteriscus pygmaeus* COSS. et KRAL. (Compositae), die von Algerien über die Sahara bis Belutschistan vorkommt.

schnell und bilden kleine, weiße Blüten aus. Botaniker bezeichnen dieses »Aufblühen« durch Befeuchten als Hygrochasie. Christliche Interpreten erkannten darin einen Hinweis auf die Eucharistie (die symbolische Gegenwart des Gottessohnes beim Abendmahl in Gestalt von Brot und Wein) und bezogen das Ergrünen der Pflanze auf die Auferstehung Christi. So schrieb Ritter von Perger: »Auch die so genannte Rose von Jericho *(Anastatica hierochuntica)*, die das ganze Jahr dürr und wie todt erscheint, entfaltet sich und gibt den köstlichen Geruch, sie heißt deshalb auch ›Auferstehungsblume‹ und ist vorzüglich dem Heiland geweiht« (Perger 1864: 56f.). Bereits die koptischen Christen machten sich diese Symbolik zu eigen, wie der archäologische Fund einer Mumie aus einem frühchristlichen ägyptischen Grab von Antinoe aus dem 4. Jahrhundert belegt, der eine solche Rose in die Hände gelegt wurde.

Kreuzfahrer und mittelalterliche Pilger brachten die merkwürdige botanische Rarität aus Jerusalem nach Europa. Ihr Wachstum verglichen sie mit dem Weihnachtsgeschehen, weil sie »bei Christi Geburt erblühte, sich bei seiner Kreuzigung schloss und bei seiner Auferstehung erneut ihre Blüten öffnete (Mercatante 1980: 121). Um die Jungfrau Maria rankten sich zahlreiche Legenden zu ihrer Unverwüstlichkeit und ihrem Entstehen. Die Pflanze sei den Fussabdrücken der Heiligen Familie entsprossen, und Maria soll sie bei ihrer Flucht nach Ägypten gesegnet und ihr so ewiges Leben verliehen haben.

Volksmedizinischer und magischer Gebrauch

Auf Mariä Geburt bezieht sich der volksmedizinische Gebrauch der Rose von Jericho, »weil sie überall dort gewachsen sein soll, wo die heilige Maria den Abdruck ihrer Hände zurückließ, als sie allein in dichter Finsternis zur Schädelstätte auf Golgatha emporklomm. Während der Wehen benetzt sich die Leidende das Antlitz und die Lippen mit Wasser, welches durch Eintauchen der Jerichorose geweiht worden ist, damit sie leichter über die schwere Stunde hinwegkomme« (Seligmann 1996: 137f.). Schwangere Frauen lasen daher an ihrem wundersamen Erblühen Weissagen für ihre Niederkunft ab. Es »sollte gegen Ende der Schwangerschaft angesetzt, durch Entfalten der Rose eine glückliche Geburt anzeigen. Öffnete sie sich nicht, bedeutete das für die Gebärende allerdings eine grausame Belastung« (Fabich 1991: 116f.).

Auch die muslimische Welt hatte angesichts der Pflanze eine Frau im Sinn: Nach Fatima[46], der jüngsten Tochter des Propheten Mohammed, nannten sie sie »Hand der seligen Fatima«. Ebenso lasen sie an der Art und Weise ihres Aufblühens Geburtsprognosen ab und tradierten entsprechende magische Rituale. Für eine sanfte Geburt sollten Gebärende das Wasser trinken, in dem sie erblüht war, um leichter neues Leben zu schenken und schneller zu genesen.

Falsche und echte Rosen von Jericho

Die auf unseren Weihnachtsmärkten angebotenen »Rosen von Jericho« stammen aus Mexiko und sind botanisch gar nicht mit der *Anastatica hierochuntica* verwandt.

Im heutigen Mexiko heißt die »Rose von Jericho« *Doradilla*, »die kleine Vergoldete«. Dabei handelt es sich um den Schriftfarn *Selaginella lepidophylla* (Hook. et Grev.) Spring, aus der Familie Selaginellaceae (Mooskräuter). Sie ist von Texas bis El Salvador verbreitet. Diese mit dem Tannenbärlapp verwandte Pflanze wurde erstmals in einem aztekischen Ma-

Texochitl yamanqui. Die erste Darstellung der falschen »Rose von Jericho« (*Selaginella lepidophylla* L.) aus Mexiko (Illustration aus: Martín de la Cruz, *Libellus de Medicinalibus Indorum Herbis*, Aztekisches Manuskript von 1552, fol. 36 v., links).

46 Um 610 geboren und 632 gestorben wurde sie nach geschichtlichen Quellen nur 22 Jahre alt.

Die bei uns auf Märkten angebotene »Rose von Jericho« ist eine lebende, aber eingetrocknete Pflanze aus Mexiko (*Selaginella lepidophylla* L.). In Mexiko heißt sie Doradilla, »die kleine Vergoldete«, sie gilt als »Auferstehungsblume« und wird als Aphrodisiakum oder Heilmittel bei Impotenz benutzt.

Eine lebende *Selaginella* mit ausgebreitetem Blattwerk (Shimbé, Peru). Diese Pflanze wird von peruanischen Curanderos (»Heilern«) und Schamanen als Zauberpflanze bei nächtlichen Ritualen verwendet.

nuskript von 1552 in der lateinischen Übersetzung von Juan Badiano unter dem Namen *Texochitl yamanqui*, »weiche Blüte, die im Stein geboren wird«, erwähnt und abgebildet. Es hieß, »sie errege die sexuellen Dinge«.

Im 18. Jahrhundert wurde die Yamanquitexochitl gegen Leberbeschwerden, Nierenleiden und »melancholische Hypocondrie« verordnet. In der heutigen mexikanischen Volksmedizin gilt sie als Heilpflanze bei temporärer Impotenz und *tabaquismo*, chronischer Nikotinvergiftung. Gegen Nierenleiden wird ein Tee aus *doradilla y cola de caballo*, also aus der *Selaginella* und dem Schachtelhalm (*Equisetum* sp.) – sozusagen aus der Weihnachtsrose und dem »Weihnachtsbäumchen« (*Equisetum*) – aufgebrüht!
Die *Selaginella* wird am besten im Oktober gesammelt; sie wird gegen angehexte Krankheiten (*enfermedad del nahual*) pulverisiert äußerlich auf die schmerzende Stelle gerieben.
In dem mexikanischen Bundesstaat Puebla werden diese Pflanzen am Día de Muertos, dem »Tag der Toten« (1. November) geopfert; am Heiligen Abend wird das Christkind (Niño Dios) in diese Pflanzen gebettet; ein Weihnachtstee wird aus Doradilla und *Cabellos de elote* (Maisgriffeln) aufgebrüht.

Weihnachtssterne

Viele Blüten erinnern in Gestalt und Farbe an strahlende Sterne. Dichter sprachen poetisch von »Blütensternen«, und der Volksmund gab ihnen aufgrund der sternförmigen Blüten und der gezackten Samen Namen wie etwa »Sternkraut« für den Waldmeister und bezeichneten das beliebte Gewürz der Weihnachtsbäckerei mit der charakteristischen Form als Sternanis. Dass Vergleiche ihrer Blüten nicht bei den Sternen endeten, sondern zum Weihnachtsstern oder Stern von Bethlehem führten, erklärt sich durch die christliche Weltanschauung, der naturkundliche Autoren bis Ende des 19. Jahrhunderts (ja sogar bis ins 20. hinein) verpflichtet waren.

Der Weihnachtsstern

Euphorbia pulcherrima Willd., Euphorbiaceae, Wolfsmilchgewächse
syn. *Poinsettia pulcherrima* R. Grah., *Euphorbia fastuosa* Sessé et Moc.

Andere Namen

Adventsstern, Alwa' akal ch'ohool (huaxtekisch, »Weihnachtspflanze«), Bandera (»Flagge«), Bebeta, Catalina (»Häufchen [Scheiße]«), Christmas bush, Christmas flower, Christstern[47], Cuitlaxochitl (aztekisch, »Bastardblume«), Custicpascuaxochitl (Nahuatl, »Gelbe Weihnachstblume«), Estrella federal (»Bundesstern«), Feuerblume, Flor de Navidad (span., »Blume der [heiligen] Geburt«), Flor de nochebuena, Flor de Santa Catalina, Flower of the Holy Night, Hirtenrose, Lalupati (Nepali, »Rotblatt«), Liebesstern, Listoncillo (span., »Bändel«), Noche buena, Pascuaxochitl (Nahuatl = Flor de pascua, »Weihnachtsblume«), Prachteuphorbie, Pascua[48], Poinsette, Poinsettia, Santa Catarina, Weihnachtsblume, Weihnachtsstern

Besonders auffällig sind beim Weihnachtsstern die roten Hochblätter, die wie Scheinblüten an den Stengeln leuchten. Dieses »Blütenwunder« geschieht zur Weihnachtszeit. Ein geradezu überdeutliches Zeichen des heiligen Festes.

Der Weihnachts- oder Christstern *(Euphorbia pulcherrima)* stammt aus Mittelamerika, hat sich aber schon früh bis nach Südamerika verbreitet. Die echten Blüten inmitten der leuchtend roten Hochblätter sind sehr klein und unscheinbar; sie wirken fast wie die Stempel des Weihnachtssterns (Chulumani, Bolivien, 7/2001).

Warum wurde dieses Wolfsmilchgewächs zu einem derart beliebten Symbol der Adventszeit? Warum gerade eine Pflanze, die aus tropischen Regionen der Neuen Welt stammt, weder aus den kalten Winterwäldern des Nordens mit seinem Julfest noch aus den trocken-heißen Wüsten des Nahen Ostens, in denen der Stall von Bethlehem stand? Auf welche Spuren weist ihr Stern in der botanischen Geschichte? Verblüffenderweise zu einem frühen Beispiel einer klassischen Marketing-Erfolgsstory.

1828 »entdeckte« Dr. Poinsett den bei uns als Zierpflanze populären Weihnachtsstern in Mexiko. Sein Bericht und seine Übersetzung des mexikanischen Namens als »Blume der Heiligen Nacht« – später populär verkürzt zum heutigen »Weihnachtsstern« – machten den tropischen Zierstrauch schnell in Europa und Nordamerika bekannt und sicherten ihm einen bedeutenden Platz in unserer Weihnachtsbotanik. Als Topfblumen sind Weihnachtssterne in der Adventszeit heute allgegenwärtig in Blumenläden und Supermärkten. Sie zieren Schaufenster, öffentliche Gebäude wie auch Eigenheime. Ihre roten Blätter haben offensichtlich Signalwirkung: Achtung: Weihnachten steht vor der Tür. Haltet Euch bereit! Kauft mich und mit mir die Verheißung tropischer Blütenpracht!

In seiner Heimat wird der immergrüne Strauch drei bis vier Meter hoch. Seine großen gezackten Blätter, die in ihrer Anordnung ein strahlendes Sternenmuster ergeben, ähneln denen des Stechapfels. Seine Wildform trifft man im mexikanischen Bundesstaat Chiapas im tropischen Regenwald oder, besser gesagt, dessen kümmerlichen Überresten an, besonders in der Nähe der prächtigen Mayaruinen von Palenque.

Auch in Mexiko verweisen die volkstümlichen Namen und der Gebrauch der Pflanze auf Götter und Heilige und sogar auf ihre Rolle zur Weihnachtszeit. Viele Indianer in Chiapas benutzen die »chilipfefferroten« Blättersterne als Opfer- und Weihegaben für ihre alten heidnischen Götter oder volkskatholischen Heiligen. Die Totonaken, ein

47 Diesen Namen sollte man nicht mit dem Christusdorn, *Euphorbia milii* Desmoul, syn. *Euphorbia splendens* Boj. aus Madagaskar verwechseln!

48 Pascua = Weihnachten (eigentlich Ostern! auch Passahfest, Pfingsten, Neujahr).

Die Scheinblüten des Weihnachtssterns. Die grausige »Hexengöttin« Kali liebt diese Blume am meisten. Lalupate ist nach dem roten Rhododendron ihre bedeutendste Opferblume.

Lalupate, »roter Blätterstern-Weihrauch«, oder *Lal dhudhiya*, »roter Räucherstoff«, heißt die aus Blüten, Früchten und den roten Scheinblüten bestehende Rohdroge des Weihnachtssterns auf Nepali (Kathmandu, Nepal, 3/2003).

ehemals von den Azteken unterworfenes Volk aus dem Land der Vanille, dekorieren mit den roten und grünen Blättern ihre Altäre zum Weihnachtsfest.

Der aztekische Name *cuitlaxochitl*, »Bastardblume«, oder *teocuitlaxochitl*, »Bastardblume der Götter«, verweist in die Pflanzenkategorie *xochitl*, »Blume«. Damit ist nicht nur die Blüte gemeint, sondern *xochitl* bedeutet im Aztekischen auch so viel wie »Gewächs, das das Bewusstsein zum Blühen bringt«. Die »Blumen« der Erde sind die schamanischen Zauberpflanzen (z.B. der Peyotekaktus oder die heiligen Pilze, das »Fleisch der Götter«), die aufgrund ihrer psychopharmakologischen Wirkung dem Menschen »blühende Träume« schenken können. Das Wort *xochitl* hat außerdem eine sexuelle Konnotation: Die »Blüte« der Frau ist die Vulva. Denn aus ihr erblüht ein neuer Mensch – ein echtes »Blütenwunder« ... Der Weihnachtsstern ist zwar nicht psychoaktiv, aber symbolisch stimulierend. Er regt die Fantasie an.

Die ganze Pflanze enthält einen ätzenden Milchsaft[49]. Im *Florentiner Codex*, einer aztekischen Quelle aus dem 16. Jahrhundert, heißt es, man könne diese Pflanze bei Frauen mit geringem Milchfluss anwenden. Der Milchsaft gilt medizinisch als Galaktogen, das heißt als Mittel, das die Milchproduktion fördert.[50] Christliche Missionare bezogen diesen volksmedizinischen Gebrauch auf die nährende Muttergottes[51] und sorgten bei der indigenen Bevölkerung nachhaltig für eine entsprechende Verehrung der

49 Im Milchsaft wurden Diterpene und Ester von β-Amyrin und Germanicol festgestellt. Sie produzieren Vergiftungserscheinungen wie »Zittern, Erbrechen, Durchfall, Schläfrigkeit, Benommenheit« (Roth et al. 1994: 344).

50 Wie in Mexiko bereiten die Frauen in Nepal die Scheinblüten als Tee, der den Milchfluß stimuliert (Manandhar 2002: 228). In der nepalesischen Volksmedizin wird der Latex auf Furunkel, Geschwüre und Eiterbeulen aufgetragen. Bis heute hat sich auch in Mexiko die volksmagische Praktik erhalten, eine Krankheit der Klitoris, eine Art Gonorrhoe, die auf Aztekisch ebenso heißt wie die Pflanze, *cuitlaxochitl* oder *cuitlasuchil* (wenig schmeichelhaft zu übersetzen mit »Bastardblume« oder »Scheißblume«), zu vertreiben, indem die Frau über die »Blüte« (besser die roten Hochblätter) steigt.

51 Die byzantinische Kunst bezeichnet Darstellungen der Gottesmutter, die dem Jesuskind ihre Brust anbietet, als *Panajia galaktotrophoúsa*, »die mit Milch Nährende«.

Pflanze im Namen von Christi Geburt. Deshalb nennen die am Golf von Mexiko lebenden Huaxteken, deren Sprache (Tenek) mit dem Maya verwandt ist, seit ihrer Christianisierung den Weihnachtsstern *alwa' akal ch'ohool*, »Weihnachtspflanze«. Sie trinken die Sprossen als Tee, um leichter lesen und singen zu können und um weiser zu werden (Alcorn 1984: 648, 650).

Der Strauch wurde auch im tropischen Asien angesiedelt und gedeiht dort prächtig, zum Beispiel im Himalaya, im Königreich Nepal. Auf Nepali heißt der Weihnachtsstern *Lalupate*, »roter Blätterstern-Weihrauch«, *Lal dhudhiya*, »roter Räucherstoff«, oder *Lalu pati dhupa*, »Räucherstoff der roten Blume«. Diese Namen beziehen sich auf seine sternförmige Blüte und die Verwendung seiner Samen, Blüten und Früchte als Zutat zu Räucherstoffen für schamanische Rituale (Müller-Ebeling et al. 2000: 54, 151) und zum »Hexenrauch« *(Bokshi dhup)*. Wie bei uns zur Zeit der Rauhnächte ehemals üblich, bannen derartige Räuchermischungen in Nepal die gefährlichen Einflüsse von Hexen und Dämonen.

Die Göttin Kali. Relief in einem tantrischen Schrein in Kathmandu, Nepal.

Lalupate oder Lalupati ist die Lieblingsopferblume von Kali, der zerstörerischen und gleichzeitig erneuernden Verkörperung der lieblichen Göttin Parvati. Europäern erschien Kali als indische Schwester der (ursprünglich aus Kleinasien stammenden) griechischen Zaubergöttin Hekate. Von ihrem Namen leiteten einige Hexenforscher das Wort »Hexe« ab.

Die rote Farbe der Scheinblüten des Weihnachtssterns symbolisiert für Hindus in Indien und Nepal die weibliche Lebensenergie (Majupuria und Joshi 1988: 223). Europäer assoziieren sie mit dem traditionell roten Gewand des Weihnachtsmanns.

Für die im Kathmandutal Nepals als Kunsthandwerker und Händler ansässigen Newari gilt der Weihnachtsstern als traditionelle Heiratsblume. Erinnern wir uns: Dieselbe symbolische Bedeutung sprachen unsere Vorfahren den Barbarazweigen zu! Am Tag der Hochzeit wird die Braut zu Kali. Sie repräsentiert die Zerstörung und Auflösung alter Bande, um Neuem Platz zu machen (Mookerjee 1988). Da Frauen zum Zeitpunkt ihrer Heirat erstmals das Elternhaus verlassen, um in den Haushalt des Mannes zu ziehen, ist dieser Augenblick im wahrsten Sinne des Wortes ein einschneidendes Erlebnis, eine umwälzende Neuordnung ihres sozialen Gefüges. Lalupati symbolisiert die Fruchtbarkeit, das »Erblühen« neuen Lebens, das Blütenwunder der heiligen Hochzeitsnacht wie auch den Abschied der Braut vom Elternhaus.

Am Hochzeitstag flankieren zwei Kupfer- oder Messingkrüge den Eingang zum Elternhaus der Braut: Sie sind mit Wasser gefüllt, dem göttlichen Soma (auch Amrita oder Nektar), und jeweils abgedeckt mit einer tönernen Schale, gefüllt mit Joghurt. Seine weiße Farbe und seine Herkunft erinnern die Menschen in Nepal an die sprichwörtlich heilige weiße Kuh und ihre nährende Kraft – wie Christen den weißen Schnee als Symbol der Unschuld und keuschen Empfängnis von Maria deuten. Obenauf liegen die roten Blüten des Weihnachtssterns. Darunter, mit roter *Tika*farbe[52] aufgestreut, das Zeichen der Svastika, des Hakenkreuzes.

52 Die rote Opferfarbe der *Tika*, welche die Stirn gläubiger Hindus und verheirateter Frauen ziert, stammte ursprünglich vom Zinnober. Inzwischen wurde sie meist durch einen synthetischen Farbstoff ersetzt.

Der Amritakrug mit Weihnachtssternen und Hakenkreuz als Hochzeitssymbol und Glücksbringer für die neu zu schließende Ehe am Tor zu einem Newari-Haus in Kathmandu (Nepal, 3/2003, Foto: cme).

Stern von Bethlehem

Ornithogalum umbellatum L., Liliaceae, Lilienzwiebelgewächse

Andere Namen

Doldiger Milchstern, Drudenzwiebel, Gemeine Vogelmilch, Milchstern, Star of Bethlehem, Stern der Heiligen Drei Könige, Sternchen, Sternchengucker, Sternkraut, Sterntaler, Weiße Sternchen

Die Pflanze stammt aus dem östlichen Mittelmeergebiet und ist heute in ganz Europa verbreitet. Die Blätter dieses Liliengewächses ergrünen im Winter. Die zumeist weißen, gelegentlich auch gelben Blüten der rund achtzig Arten umfassenden Zwiebelpflanze entfalten sich von Mai bis Juni.

Ihren symbolträchtigen Namen »Stern von Bethlehem« verdankt sie ihren sternförmigen weißen Blüten und der Tatsache ihres verheißungsvollen Ergrünens zur Winterzeit, womit sich die Geburt des Gottessohnes im Stall zu Bethlehem ankündigt. Die Farbe der Blüten, wie auch ihre botanische Zugehörigkeit zu den Liliengewächsen, rechtfertigten den symbolischen Bezug zur unbefleckten Empfängnis der Gottesmutter.

Ihr Anblick mag Europäer und vor allem Deutsche entsetzen. Doch das Symbol der Svastika ist universell verbreitet und seit prähistorischer Zeit in praktisch allen Kulturen bekannt. Es symbolisiert das Lebensrad, die Sonne und ihren Lauf, die vier Jahreszeiten, den zyklischen Verlauf der Evolution, die fünf Elemente, die schamanische Kraft und die prälamaistische Bönreligion in Tibet.

Das Wort *Svastika* kommt aus dem Sanskrit und bedeutet wörtlich »von gutem Glück«. Die Svastika ist das heilige Zeichen der Kali. Das linksdrehende Hakenkreuz repräsentiert Herbst und Winter und gilt als weiblich, das rechtsdrehende steht für die männliche Kraft und für Frühling und Sommer. Die Svastika ist auch den Schlangengottheiten und dem elefantenköpfigen Gott Ganesha geweiht. In Asien schützt sein Zeichen an Tempeln und Häusern die Menschen vor dem »bösen Blick« (STUTLEY 1985: 139).

Der Stern von Bethlehem *(Ornithogalum umbellatum)* ist ein weiß blühendes Liliengewächs. Die Zwiebel enthält das digitalisartige Gift Convallatoxin, das auch im Maiglöckchen *(Convallaria majalis)* vorkommt (Holzschnitt aus TABERNAEMONTANUS 1731: 1020).

Eine gelborange blühende Form des Sterns von Bethlehem *(Ornithogalum arabicum)* im März.

Der Christusdorn *(Euphorbia milii* DESMOUL, syn. *Euphorbia splendens* Boj. aus Madagaskar*)* ist nah verwandt mit dem Weihnachtsstern (*Euphorbia pulcherrima*). Hier wird er als weihnachtliches Blütenwunder dargestellt (Postkarte von ©Sulamith Wülfing, »Christusdorn/Christ's-thorn/L'épine Jésus«).

Ältere Quellen der griechischen Antike beziehen die auf Zypern heimische[53] Pflanze symbolisch auf die Liebesgöttin Aphrodite: »Hier, auf dem harten Erdreich über Sand und Schotter, wächst eine reizende kleine weiße Blume namens Stern von Bethlehem *(Ornithogalum tonuifolium)*, eine auf Zypern verbreitete Frühlingsblume. Die Zyprer behaupten, die weißen Blumen seien unter dem nackten Fuß der neugeborenen Aphrodite entsprossen. Aphrodite betrat das Erdreich, und Blumen, Rosen wurden geboren« (GRIGSON 1978: 32f.).

Seit je drängten siegreiche Kulturen den jeweils Unterlegenen ihre eigenen Vorstellungen und Wertsysteme auf. Sie zerstörten oder dämonisierten, was den Besiegten heilig und wichtig war, oder verleibten ihre Festtage und Rituale den eigenen Vorstellungen ein. Dies trifft auch auf Pflanzen und ihre christlichen Namen zu. Manche wurden als Teufelskraut dämonisiert, andere ordnete man der Jesusgeschichte, der Mariensymbolik oder dem Weihnachtsfest zu. Ein typisches Beispiel dafür ist die »christliche Taufe« des Milchsterns, der in heidnisch-antiker Zeit der griechischen Liebesgöttin Aphrodite heilig war.

Weitere Weihnachtssterne

Auch andere sternblütige und winterharte Pflanzen assoziierte der Volksbrauch mit dem Weihnachtsgeschehen. Zum Beispiel *Galium verum*, das Echte Labkraut. Der christliche Volksmund gab der Pflanze den ungewöhnlichen Namen »Unserer lieben Frauen Bettstroh« oder auch »Marienbündel« (SÖHNS 1920: 38ff.). Hinter dieser auf Maria und Christi Geburt umgemünzten Bezeichnung verbirgt sich die Sitte germanischer Heiden, schwangeren Frauen ein Bündel der wuchernden Staude ins Bett zu legen, um für eine gute Geburt und den notwendigen Milchfluss zu sorgen. Die Pflanze war ursprünglich der Liebesgöttin Freia heilig, der Beschützerin von Fruchtbarkeit, Ehe und Liebe. Als das Konzil zu Leptinae 734 derlei heidnische Gebräuche mit dem christlichen Fluch belegte, überlebte dieser Brauch unter dem neuen Namen, und die zu Christen bekehrten Heiden rechtfertigen ihn mit der Geburt des Herrn der Welt.

53 *Ornithogalum chionophilum* HOLMBOE kommt auf Zypern endemisch vor (GEORGIADES 1990: 27).

Exotische Weihnachtsblumen

Eine brasilianische »Weihnachtsblume«

Wir kennen die Brunfelsie aus der Familie der Nachtschattengewächse seit vielen Jahren als häusliches Ziergewächs (*Brunfelsia uniflora* [POHL] BENTH., syn. *Brunfelsia hopeana* [HOOK.] BENTH., *Franciscea uniflora* POHL). Sie stammt aus dem tropischen Südamerika und aus der Karibik. Bei uns ist die volksmedizinisch seit Urzeiten genutzte Wurzel als Manaca bekannt geworden. Die Gattung umfasst etwa 40 bis 45 Arten, von denen einige Bedeutung als Heilmittel, Zierpflanzen oder Zutat zu psychoaktiven Präparaten haben (PLOWMAN 1977). Viele Brunfelsien werden volkstümlich *Borracheras*, »Trunkenmacher«, genannt und dienen als Ayahuascazusätze.

Die Gattung *Brunfelsia* wurde nach dem deutschen Arzt, Botaniker und Theologen Otto Brunfels (1489–1543) benannt. Als die Portugiesen nach Nordbrasilien gelangten, konnten sie den Gebrauch der *Brunfelsia uniflora* bei den Indianern beobachten. Die Amazonasbewohner stellten aus den Wurzelextrakten Pfeilgifte her. Die *payés* oder Schamanen benutzten die Wurzel zum Heilen und bei magischen Handlungen (PLOWMAN 1977: 290f.). Die Manaka genannte Art wird in Brasilien gelegentlich als Aphrodisiakum empfohlen.

In Brasilien heißt die Brunfelsie nicht nur Manacá, Jeratacaca (»Schlangenbiss-Medizin«) und Umburapuama (»Medizinbaum«), sondern ebenfalls Flor de Natal (»Weihnachtsblume«) und Boas noites (»Gute Nächte«). Im Englischen trägt sie die entsprechenden Namen Christmas bloom (»Weihnachtsblume«), Santa Maria (»Heilige Maria«), White tree (»Weißer Baum«), Good night (»Gute Nacht« = Christnacht) und Bloom of the lent (»Fastenblume«). In Brasilien gehört sie, wie bei uns die Christrose, zur ländlichen und städtischen Weihnachtsbotanik. Ihre Blüten, die an manchen Sträuchern zugleich violett und weiß blühen, symbolisieren das Blütenwunder, die Neuerschaffung der Schöpfung.

Weihnachtskaktus

> »Kakteen gelten verschiedentlich als Glücksbringer, weil sie sich in der Wüste, ihrem Ursprungsort, nur mit Glück behaupten können.«
> HILLER 1989: 148

Kakteen sind seltsame fleischige und stachelige Wesen der Wüsten Mittel- und Südamerikas und beliebte Sammelobjekte von Pflanzenzüchtern. Ihren Stacheln begegnet man mit Respekt, ihren Blü-

Die typischen Blüten der Brunfelsie *(Brunfelsia pauciflora* var. *calycina)*, der brasilianischen »Weihnachtsblume«, ein Nachtschattengewächs. Die Gattung *Brunfelsia* stammt aus dem nördlichen (tropischen) Brasilien und von den karibischen Inseln. Wegen der Schönheit der meisten Arten hat sich die Gattung in alle tropischen Gebiete der Welt als Zierpflanze verbreitet. Sie wird auch erfolgreich in den frostfreien Zonen des Mittelmeerraumes kultiviert.

ten mit Freude. Sie liefern Nahrung und Medizin, werden in schamanischen Kulturen als Entheogene verehrt, als Inkarnationen der Götter gefeiert und zur Visionssuche verzehrt. Die dafür verantwortlichen psychogenen Wirkstoffe, die Phenethylamine, kommen auch in anderen bekannten Kakteen vor, zum Beispiel in der Bischofsmütze *(Astrophytum myriostigma)*, dem Hut des Nikolaus, den die Indianer »Wilder Peyote« nennen.

Kakteen widmete man in vorspanischer Zeit besondere rituelle Aufmerksamkeit. Die mexikanischen Huichol-Indianer stellen den Peyote, bei uns auch als »Rauschgiftkaktus« *(Lophophora williamsii)* bekannt, in das Zentrum ihres Lebens und ihres Universums. Der kleine, knollige, stachellose Wüstenbewohner, ein schamanischer Wüstling, schenkt Einblicke in paradiesische Welten, verleiht dem Menschen den mystischen Blick, offenbart ihm das Mysterium des Seins. In Südamerika steht der hochragende Stangenkaktus *(Trichocereus pachanoi)*, ursprünglich *Achuma* geheißen, heute unter seinem christianisierten Namen San Pedro, »heiliger Peter«, der Heilige mit dem Himmelsschlüssel, gut bekannt, an seiner Stelle. Der San Pedro enthält wie der Peyote das visionär wirkende Phantasticum Meskalin.

Wegen der Zeit ihrer Blüte haben bei uns manche Kakteen einen Bezug zu rituellen Daten und zu familiären Festen. Wir kennen neben dem Muttertagskaktus (*Mammillaria* [*Krainzia*] spp.) und dem Osterkaktus (*Rhipsalidopsis gaertneri* [Reg.] Berg., syn: *Schlumbergia gaertneri*) natürlich auch einen Weihnachtskaktus: *Schlumbergera truncata* (Haw.) Moran (syn. *Epiphyllum truncatum* Haw., *Zygocactus truncatus* [Haw.] K. Schum.), Cactaceae (Kakteengewächse). Mit dem Osterkaktus verwandt ist der so genannte Echte Weihnachtskaktus: *Schlumbergera truncata* (Haw.) Moran (syn. *Epiphyllum truncatum* Haw., *Zygocactus trun-*

Der Weihnachtskaktus *(Schlumbergera)* entfaltet zum Fest seine feuerroten Blüten.

Der Saguaro oder Riesenkaktus (*Carnegiea gigantea* [ENGELM.] BRITT. et ROSE, Cactaceae) ist bei uns aus Wildwestfilmen bekannt. Er ist in Arizona und in Nordmexiko heimisch (Tucson, Arizona, USA, 2/1992).

catus [HAW.] K. SCHUM.), Cactaceae, der auch unter den Namen Christmas Cactus (engl.), Christuskaktus oder Gliederkaktus bekannt ist.

Der so genannte Echte Weihnachtskaktus aus dem Blumenhandel ist eine Zuchtform: *Schlumbergera* × *buckleyi*. Die Kreuzung *Schlumbergena bridgesii* × *Zygocactus truncatus* wird gern auf eine *Pereskia* gepfropft. Der Gliederkaktus stammt aus Rio de Janeiro, Brasilien, genauer aus dem so genannten Orgelgebirge. Er wächst außerdem auf bis zu fünfzig Meter hohen Baumkronen im tropischen Yucatán, dem südmexikanischen Siedlungsgebiet der Maya, wo er das passende trocken-heiße Klima vorfindet. Er gehört zu den stachellosen Epiphyten, trägt zur Weihnachtszeit zigomorphe Blüten mit asymmetrischer Form, die – zumindest in Amerika – von Kolibris bestäubt werden. Bei entsprechender Pflege erfreut der Weihnachtskaktus zur Adventszeit mit einem Feuerwerk karminrot leuchtender Blüten.

Ein anderer neuweltlicher Weihnachtskaktus ist bei uns am besten als Western-Silhouette bekannt: »In einigen Teilen Mexikos dient der riesige *Carnegiea gigantea* als Weihnachtsbaum. Er wird feierlich geschmückt und die Geschenke werden darunter gelegt. Allerdings kommt der Kaktus nicht ins Wohnzimmer, sondern er bleibt draußen« (BERGER 2002b: 51).

Dieser Weihnachtskaktus wird über zwölf Meter hoch, hat einen Hauptstamm und acht bis zwölf nach oben ragende Seitenzweige. Das Skelett hat zwölf bis vierundzwanzig Rippen. Die weißen Blüten treten aus den grünen, schuppigen Knospen an der Spitze des Stammes und der Zweige hervor. Sie haben leuchtend gelbe Staubgefäße und Stempel. Der Kaktus blüht nach fünfzig bis fünfundsiebzig Jahren zum ersten Mal in seinem Leben (BRUHN 1971: 323). Die Frucht wird sechs bis neun Zentimeter lang und enthält ein karmesinrotes Fruchtfleisch, in dem rund 2200 Samen verteilt sind. Der Kaktus wird 150 bis 175 Jahre alt und erreicht ein Gewicht von sechs bis zehn Tonnen. Die Indianer des Südwestens haben aus seinen Früchten einen Fruchtwein gekeltert, der zur rituellen Berauschung getrunken, aber auch als Aphrodisiakum benutzt wurde.

Die Tohono O'odham (= Papago), ein in Arizona lebender Indianerstamm, verehren den Saguaro als heiligen Baum. Sie erzählen, er sei entstanden aus den zu Perlen verdichteten Schweißtropfen, die im Morgentau von den Augenbrauen des I'itoi, des älteren Bruders im Stammespantheon, heruntertropften. Nach einer anderen Ursprungsmythe ist der Kaktus ein verwandelter Junge. Dieser hatte sich, von der Mutter unbeaufsichtigt, in der Wüste verlaufen und war dabei in das Loch einer Tarantel gefallen. Als Kaktus ist er wieder daraus hervorgekommen. Vielleicht wird deshalb volkstümlich die Plazenta bei einem Saguaro vergraben. Dadurch soll dem Kind ein langes Leben gesichert werden. Zur Tagundnachtgleiche im Frühling haben die O'odham die ganze Nacht über besondere Lieder gesungen, um die Bildung der Kaktusfrüchte zu sichern (HODGE 1991: 47).

Die in der mexikanischen Sonorawüste lebenden Serí glauben genau wie die O'odham, dass der Saguaro ursprünglich ein Mensch war. Deshalb vergraben sie die Plazenta eines Neugeborenen an der Wurzel; dadurch soll sich das Kind eines langen Lebens erfreuen.

Das Wintergrün

»Grün ist nun einmal die heilige Farbe der Pflanzenkulte.«
GOLOWIN 1985: 139

Es gibt nicht nur die metereologische »weiße Weihnacht«, sondern auch die botanische »grüne Weihnacht«. »Liegt an Weihnachten kein Schnee, so erwartete man welchen an Ostern gemäß dem Spruch: ›Grüne Weihnacht, weiße Ostern‹« (HILLER 1989: 322). Wir sind es in unseren Breiten gewohnt, dass die Pflanzenwelt mit dem Jahreslauf korreliert. Dennoch bleibt in Nadelwäldern, allen voran mit dem viel besungenen immergrünen Tannenbaum, stets ein Hauch von Grün in den kahlen, verschneiten Wäldern zurück. Dieses verheißungsvolle Grün ist auch in anderen Pflanzen zur Winterzeit gegenwärtig, zum Beispiel im Immergrün, Wintergrün, Winterling, Winterlieb, Sinngrün – und in jahreszeitlich bedeutsamen Pflanzen wie der Mistel, der Stechpalme, dem Lorbeer und Efeu.

Selbst uns komfortverwöhnten, naturfernen Städtern schlägt es mächtig aufs Gemüt, wenn im Herbst das Laub von den Bäumen fällt, die Blumen und das Grün verdorren und die Tage immer kürzer, nebelgrauer und kälter werden. Nicht anders erging es unseren Vorfahren, die befürchteten, die Natur könne mit Einbruch des Winters für immer absterben und die Sonne möglicherweise niemals mehr am Horizont erscheinen, wenn sie eine flachere Bahn beschreibt und die Temperaturen sinken. Doch unsere Lebenserfahrung lehrt uns, dass der Herbst kein großes Baumsterben ist, sondern nur ein Zeitabschnitt im natürlichen Jahresverlauf. Jahr für Jahr zieht sich die Natur im November, Dezember zurück, und wir beneiden dann die schamanischen Urgötter unserer Ahnen, die Bären, um ihren Winterschlaf. Mit den letzten fallenden Blättern setzt bereits unsere Vorfreude auf den Frühling ein, die Zeit, wenn die Bäume zu »neuem Leben« erwachen, die Kräuter sprießen und die Knospen aufspringen. Der Frühling ist das große Blütenwunder. Wie die legendären im Winter blühenden Pflanzen

Wintergrün (*Pyrola* spp.). »Die Arten der Gattung *Pyrola*, Wintergrün, Waldmangold, sind niedrige Untersträucher mit zierlichen weißen offenen Blumen, die man im traurigen Schatten unserer dichtesten Kiefernwälder an feuchten moosigen Stellen findet und an denen der Pflanzenfreund seine Freude hat. Sie schaden und sie nutzen uns nicht; aus Neigung sucht man sie nur auf« (CHAMISSO 1987: 172). Also nützen sie dem geneigten Pflanzenfreund, dem wachen Betrachter und zum Weihnachtsfest (Holzschnitt aus BRUNFELS 1532: 188.).

überdauern auf der »sterbenden Erde« einige Nadelbäume als Hoffnungsträger und senden ihren grünen Schimmer durch Nebelschwaden und verschneite Wälder. Das Wintergrün spendet uns Trost und belebt unseren Glauben an das Wiedererwachen der Natur, das sich in dunkelgrün schimmernden Efeuranken wie ein »grüner Faden« durch Eis und Kälte zieht. Daran hangeln wir uns durch die dunkle Zeit. Kein Wunder, dass unsere Ahnen in immergrünen Pflanzen ein Mysterium erblickten und sie als heilige Gewächse verehrten. Kein Wunder auch, dass wir zur Zeit der längsten Nächte und der größten Dunkelheit etwas ewig Grünes ins Haus holen, um uns an die grünende Kraft der Natur zu erinnern.

Die Heiden sahen in der Pflanzenwelt das Göttliche. Grün ist der göttliche Lebenssaft. Deshalb sind grüne Pflanzen heilig, göttlich beseelt. So schrieb der römische Naturkundler Plinius im ersten Jahrhundert n. Chr.: »Ja, wir glauben sogar, dass gewissermaßen vom Himmel herab auch den Wäldern ihre Gottheiten, die Silvane, Faune und (verschiedene) Arten von Göttinnen zugeteilt sind« (Plinius, *Naturkunde* XII, 3). »Immergrüne Zweige haben unsere Vorfahren schon in vorchristlicher Zeit in Haus und Hütte geholt (...) Das getreue Grün sollte den freundlichen Waldgeistern als Zuflucht für den Winter dienen und als Symbol der ewigen Lebenskraft die bösen Geister verscheuchen« (Kluge 1988: 123).

Weihnachten dient der Erinnerung an den Zyklus der Natur, mit dem wir zwangsläufig verbunden sind. Daran knüpfen Redensarten an wie: »Grün ist die Hoffnung« oder »ein Häuschen im Grünen haben«. Die beruhigende und entspannende Wirkung der Farbe Grün ist allgemein bekannt. Nicht zu vergessen: Grün ist die Komplementärfarbe von Rot. Wer farbenblind ist, sieht keine rot-grüne Weihnacht, sondern nur totes Grau.

Der immergrüne Buchsbaum (*Buxus sempervirens* L., Buxaceae) gehört sowohl zu den Weihnachtsbäumen als auch zum Wintergrün und hat eine Beziehung zum Barbarazweig. Er »macht der Unsinnigkeit oder Hirnwüten ein erwünschtes End. Under einem Buchsbaum schlaffen oder ruhen / mindert die Vernunfft / dann der Geruch darvon widerstehet der Natur« (Holzschnitt aus Lonicerus 1679: 72).

Rot-Weiß: Wichtelkinder bringen das Weihnachtsgrün, Mistel und Stechpalme (Bild von Mili Weber, 1891–1978, »Mistelzweig«).

Immergrün – die Alte im Walde

Wer Pflanzen der Gattung *Vinca*, die auf Deutsch Immergrün heißen, richtig zu benutzen weiß, kann die »Alte im Walde« treffen. Sie wird volkstümlich und in Märchen auch Waldweiblein, Wildes Weib, Waldfräulein, Moosweibchen, Waldminchen, Frau Holle, Großmütterchen Immergrün genannt (Golowin 1985: 81). Derartige Namen beziehen sich auch auf andere Waldpflanzen. So heißt die Moschusschafgarbe (*Achillea moschata* Wulfen, Compositae) Waldfräulein, Wildfräulein, Wildfräulichrut, Dame des forêts; der Holunder (*Sambucus nigra* L., Caprifoliaceae) ist »Frau Holler« oder nur »Holler«; die »falsche Alraune« (*Allium victorialis* L., Liliaceae) heißt schlicht »Fräulein«; die Schwarznessel (*Ballota nigra* L., Labiatae) nennt der Volksmund »Altes Weib«.

Das Kleine Immergrün (*Vinca minor* L., Apocynaceae) enthält Indolalkaloide. Seine fünfblättrige Blüte entspricht einem Pentagramm, dem »Drudenmal«. Deshalb ist es ein Gewächs der Hexen und Zauberer. »Beim Einsammeln des Immergrüns musste derjenige, der dieses Kraut pflücken wollte, frei von jeder Unreinheit sein« (Bourke 1913: 409) (Kathmandu, Nepal, 3/2003).

Das Große Immergrün (*Vinca major* L., Apocynaceae) wird auch Singrün oder *Sorcerer's Violet*, »des Zauberers Veilchen«, genannt. Es gilt als magischer Schutz vor den so genannten Kehrhexen, gefährlichen Wesen aus der verkehrten Welt: »Diese Hexen gehen zumeist mit umgekehrt aufgesetztem Kopfe herum, nur sieht man das nicht. Wer aber neugierig ist, eine solche ›Kehrhexe‹ zu sehen, darf nur in Dreisgen [Frauendreißiger, siehe ›Neunerlei‹, Seite 110] geweihtes Singrün über der Tür anbringen, durch welche die Hexe geht, und er wird sofort sehen, wie sie den Kopf verkehrt trägt« (Söhns 1920: 45).

Die »Alte im Walde« ist ein Begriff für weibliche Pflanzengeister oder -seelen. Sie lehren den Menschen etwas über die Kräfte der Pflanzen. »Die Alte« ist die heidnische Wintergöttin; ihr Geliebter ist der »Grüne Mann«, der Wintergott. Frau Holle und Wotan. Ihnen waren Stechpalme, Efeu, Mistel und andere wintergrüne Pflanzen geweiht. »Einige Zeit war das Schmücken mit diesen immergrünen Pflanzen zur Weihnachtszeit als ›heidnisch‹ verboten, ist aber längst wieder Mode« (Storl 2000b: 330). Frau Holle kennen wir aus dem Grimmschen Märchen von der Goldmarie und der Pechmarie. In altgermanischer Zeit wurde sie als Erd- und Fruchtbarkeitsgöttin Hludana (Hlodyn, Hlödin) und als mythische Mutter des Donnergottes Thor verehrt. Sie führte die Hollen oder Hulden, eine dämonische Schar von Geistern, an, die zur Wilden Jagd der Rauhnächte zählte. Sie und ihr Sohn Thor (oder Donar) lebten im Volksglauben in den als Wintergrün, Sinngrün und Immergrün bekannten Pflanzen fort. Holle war ein ambivalent freundliches wie auch strafendes Jenseitswesen. In ihrem unterirdischen Reich empfing sie die Seelen von Verstorbenen und entließ auch die Seelen Neugeborener. Um 1000 n. Chr. identifizierte Bischof Burchard von Worms Frau Holle mit der lateinischen Wald- und Jagdgöttin Diana. Beide wurden aus katholischer Sicht zu Hexengöttinnen.

Die dickblättrige Hauswurz (*Sempervivum tectorum* L., Crassulaceae) heißt im Volksmund Donnerbart, Donnerblume, Donnerkraut, Jovis barba oder Jupitersbart (Jupiter = Donar, der Donnergott), ebenfalls Wintergrün oder auf Englisch Evergreen, »Immergrün« und Singreen, »Sinngrün« (sin[n] = ewig).

»Die Alte« ist in den Arten der Gattung *Pyrola*, Pyrolaceae anwesend. Wintergrün ist der Name für *Pyrola media* Sw., wie auch für *Pyrola rotundifolia* L., die auch Winterpflanze heißt. Das Harn- oder Nabelkraut *Chimaphila umbellata* (L.) DC. (= *Pyrola umbellata* L.) nennt der Volksmund Winterlieb, Wintergrün oder Waldmangold. Die verwandte Scheinbeere (*Gaultheria procumbens* L., Ericaceae) heißt in Nordamerika Wintergreen; das Flowering Wintergreen (*Polygala paucifolia* Willd., Polygalaceae) ist das »Blühende Wintergrün«.

Die beiden Gottheiten, Donar und Frau Holle, sind aber vor allem mit den heute noch bedeutenden Pflanzen der immergrünen Weihnachtsbotanik, der Mistel und der Stechpalme, assoziiert.

Die Mistel: Wintergrünholz

Viscum album L., Loranthaceae, Mistelgewächse

> »Ein Mistelzweig öffnet die Pforten der Unterwelt und schützt vor Zauberei und Krankheit ... Bei den Germanen durfte sie bei keinem Zaubertrank fehlen.«
> Schöpf 1986: 115

Andere Namen

All-heal ([alt-]engl., »All-Heil«), Donarbesen, Donnerbesen, Drudenfuß (Tirol), Gui (franz.), Hexenbesen, Knister, Knisterholz, Marentacken (Schleswig-Holstein, »Zweig gegen Albträume«), Maretak (niederl.), Mistelstein, Mistletoe, Thunder-besom, Vischio comune (it.), Weihnachtsmistel[54], Wintergrün, Wintergrünholz

In England und in Frankreich erfreut sich die Mistel als beliebter Weihnachtsschmuck einer längeren Tradition als der Weihnachtsbaum[55] und ziert dort Grußkarten zu Weihnachten und Silvester. Beide traten ihren weihnachtlichen Siegeszug in alle Welt an.

Die Mistel wirkt wie ein Schlüssel, der die Tore zur Weihnachtszeit öffnet. Wenn die grünen Nester der Mistel mit ihren perlmuttfarbenen Beeren hoch oben im Geäst kahler Pappeln oder Obstbäume in der fahlen Wintersonne schimmern und im Advent an den Blumenständen feilgeboten werden, holen wir sie gern ins Haus. Mit Vorliebe hängen wir Mistelzweige über dem Türbalken auf. Warum? Weil es dekorativ aussieht, so Brauch ist oder Glück bringt, vor allem, wenn sich ein Paar darunter küsst (weshalb der Mistelzweig im Volksmund auch »Kusszweig« heißt). Das alles wissen wir irgendwie noch »von früher«. Was aber steckt hinter diesem Brauch? Woher rührt die weihnachtliche Symbolik des Mistelzweigs?

Drastische Liebe unterm Mistelzweig (»Vampire Santa«, Illustration von Michael Kanarek©; Postkarte ©Rockshots, Inc, New York, 1980).

Wie so oft liegt der Schlüssel zum besseren Verständnis derartiger Rituale, die uns inzwischen weitgehend unbewusst sind oder sonderbar erscheinen, in der jahrhundertelangen Überlieferung aufmerksamer Naturbeobachtung. Unsere Urahnen hatten dafür noch reichlich Zeit und Musse. So fiel ihnen auf, dass Mistelsträucher in mancherlei Hinsicht überaus eigenartig sind. Sie wachsen nicht auf der Erde, sondern hoch oben im Geäst von Bäumen, insbesondere auf Pappeln, Apfel- und Birnbäumen, Tannen und manchmal auf Steineichen[56]. Sie entfalten sich kugelförmig nach allen Richtungen und behalten rund ums Jahr ihr ledrig-grünes Laub. Ihre perlenartig weißen, im Innern schleimigen Beeren, die wie winzige Schneebälle aussehen, erscheinen ausgerechnet im frostigen November und Dezember. Kurz gesagt scheint sich das Gewächs »weitgehend vom jährlichen Rhythmus der Sonne emanzipiert« zu haben und verhält sich »so, als gingen es die Jahreszeiten nichts an«, wie der Ethnobotaniker Wolf-Dieter Storl (2000b: 247) treffend formulierte. Für diese botanischen Eigenheiten haben wir heutzutage wissenschaftliche Erklä-

54 *Phoradendron* spp., Viscaceae, speziell die Eichenmistel *Phoradendron leucarpum* (Raf.) Reveal et M.C. Johnston (syn. *Phoradendron serotinum*) wird in den USA als Weihnachtsmistel benutzt; bei den Indianern ist sie mit Zauberei assoziiert.

55 Beide fielen seit dem 16. Jahrhundert in manchen elsässischen Gebieten unter das kirchliche Verbot, »Dannwedel und Mispelzweig« (so hieß die Mistel im Allemannischen) zur Weihnachtszeit anzuheften.

56 Tannen und Eichen zählen zu den heiligen Weltenbäumen.

rungen. So wissen wir beispielsweise, dass die Mistel zu den Halbschmarotzern gehört, die ihren Wirtspflanzen Wasser und Mineralsalze entzieht, weshalb ihre Wuchsrichtung und ihr Blattgrün von der einzig auf Lichtenergie angewiesenen Photosynthese unabhängiger ist.

Unsere Vorfahren zogen aus diesen Beobachtungen mythisch-symbolische Schlüsse – und vererbten sie uns bis in die Gegenwart! Die Kelten (deren britische Nachfahren unsere Weihnachtsbotanik durch die Mistel bereicherten) assoziierten den luftigen Wuchs des Strauchs mit den kosmischen Kräften des Himmels, vor allem wenn er auf Eichen auftauchte (was nach wie vor äußerst selten ist). Die Eiche hieß bei den Kelten *duir*, »Eichenkönig«, und repräsentierte die Sonnenwenden als Übergang zwischen zwei Jahreshälften. Nach Plinius galt die Mistel als wichtigste Zauberpflanze der keltischen Druiden und als Symbol der Wintersonnenwende. Wie der bekannte Weihnachtsmann waren die Druiden in weiße Gewänder und rote Umhänge gekleidet. Sie schnitten mit goldenen Sicheln die Misteln aus Eichenkronen und brauten daraus Zaubertränke (wie Miraculix in den weltweit populären Comics von *Asterix und Obelix*). Die schleimigen Beeren galten ihnen als Spermatropfen des kosmischen Stiers, der die alles gebärende Göttin Erde befruchtete und dessen Hörner die Kraft des göttlichen Blitzeschleuderers und Donnergottes symbolisierten. Daher hängten die Kelten Mistelzweige zum Schutz vor Gewitter ins Gebälk. Dem Donner verdankt der germanische Gott Donar[57] seinen lautmalerischen Namen und die sagenumwobenene Donareiche in Hessen[58] ihre kultische Bedeutung als Lebens- und Weltenbaum. Die Mistel (wie auch die Eiche) war Donar geweiht, dem regenbringenden Vegetationsgott (Perger 1864: 65). Sie hieß deshalb »Donnerbesen«, was im englischen Namen *Thunder-besom*, »Donner-Besen«, nachhallt und in christlicher Zeit zum »Hexennest« und »Teufelsbesen« dämonisiert wurde. Nichtsdestotrotz erhielt sich der auf Donar bezogene Brauch, zur Adventszeit einen Mistelzweig aufzuhängen.

Misteln sind von Europa bis Asien und Nordwestafrika verbreitet – jedoch *nicht* in Irland, Island und Skandinavien! Dieses geografisch eingeschränkte Vorkommen erklärt, warum der Mistelzweig im germanischen Mythos als Todespfeil des Sonnengottes Balder erscheinen konnte. Die in Skandinavien lebenden germanischen Völker hatten die Mistel schlichtweg nicht vor Augen und konnten daher auch keine Erfahrung mit ihrer »grünen Kraft« machen! Einzelne Autoren[59] verwiesen daher zu Recht auf ihren außergermanischen Ursprung. Auf welchen Wegen die Mistel in die Edda[60] gelangte, wurde aber bislang von der Volkskunde, der vergleichenden Religionswissenschaft und Mythenforschung nicht geklärt.

Da das Leben unserer keltischen und germanischen Ahnen von der Fruchtbarkeit der Natur und einem entsprechend günstigen Jahresverlauf abhing, schlossen sie von den immergrünen Misteln und ihren schneeweißen Früchten auf die Rückkehr des Lebens im Frühjahr. Davon leitet sich das walisische Sprichwort: »No mistel-toe, no luck« (»Ohne Mistel kein Glück«) ab wie auch der Neujahrswunsch der von den Kelten abstammenden französischen Bretonen: »Au gui l'an neuf!« (»Auf die Mistel im neuen Jahr!«). Wir verdanken somit die Mistel als Glückssymbol und weihnachtliche Zierde einer ehemals existenziell notwendigen Naturverbundenheit. Vor diesem Hintergrund erscheint es für unsere marktorientierte Gegenwart als symptomatisch, wenn wir in Neujahrsgrüßen den Wunsch nach Glück vornehmlich auf geschäftlichen Erfolg beziehen oder das Sprichwort: »Glück in der Liebe, Pech im Spiel« (oder umgekehrt) ins Spiel bringen.

57 Dieselbe lautmalerische Beziehung besteht im Englischen zwischen dem Gott Thor und dem Wort *thunder* = Donner.

58 Die berühmte hessische Donareiche teilte ihr Schicksal mit anderen heiligen Bäumen und Hainen der Germanen. Der heilige Bonifatius ließ sie 723 n. Chr. im Auftrag von Papst Gregor fällen.

59 Auf die entsprechende Literatur verwiesen Hans Becker und Helga Schmoll, gen. Eisenwerth, in ihrer Publikation *Mistel. Arzneipflanze, Brauchtum, Kunstmotiv im Jugendstil* (Stuttgart: Wissenschaftliche Verlagsgesellschaft 1986: 63).

60 Im 13. Jahrhundert n. Chr. verfasste der Isländer Snorri Sturluson die so genannte neuere Edda und überlieferte uns damit die spärlichen letzten, christlich überlagerten Überreste der nordischen Göttersage. Die älteren Edda-Lieder stammen zum Teil aus dem 9. Jahrhundert.

Brauchtum

Die Symbolkraft des immergrünen und zur Winterzeit Früchte tragenden Mistelzweigs befruchtete im wahrsten Sinne des Wortes diverse volkstümliche Bräuche. In der Hoffnung auf eine gute Obsternte band man in Schwaben zu Weihnachten Mistelzweige an Obstbäume (Perger 1804: 229); in Österreich verhießen sie im Schlafzimmer Kindersegen, in der französischen Schweiz, in einen Brautkranz geflochten, eine gute Ehe; in Wales bereitete man aus getrockneten Mistelbeeren ein Mittel gegen Unfruchtbarkeit (Seligmann 1996: 217). Dort führen die Burschen die Mädchen unter einen Mistelzweig und wünschen ihnen glückliche Christnacht und glückliches Neujahr. Dass jeder Bursche das unter dem Mistelzweig stehende Mädchen küssen darf, verweist auf die Fruchtbarkeitssymbolik ihrer Früchte.

Andere Bräuche bezogen sich auf die Mistel als Schlüssel für Lebenskraft und Glück sowie Abwehr gegen schlechte Einflüsse. »Mit der Mistel als der Lebensrute schlagen die Kinder in einigen Gegenden Deutschlands die Erwachsenen am Dreikönigstag« (Aigremont 1987: II, 36). In Skandinavien nutzte man sie als Wünschelrute und so genannte Springwurzel, die den Zugang zu Schatzkisten öffnete, und in vielen Regionen als Schutzzauber gegen Hexen und Zaubereien.

Räucherung, um günstige Einflüsse anzuziehen

(nach Belledame 1990: 71)

1 Teil Mistelblätter *(Viscum album)*

1 Teil Wurmfarnwedel *(Dryopteris felis-mas)*

3 Teile Weihrauch (Olibanum)

Die Mistel heißt im Volksmund nicht nur Hexenbesen, sondern gilt auch als Fluggerät der Hexen. Besonders die Birkenmistel galt als »Hexenbesen« (Höfler 1990: 40). Deswegen machen wir einen kleinen Ausflug zu den Ruten und Besen, die beide im Weihnachtsbrauchtum eine erhebliche Rolle spielen.

Knecht Ruprecht mit seiner Rute (Federzeichnung von Franz Graf von Pocci, 1807–1876, um 1840). Die Rute des heiligen Nikolaus oder des Weihnachtsmannes ist nicht anderes als der berüchtigte Hexenbesen, das Gerät für den Schamanen- oder Hexenflug.

Exkurs: Ruten und Besen

> »Hexenbesen: mit den Zweigen der heiligen
> Mistel, die wie Besenruten aussehen,
> wollte man die Hexen vertreiben können.«
> Prahn 1922: 147

Die Rute des heiligen Nikolaus oder Weihnachtsmannes ist nichts anderes als der berüchtigte Hexenbesen, das Gerät für den Schamanen- oder Hexenflug.

In heidnischer Zeit war der Birkenbesen ein Ritualobjekt der Reinigung und des Neuanfangs. Mit ihm fegte man unreine Geister aus Haus und Hof. Schaden bringende Geister und Krankheitsdämonen, die sich im Körper eines Menschen eingenistet hatten, wurden mit Schlägen eines Birkenbesens aus dem Körper vertrieben.

So noch heute in Nepal. Dort kann man den schamanischen Ursprung des Hexenbesens leibhaftig beobachten. Die Kirati-Schamanin Parvati Rai hat uns erzählt, dass sie oft auf Besen reitende fliegende Hexen oder Schamanen und Schamaninnen sieht, wenn sie in Trance ist. Zu unserem Erstaunen berichteten uns die dortigen Jhankris (= Schamanen), dass auch sie eine Art Hexensabbat kennen und die Bokshis (»Hexen«) ebenso auf Besen reiten. Parvati Rai: »Bokshis halten jede Art von Besen zwischen den Beinen, nur den *Kucho*-Besen nicht. In Vollmondnächten tanzen sie damit um den Pipalbaum und wünschen sich Kraft für ihre negativen Ziele. Auch wir Jhankris tun das. Unser Besen ist allerdings der Kucho aus dem heiligen Amlisaugras. Wir erbitten uns damit Kraft, um Krankheiten heilen zu können. Dieser Tanz erinnert uns an den Urstreit zwischen Jhankris und Bokshis, an unsere Verpflichtung, unsere Kräfte für positive Zwecke einzusetzen, und an das Wechselspiel von Krankheit und Gesundheit.« Sie benutzen diesen Besen zur Behandlung von Kranken. Sie wispern Mantren (magische Formeln oder Zaubersprüche), beblasen den Patienten und fegen von seinem Körper fremde Wesen, Krankheitskeime, negative Energien. Schamanen benutzen Besen zum Heilen, Hexen zum Fliegen und zum Schadenzauber. Das Gerät ist dasselbe, aber Zweck und Intention des Benutzers divergieren.

Doch zurück ins winterliche Europa, wo man Lebensruten aus dem immergrünen Buchsbaum, Wacholder, Sevebaum (auch Sadebaum, *Juniperus sabina*), Rosmarin und/oder der Stechpalme zusammenband. »Noch in jüngerer Zeit zogen in einigen Teilen Schleswig-Holsteins die Kinder mit der Rute von Haus zu Haus, schlugen auf die Bewohner ein und erhielten zur Ablösung Heißwecken oder Süßigkeiten. (...) Die Rute, die in der germanischen Glaubenswelt noch eine lebensbejahende Funktion erfüllte, geriet in Verbindung mit christlichen Wertvorstellungen fast zum Gegenteil. Das Reisigbündel in den Händen des Weihnachtsmannes legt davon bis heute beredtes Zeugnis ab« (Rust 1983: 39).

Zwei wohlbekannte Attribute des Weihnachtsbrauchtums – die Rute von Knecht Ruprecht und der Kamin, durch den der Weihnachtsmann seine Geschenke wirft – gehören auch zu den Hexen: »Meistens aber reiten die Hexen auf einem Besen[61] durch den Schornstein hinaus und kehren auf demselben Weg zurück. Sind sie aber nicht spätestens bis zum Morgenläuten zurück, so stürzen sie den Kamin hinunter« (Schöpf 2001: 169). »Stellte man einen Besen mit dem Stiel nach unten hinter die Tür, (...) so war den Hexen der Eintritt verwehrt« (Hiller 1989: 125). Ob der folgende Brauch mit der Vorstellung zusammenhängt, dass der Weihnachtsmann durch den Kamin kommt? »Drei Besen sollte man in den Ofen stecken, wenn man sich Besuch herbeiwünscht« (Hiller 1989: 29).

»Hexenbesen« werden auch die durch parasitäre Wirkung entstandenen stark verzweigten und verästelten Missbildungen an Nadelbäumen genannt, die als Schutz vor Hexen aufgehängt wurden. Tannenkrebs wird durch den Rostpilz *Melampsorella caryophyllacearum* hervorgerufen.

Hexenbesen

»In Beziehung zum Gewitter stehen gleichermaßen die so genannten Hexen- oder Donnerbesen, nestartige, in der Regel durch parasitische Pilze hervorgerufene Wucherungen an Weißtannen, Birken und Kirschbäumen. Früher befestigte man sie gerne auf den Häusergiebeln zum Schutz gegen Blitz und Feuersbrünste. Aus dem Symbolcharakter solcher pflanzlicher Missbildungen, und um eine solche handelt es sich beim Hexenbesen, sucht der Volksaberglaube die Beziehung zum Blitz abzuleiten: Der ›Besen‹ ist zunächst ein Abbild des auseinander fahrenden, Luft und Himmel reinigenden Blitzes in Verbindung mit den häufig besenartig aussehenden Sturmwolken, die den Himmel ›fegen‹ – bei den Seeleuten heißt bekanntlich der Westwind ›Himmelsbesen‹« (Engel 1978: 60).

Wie unzählige Beispiele in der volkskundlichen Literatur belegen, stand die Rute (beziehungsweise der Besen) in einem innigen symbolischen Bezug zu Fruchtbarkeitsritualen und Schadenabwehr. Man nutzte sie daher ebenso zur Beschwörung des Lebens wie auch zur Beschwörung von Unwetter und Unheil. »Die Haselnuss war dem Donar, dem Gott der ehelichen und animalischen Fruchtbarkeit heilig. Die Haselgerte galt als eine vorzügliche Lebensrute, mit diesem Symbol des *penis* wurden

61 In England werden Hexenbesen traditionell aus Hanf gebunden (Emboden 1974: 76).

Ein »Hexenbesen« an einer Birke, genauer der Hängebirke (*Betula pendula* Roth., Betulaceae), die im Volksmund sogar »Hexenbirke« genannt wird. Es heißt, auf ihren herunterhängenden Zweigen sitzen und tanzen die Hexen in den Hexennächten. Es wundert wenig, dass unter solchen Birken gerne Fliegenpilze sprießen!

Birkenreiserbesen. Die Birkenreiser sind Lebensrute und Hexenbesen zugleich, ein Zeugnis heidnischer Naturverehrung. »Die aus Birkenruten (oder aus dem Besenkraut *Artemisia*) gemachten Hexenbesen wurden in Oberbayern gegen Furunkel geopfert« (Aigremont 1987: I, 30).

Frauen wie Tiere geschlagen, ›genusst‹, damit sie fruchtbar würden (...) Urkundlich ist ja die erotische Heidensitte schon im achten Jahrhundert bezeugt. Die am Berchtentag oder auf Johannistag geschnittene Wünschelrute *(penis)* ist eine Haselgerte mit einjährigem Trieb. Diese Lebensrute wurde auch zur Wünschelrute, die verborgene Schätze findet. Man gab ihr menschliche Gestalt, indem man sie von unten schlitzte, das heißt ihr zwei Beine gab« (Aigremont 1987: I, 38). Den unheilvollen Aspekt des schwarzmagischen Umgangs belegt das folgende Zitat: »Eine Hexe peitscht mit einer Haselgerte ins Wasser eines Teiches, bis eine Gewitterwolke aufsteigt« (Schöpf 2001: 175).

Die Stechpalme, heiliger Baum der Frau Holle

Ilex aquifolium L., Aquifoliaceae, Stechpalmengewächse

> »Von allen Bäumen im Wald ist es die Stechpalme, die die Krone trägt!«
> *Englisches Weihnachtslied*

Andere Namen

Agrifolio, Alloro spinoso, Aquifolio, Aquifolius, Balme, Bat's wings, Buk, Christdorn, Christ's thorn, Füe, Fue, Gaispalme, Holegen (altgriech.), Holly, Hollywoodstar, Holm, Holm chaste, Holst, Holy tree, Hülse, Hülsebusch, Hülseholz, Hülsenstrauch, Hulis (ahd.), Hulm, Hulst, Hulver bush, Hurlebusch, Igelstechpalme, Ilex[62], Kolenno (kelt.), Leidendorn, Myrtendorn, Palma, Palmdorn, Palmendistel, Pandore, Quacke, Schradlbaum, Schwabedorn, Schwarze Eiche, Spisehölzli, Stächlaub, Stechblacka, Stechdorn, Stecheichen, Stecholder, Stechlaub, Stechwiedel, Tinne, Wachslaub, Walddistel, Walddistelstrauch

Mit ihren glänzend grünen, stachligen Blättern[63] und roten Beeren sieht das immergrüne Gehölz im Schnee wie ein Weihnachtsbaum mit roten Kugeln

62 Das Wort *Ilex* für die Stechpalme ist einer unbekannten alten Mittelmeersprache entlehnt!

63 Auf diese dornige Gestalt der Blätter bezieht sich der lateinische Artname *Aquifoliaceae:* stechendblättrig.

Der Weihnachtsmann und die Stechpalme (Motiv aus der Zeit um 1900).

Wilder Stechpalmenzweig *(Ilex aquifolium)* in einem nordischen, postglazialen Wald.

aus. In Skandinavien hängt man Stechpalmenzweige als Wintergrün für das Julfest auf; sie bringen dem Haus Glück. In England sind sie ein beliebter Weihnachtsschmuck und zieren Grußkarten und Geschenkpapiere. Auch im deutschsprachigen Raum kommen sie vermehrt zur Winterzeit als Topfblumen und Zweige auf den Markt.

Die Stechpalme ist (im Gegensatz zu anderen heimischen immergrünen Pflanzen) nur bedingt frostbeständig und wächst deshalb in gemäßigten Klimazonen Mitteleuropas, vor allem in dem vom Golfstrom begünstigten England. Dort verehrten sie die keltischen Druiden als heiligen Baum. Sie schnitten die Zweige des stacheligen Baumes als Lebensrute. Ihre roten Beeren verkörperten die weibliche Lebensenergie – die weißen Mistelbeeren hingegen den männlichen Samen. Vereint im Ritual der Wintersonnenwende kam beiden immergrünen Pflanzen sozusagen als »mythisches Elternpaar« eine überaus wichtige symbolische Rolle als Garant des im Frühling neu erblühenden Lebens zu.

Auch im römischen Bacchuskult galt die Stechpalme als weibliche Entsprechung zum männlichen Efeu, weshalb Kränze aus beiden Pflanzen zur Zeit der Saturnalien die Haustüren schmückten. Da dies »ein Brauch heidnischer Menschen sei«[64], verbot der Kirchenlehrer Quintus Tertullian diesen Brauch im 2. Jahrhundert n. Chr. Angesichts der anhaltenden Popularität der Stechpalmenrituale blieb die kirchliche Obrigkeit letztlich aber hilflos und verlegte sich daher auf die Flucht nach vorne, das heißt auf ihre christliche Umdeutung: »Der Sage nach erhielt jene Palme, mit welcher der Heiland bei seinem Einzug in Jerusalem begrüßt wurde, Stacheln, zur Erinnerung an den Verrat, der an Christus begangen wurde« (Schöpf 1986: 146). So wurden die dornigen Blätter der Stechpalme zum christlichen Symbol der Dornenkrone und ihre roten Beeren zum Blut Christi.

Nomen est omen – auf den Spuren eines Pflanzennamens

Die Bedeutung der Stechpalme als Sinnbild des ewigen Lebens und der weisen Voraussicht spiegelt sich in ihrem englischen Namen *Holly* wider, das mit *holy*, »heilig«, verwandt ist. Aus dem keltisch-kultischen Pflanzenritual, am Abend der Winter-

64 Zit. nach Laudert 1998: 182.

sonnenwende, dem *Holly day*, Stechpalmenzweige zu sammeln und als Schutz vor Hexerei, Blitzschlag und Tod im Haus aufzuhängen, leitete sich der »heilige Tag« oder »holy day« ab, später profan zum holiday (= freier Tag, Ferien) verkürzt! Man sammelte die Zweige mit den roten Beeren allein in der lichtlosen Mitternacht inmitten eines Waldes. Um sie vom Baum zu schneiden, war ein Blutopfer nötig (Rotwein soll's auch tun). Der Tropfen für die »ältesten und mächtigsten Götter des Landes [England]« (Hyslop und Ratcliffe 1989: 17) wurde an ihren Stamm geträufelt.

Der Ilex steht heute in Deutschland unter Schutz, denn die extensive Nutzung von Stechpalmenzweigen für die Adventszeit und den österlichen Palmsonntag gefährdete den natürlichen Baumbestand in vielen Regionen, zum Beispiel im Bergischen Land und im Teutoburger Wald, wo man ihn noch immer rund um das seit eh und je kultisch bedeutsame Naturdenkmal der Externsteine antrifft. Ihrer Ausrottung wirkten entsprechende Naturschutzabkommen zu Beginn des 20. Jahrhunderts entgegen. Die auf den Britischen Inseln verbliebenen Stechpalmenwälder, »The Hollies«, erachten Pflanzenfreunde daher als botanische Kostbarkeiten.

»Britische Einwanderer in Amerika haben sogar Holly-Plantagen angelegt, damit ihnen der *Christmas Spirit* (Weihnachtsgeist) nicht verloren gehe« (Storl 2000b: 294). So kamen die Anhänger englischer Weihnachtsbräuche auch in der Neuen Welt zu ihrem »Hollywood« – und die Stars und Sternchen zum gleichnamigen Zentrum der US-amerikanischen Filmindustrie. Dass die legendäre Weihnachtspflanze auch »Hollywoodstar«, »Stern des heiligen Waldes« genannt wird, ist in diesem Zusammenhang nicht nur von anekdotischer Bedeutung. Germanische Stämme verehrten den stacheligen immergrünen Baum als eine Erscheinungsform der Liebesgöttin Freia oder Großen Mutter (Ströter-Bender 1994). Ihr war der Freitag, der freie Tag, heilig. Der aus dem Althochdeutschen *huls/hulis* abgeleitete deutsche Name »Hülse« ist etymologisch mit dem englischen Pflanzennamen »holly« verwandt, wie ebenso mythologisch mit Frau Holle – auch Holde, Holda –, die zur Geisterschar des Wilden Heers gehört. Sie ist die in die Geisterwelt abgetauchte volkstümliche Erbin der germanischen Liebesgöttin – womit sich der Kreis zu Freia schließt.

Die Stechpalmenfee, eine Form der Frau Holle (Postkarte: »The Holly Fairy«, Flower Fairies™, ©The Estate of Cicely Mary Barker, 2000).

Vor diesem vielschichtigen symbolischen Hintergrund gebührte dem zur Adventszeit beliebten königlichen Baum die Krone des immergrünen Lebens. Daher auch bekrönen Stechpalmenblätter den Grünen Mann, der als Nachfahre heidnischer Vegetationsgötter in Gestalt anthropomorpher Blattmasken auf romanischen Kapitellen erscheint. Und daher auch zieren zu Kränzen geflochtene glänzend grüne Stechpalmenzweige mit ihren roten Beeren nicht nur aus dekorativen Gründen unsere Eingangstüren und Räume zur Weihnachtszeit.

Volksmagischer Gebrauch

Wie andere immergrüne Pflanzen bannten die zackig-dornigen Blätter des Ilex unheilvolle Kräfte – oder riefen sie herbei: »Nach dem Glauben des Volkes gab es Anzeichen dafür, dass die Hexen die roten Beeren der Stechpalmen brauchen, um Gewitter zu brauen. Diese Beeren waren daher auch wichtige Bestandteile der Hexensalben und des Hexenräucherwerks« (Weustenfeld 1996: 111).

Man nutzte sie daher als Abwehrzauber gegen den nächtlichen Alp- oder Schrattldruck (= Inkubus) und zum Schutz vor Dämonen und Blitzschlag. »Bei einem Hause oder auf dem Landgut gepflanzt, hält die Stechpalme [*aquifolia arbor*] Bezauberungen fern. Pythagoras berichtet, durch ihre Blüte werde Wasser zu Eis, ferner sagt er, ein aus ihr verfertigter Stab, der auf irgendein Tier geworfen wird, aber infolge mangelnder Kraft des Werfenden vorher zu Boden fällt, komme [dem Tier] aus eigener Kraft um eine Elle näher; eine so vorzügliche Kraft wohne dem Baum inne« (Plinius XXIV, 116).

Ebenso bezeugen volkskundliche Quellen die erotische und fruchtbarkeitsfördernde Symbolkraft der immergrünen Lebensrute. So erwähnt ein alter lateinischer Bericht, »dass man den Frauen die Röcke hinten hochhob und sie auf das nackte Hinterteil schlug. Ein Rest des uralten erotischen Brauches, mit der Lebensgerte die Frauen auf den Geschlechtsteil zu schlagen« (Aigremont 1987: I, 51).

Volksbräuche im Zusammenhang mit dem Ilex verweisen auch auf den zuvor schon erwähnten Kamin als Eingangspforte für Geistwesen und Sagengestalten wie den heiligen Nikolaus. »Der Rauchfang galt als der Ein- und Ausgang der Geister und Ahnen. Um diese Pforte sauber zu halten und auch um die bösen Geister, die im Dunklen am Ruß haften, zu vertreiben, bedurfte es eines zauberkräftigen Besens. Noch heute wird in den englischsprachigen Ländern zu Weihnachten der Kamin mit Stechpalmenzweigen geschmückt, damit der Weihnachtsgeist, der ›Christmas Spirit‹ oder ›Old Saint Nick‹, zur Mitternachtsstunde hereinfahren kann, um die Bewohner zu segnen. Es gilt aber als Unglück bringend, wenn man *holly* vor dem Heiligen Abend ins Haus bringt« (Storl 2000b: 294).

Lorbeer, die Pflanze des Sonnengottes Apollo

»(...) nichts brennt auf der Welt mit so
entsetzlichem Prasseln
Wie die Flamme des Baums, der dem
delphischen Phöbus geweiht ist.«
Lukrez, *Von der Natur* VI, 154f.

Wir kennen den Lorbeer (*Laurus nobilis* L., Lauraceae) vor allem als Gewürz deftiger Wintereintöpfe und als Bekränzung ruhmreicher Helden. Ihr Ruhm sicherte ihnen ewiges Gedenken über den Tod hinaus, versinnbildlicht in den immergrünen Blättern der aromatischen Pflanze, die auf die beständige Wiederkehr der Natur nach dürren und frostigen Wintertagen verwies. Dieser symbolische Hintergrund sicherte dem aus dem Mittelmeergebiet stammenden Lorbeer bis in den hohen Norden Skandinaviens eine nicht zu unterschätzende Rolle im Reigen des weihnachtlichen Wintergrüns. In den nördlichen Breitengraden, wo die Sonnenstrahlen im Winter den Horizont nicht erreichen, hängte man Lorbeerzweige zum Julfest ins Haus. Als heilige Pflanze des Sonnengottes, den die Griechen Helios, Apollo und auch Phöbus nannten, brachten seine duftenden, grünen Blätter sozusagen die Sonne ins winterdunkle Heim.

Der immergrüne Lorbeerbaum war den antiken Griechen und Römern heilig. Der aromatische Baum war vor allem dem Apollon, dem Gott der geistigen Ekstase, geweiht. Nach den Mythen verbarg sich dahinter eine bezaubernde Frau oder Nymphe: »Daphne (...) hieß die von Apollo geliebte Nymphe. Sie war eine hübsche, wilde Jungfrau, und als Apollo sie begehrte, flüchtete sie zur Mutter Gaia, die sie in einen Lorbeerbaum verwandelte. Seitdem ist der Lorbeer dem Apollo heilig und diente ihm mit seinem kräftigen aromatischen Duft auch als Mittel zur Reinigung. So erzählt die Sage, dass sich Apollo nach der Tötung des Drachen Python im noch heute lorbeerbewachsenen Tempeltal reinwusch und mit Lorbeer bekränzt als gereinigter Sieger in Delphi einzog. Daher kündet der Lorbeer als Siegeszeichen Ruhm und Ehre an. Auch das älteste Heiligtum des Apollo soll aus Lorbeer-

Daphne verwandelt sich vor den Augen des Sonnengottes Apoll in einen Lorbeerstrauch (Illumination aus *Cod. Guelf.* 277.4 Extrav., Ende 15. Jh.; Herzog-August-Bibliothek, Wolfenbüttel).

zweigen erbaut gewesen sein« (Pausanias 10.5.9). Damit ist der erste, aus dem Holz des Lorbeerbaums erbaute Tempel in der sagenumwobenen antiken Stadt Delphi gemeint. Sein Orakel wurde durch »das Rauschen des Lorbeers« verkündet. Seine prophetischen Priesterinnen, die Pythia genannt wurden, schliefen auf Lorbeerblättern, inhalierten Lorbeerrauch und kauten Lorbeerblätter, bevor sie in Trance verfielen. Auf dem Altar des Apollon wurde Lorbeerholz verbrannt, Tempel und Statuen wurden mit Lorbeerzweigen geschmückt. Der Vorhof des Heiligtums durfte nur mit Lorbeerbesen gefegt werden.

»Durch Räucherung, zusammen mit Thymian und Weihrauch, wird eine rasche und tiefgreifende Reinigung von negativen Einflüssen herbeigeführt. Man glaubte früher sogar, dass der Baum den Blitz abhalten könnte« (Belledame 1990: 89).

Apollo-Räucherung

Man nehme:
4 Teile Weihrauch (Olibanum)
2 Teile Myrrhe
2 Teile Zimt oder Zimtkassie
1 Teil Lorbeerblätter
Alle Zutaten werden zerkleinert und vermischt. Löffelweise auf die Räucherkohle streuen.

Schutzräucherung

2 Teile Lorbeerblätter
1 Teil Thymian
3 Teile Weihrauch (Olibanum)
Alle Zutaten werden grob zerkleinert und vermischt. Löffelweise auf die Räucherkohle geben.

So wie Apollon und Dionysos zusammengehören, so auch ihre botanischen Attribute als unzertrennliches Paar im Wintergrün: der Apollon geweihte Lorbeer und die Efeuranke, die dem Dionysos geheiligt ist.

Efeu, die Ranke der Mänaden

Hedera helix L., Araliaceae, Araliengewächse

> »Die Schlangen, die die Mänaden auf einen Baumstumpf geworfen hatten, wanden sich um ihn und verwandelten sich in Efeuranken.«
> Nonnos, *Dionysiska*

Andere Namen

Abheukraut, Eppich, Ifenkraut, Waldeppich, Wintergrün, Winterpflanze

Wie andere immergrüne Pflanzen wurde die Efeuranke zum Sinnbild des fortdauernden Lebens und war als solche zur Weihnachtszeit bedeutsam. Ihre glänzenden, dunkelgrünen Blätter tauchen in diesem Zusammenhang auf vielen Grußkarten auf und erinnern an die Wiederkehr der im Winter schlummernden vegetativen Kräfte der Natur. In der christlichen Symbolik gemahnten sie an das ewige Leben und an die Auferstehung des Gottessohnes.

Der efeubekränzte, langhaarige, wintergrün gekleidete Wilde Mann ist eine folkloristische Erinnerung an heidnische Götter – Wotan, Dionysos, Blattgesicht – und ein Verwandter oder Ahne des Weihnachtsmanns. Auf diesem Bild trägt er statt einer Rute eine Keule über der Schulter, auf anderen Darstellungen trägt er einen Tannenbaum (»Fastnachtspiele«, Holzschnitt von Pieter Bruegel d. Ä., 16. Jh.).

Der immergrüne Efeu ist weder Kraut noch Baum. Er wächst zuerst auf der Erde, klettert aber spiralförmig, daher der griechische Name *helix*, »Spirale«, am nächstgelegenen Baumstamm empor. Die Efeuliane ist der Schlangengeist, der mit Mutter Erde verbindet, eine schamanische »Himmelsleiter« (STORL 2000b: 327). Der sich um den Stamm windende Efeu kann so übermächtig werden, dass der Baum abstirbt und unter dem Laub des Efeu begraben wird.

Der Efeu war dem ägyptischen »grünen« Vegetationsgott Osiris geweiht. Efeu galt in vielen Kulturen der Antike als Sinnbild der Unsterblichkeit: »Der Unsterblichkeitsglaube haftet an diesem immergrünen Ewig-Laub und Wintergrün, es ist die alle Bäume liebend umfangende Waldmutter (Silva mater); ihre Blätter und ihr Holz hatten nach dem Volksglauben die Wirkung, das Leben zu verlängern und den Siechen neue Lebenskräfte zu geben« (HÖFLER 1990: 55).

Efeu war eine Lieblingspflanze des griechischen Gottes des Rausches, Dionysos, der den Beinamen Kissos, »Efeugott« trug, denn sie barg in sich chthonische (also erdverbundene) Eigenschaften und erinnerte an die kultisch verehrten Schlangen. Der Efeu galt als sicheres Zeichen der Anwesenheit des Dionysos. Es hieß, dass überall dort, wo von Europa bis zum Himalaya Efeu gedeiht, der Gott den Boden mit seinen Füßen befruchtet habe und Efeuranken emporwuchsen.

Die Mänaden (das heißt die »Rasenden«) oder Bakchen/Bacchantinnen (von *bakchos*, »Zweig/Spross« = Dionysos) waren dem Dionysos ergebene Frauen, die temporär einer Art Wahnsinn *(mania)* verfielen, in dem sie angeblich wild schreiend, nackt oder nur mit Efeuranken umschlungen durch die Wälder streiften, in ihrer Raserei Tiere und Menschen bei lebendigem Leib zerfleischten und verspeisten, aber in diesem entrückten Zustand auch die Gabe der Weissagung erhielten: »Die Mänaden drangen in das ursprüngliche, schöpferische Chaos ein, in dessen Mitte jede Ordnung aufgehoben ist und alles neu beginnen kann« (BROSSE 1990: 110). Offensichtlich benutzten die Mänaden einen Trank, um durch diesen in den Zustand dionysischer Besessenheit oder Begeisterung zu geraten. Das Getränk war eine Art Kiefernbier oder Met, der mit Efeublättern versetzt wurde.

Man glaubte, der Efeu könne unfruchtbar machen und eine Art von Wahnsinn hervorrufen. Plutarch sagte, dass der Efeu gewalttätige Geister enthalte, die wahnsinnige Ausbrüche und Krämpfe erzeugen. Efeu könne einen Rausch *ohne* Weingenuss, eine Besessenheit in denjenigen erzeugen, die einen natürlichen Hang zur Ekstase hätten. Wenn dem Wein Efeu zugesetzt wird, so erzeuge dieser ein Delirium, eine Verwirrung, wie sie sonst nur durch Bilsenkraut hervorgerufen werden könne (PLUTARCH, *Römische Fragen* 112). Andererseits sollten Efeukränze wiederum Trunkenheit vorbeugen!

Der Weihnachtsduft: ein Pheromonenhagel

> »In den Pflanzendüften kommuniziert das Universum, die Weltenseele mit uns und anderen Geschöpfen (...) Gerüche sind immer Ausdruck des Seelenhaften.«
> STORL 1996a: 99

Gerüche haben eine äußerst intensive Beziehung zu Erinnerungen, entziehen sich jedoch jedem analytischen Verständnis. Der Geruch »erweckt Gefühle, regt Stimmungen an, führt Gedanken und Wünsche, Geist und Materie auf eine surreale Ebene« (ROVESTI 1995: 45). Jeder kennt die Macht der Gerüche, mit plötzlicher Wucht vergessen geglaubte Erinnerungen ins Wachbewusstsein zu zaubern. Gerüche können extrem psychoaktiv wirken! Denn sie aktivieren Erinnerungen, die versteckt in unserem Erinnerungsspeicher vergraben sind. Deshalb werden Rituale von alters her in allen Kulturen mit besonderen Gerüchen markiert. Diese besonderen Gerüche sollen die Erinnerungen an die jeweiligen Rituale wachrufen und den olfaktorischen Raum der heiligen Zeit signalisieren. So erinnert uns der Weihnachtsduft zeitlebens an das heilige Fest.

Die natürlichen Duftstoffe haben eine Signalwirkung auf unser Nervensystem. Sie steuern nicht nur unsere Erinnerung, unser Denken, unsere Emotionen, sondern sogar unser Sexualverhalten. Die über das Riechen wahrgenommenen Sexuallockstoffe sind heute besser unter dem Namen Pheromone bekannt. Die Pheromone bestimmen unsere Partnerwahl viel mehr als die Optik. Das konnten jedenfalls wissenschaftliche Versuchsreihen deutlich zeigen. Die Duftnote eines möglichen Sexualpartners ist für eine Verbindung wichtiger als das Aussehen. Nun gibt es in der Pflanzenwelt zahlreiche Arten, die Inhaltsstoffe ausbilden, die chemisch identisch oder sehr ähnlich wie die menschlichen Pheromone (Androstenon, Testosteron, Steroide) sind. Und diese pflanzlichen Duftstoffe (Phytosterole) wirken auf uns auch ähnlich wie Pheromone. Viele Aphrodisiaka und Liebesmittel, Räucherungen und Parfüme enthalten solche verführerischen Lock- oder Botenstoffe. Sie sind es, die uns in euphorische Stimmung versetzen, unsere Begeisterung und Laune steigern und unsere Liebesbereitschaft entfachen. »Pheromonähnliche Gerüche machen uns aufgeschlossen und neugierig auf die Dinge, die da kommen sollen, da sie uns unterschwellig auf ein sinnliches Ereignis vorbereiten, auch wenn ein solches weder zu erwarten ist noch eintritt« (WIESHAMMER 1995: 65).

Der »typische« Weihnachtsduft ist voll davon, ein wahrlicher Pheromonenhagel! In fast allen Räucherharzen (Olibanum) und Balsamen sind Phytosterole enthalten. Im Kiefernharz *(Pinus silvestris)* kommen Testosteron und der chemische Abkömmling Androstendion vor. In der Myrrhe gibt es dem Testosteron ähnlich riechende Steroidalkohole. Im ätherischen Öl des Ingwers finden sich die pheromonähnlichen Stoffe Zingeberon und Zingeberol. Im Veilchenduft, der aus der getrockneten Wurzel der Schwertlilie *(Iris pallida)* gewonnen wird, kommt das pheromonartige α-Iron vor, in Kokosnüssen, Walnüssen und Haselnüssen γ-Nonalacton. Pheromonisch wirkende Duftstoffe finden sich in Muskat (Myristicin), Kreuzkümmel (Cuminaldehyd), Kalmus und Haselwurz (Asaron), Safran (Safranal), Sandelholz (α- und β-Santanal), Zimt (Zimtaldehyd, Benzaldehyd, Cuminaldehyd), Anis (Anethol), Vanille (Vanillin, Benzaldehyd). Die Bittermandel *(Prunus amygdalus)* enthält wie Vanille und Zimt Benzaldehyd: »In der Weihnachtszeit ist der Duft der Bittermandelessenz, die ein beliebter Backzusatz ist, fast allgegenwärtig« (WIESHAMMER 1995: 87).

Mittels der chemischen Programmierbarkeit der Psyche über den Geruch bekommt man jeden Weihnachtsmuffel hinterm Ofen hervor.

Der Weihnachtsduft setzt sich aus den Weihnachtsräucherungen, den Weihnachtsgewürzen, den Ausdünstungen des Wintergrüns und der Weihnachtsbäume und speziellen Dufterzeugern (Duftkugeln, Öllampen, Duftkerzen usw.) zusammen. Duftsäckchen oder Potpourris sind vor allem auf den Britischen Inseln beliebt. Sie bestehen aus Mischungen duftender Drogen (also getrockneter Pflanzenteile) und so genannter Schmuckdrogen. Die Schmuckdrogen sind getrocknete Pflanzenteile, die wegen ihrer Farbe oder ihrer Optik Potpourris oder auch Teemischungen und Räucherungen meist aus ästhetischen Gründen, manchmal auch aufgrund ihrer Symbolik hinzugefügt werden. In England mischt man für alle erdenklichen Zwecke Duftsäckchen, natürlich auch für Weihnachten.

Auf dem europäischen Kontinent werden Duftkugeln bevorzugt. Dazu werden Apfelsinen, die »Goldenen Äpfel der Hesperiden«, mit Gewürznelken gespickt. Der Name der Gewürznelken oder Nelken ist abgeleitet von Nägelein: Das Wort bezieht sich auf die Nägel, mit denen Jesus ans Kreuz genagelt wurde. Für unsere weihnachtliche Duftkugel steckt man die Nelken einfach in die Orangeschale, die man in Linien und Mustern anbringen oder mit denen man die ganze Apfelsine bedecken kann. Die Duftkugel kann man zusätzlich mit einem Gewürzpulver aus Zimt (2 Esslöffel), Muskatblüte (eine Prise) und Iriswurzel (1 Teelöffel) bepudern (FRONTY 2002: 16). Solche Nelken-Orangen-Duftkugeln verbreiten einen intensiven Duft. Die Mischung aus dem ätherischen Öl der Nelke und den Essenzen in der Orangenschale hat einen eigenen Charakter, der für viele Menschen *der* klassische Weihnachstduft ist. Das Aroma aus den zwei Komponenten ist eine perfekte Komposition, die sich aus der »Chemie« zwischen phallischer Nelke und penetrierter Orangenschale erschließt. Schon im alten China benutzte man mit Gewürznelken bespickte Orangen zur Raumluftverbesserung.

Nelken sind ein wesentlicher Träger weihnachtlicher Düfte. Das typisch winterlich-weihnachtliche Aroma von Glühwein wird vor allem durch die Nelken geprägt. Sie gehören als fester Bestandteil in viele weihnachtliche Potpourris und Duftsäckchen, Räucherungen und Räucherkerzen, Rauchtabake, Knastermixturen und Schnupftabake, Speisen (Braten, Gebäck) und Getränke (Tee, Kakao, Weihnachtsbier, Glühwein, Punsch, Met, Kräuterschnäpse), Latwergen (Theriak, Laudanum) und Elixiere.

Nostalgia Woodland-Duftsäckchen: Weihnachtsblock aus Eichenholz, Kiefern, Lärchen und Stechpalme – eine ganze weihnachtsbotanische Gesellschaft (aus England, um 2001).

Wie man heutzutage in gut sortierten Teeläden, Naturkostgeschäften und Reformhäusern fertige, parfümierte Mischungen von schwarzem oder grünem Tee mit exotischen Gewürzen unter Bezeichnungen wie »Weihnachtstee«, »Advendstee« oder »Winterzauber« kaufen kann, werden im Duftstoffhandel zunehmend Kompositionen aus ätherischen Ölen verschiedener Pflanzen zur Verbreitung weihnachtlicher Düfte angeboten. So besteht eine fertige »Weihnachtsmischung« laut Etikett zum Beispiel aus den ätherischen Ölen von *Citrus nobilis* (King Orange), *Eugenia caryophyllus* (Nelken), *Citrus dulcis* (Orange), *Cinnamomum zeylanicum* (Zimt). »Glück im Winter« ist aus den Essenzen von Weihrauch, Tanne, Tuberose, Iris und Limette komponiert.

Man kann sich auch selbst einen individuellen Weihnachtsduft herstellen, indem man aus ätherischen Ölen eigene Mischungen macht. Dazu eignen sich besonders die Essenzen von Nelken, Weihrauch (Olibanum), Benzoe (ist besonders erheiternd!), Myrrhe, Zimt, Citrus, Bergamotte und

Limette, Muskat und Macisblüte, Kardamom, weißes Sandelholz, Tanne, Kiefern (Pinien), Fichten (besonders die Sibirische Fichte), Palmarosa *(Cymbopogon martinii)*, Rosenholz *(Ocotea caudata)*, Veilchen (Iris), Vanille, Nachthyazinthe (Tuberose). Diese ätherischen Öle kann man im Duftstoffhandel, in Apotheken oder Drogerien erwerben; echte ätherische Öle, die aus natürlich gezogenen Pflanzen destilliert wurden, können sehr teuer sein, besonders im Apothekenhandel. Dieser garantiert aber auch die natürliche Herkunft und pharmazeutische Qualität. In Indienläden und Teehandlungen werden oft die viel billigeren synthetischen Surrogate verkauft.

Das Mischen von ätherischen Ölen ist eine Kunst für sich. Denn die Duftstoffe verhalten sich bei verschiedenen Mischungsverhältnissen oft ganz anders, als man erwarten würde. Aber das Experimentieren mit den Essenzen der Natur kann in den langen und unwirtlichen Winternächten große Freude bereiten. Dabei gilt als Grundregel: Weniger ist mehr!

Olibanum Eritrea, Harztränen (»Schweiß der Götter« oder »Tränen der Götter«) vom Echten Weihrauchbaum *(Boswellia sacra)*. Der Gebrauch von Olibanum (Thus, Incensum) wurde in Griechenland/Rom um 500 v. Chr. eingeführt.

Weihrauch für die geweihten Nächte

> »Räucherwerk ist die Essenz des Lebens,
> der Duft des Geistes.«
> Arvigo und Epstein 2001: 65

Unser Wort Weihnachten leitet sich von dem mittelhochdeutschen *wîhenaht* ab und ist erstmals für die zweite Hälfte des 12. Jahrhunderts, also der Zeit Hildegard von Bingens, belegt. Das althochdeutsche Verb *wîhen* wurde aus dem Adjektiv *weich*, »heilig«, das im 16. Jahrhundert ausgestorben ist, abgeleitet. Weihrauch geht zurück auf mittelhochdeutsch *wî[h]rouch* und althochdeutsch *wîhrouch* mit der Bedeutung »heiliger Rauch«. Das bedeutet, dass Weihrauch ein essenzielles Element im Weihnachtsritual darstellt.

Das deutsche Wort Weihrauch bedeutet in erster Linie Rauch zum Weihen oder Rauch, der geweiht ist. Im Speziellen ist damit der aromatische Rauch gemeint, der sich beim Verbrennen oder Verglühen eines Räucherstoffs, also einer Substanz, die zum Zweck des Rauches durch Feuer transformiert wird, im Raum verbreitet. Im modernen Sprachgebrauch ist Weihrauch meist gleichbedeutend mit Räucherstoff oder Räucherwerk. Meist wird das Wort aber mit den Räucherstoffen der katholischen Kirche assoziiert, obwohl das Räuchern ganz archaisch in allen Teilen der Welt vonstatten ging. Manchmal wird mit Weihrauch jedes zum Räuchern geeignete Harz bezeichnet. Dann gibt es noch den Echten Weihrauch, womit gewöhnlich das Olibanum gemeint ist, das bedeutendste Räucherharz des Altertums.

Der Gebrauch von Weihrauch ist keine Erfindung der christlichen Kirche. Räuchern ist etwas allgemein Menschliches, ein archaisches Handeln, das Menschen aller Zeiten entdeckt, weiterentwickelt und geschätzt haben. Im Himalaya erzählten uns die Schamanen, dass ihre Ahnen, die ersten Schamanen, vor etwa 60000 Jahren das Räuchern als wesentliches Element in den Schamanismus einführten. Überall, wo es noch letzte Reste der archaischen schamanischen Kultur gibt, berichten die Schamanen das Gleiche: Die von ihnen benutzten Räucherstoffe wurden von den Urschamanen entdeckt oder ihnen von den Götterboten gezeigt. Überall in schamanischen Kulturen trifft man auf dasselbe Konzept: Der vom Feuer befreite Rauch trägt die Seele des Räucherstoffs in die Anderswelt, in die Welten der Götter und Göttinnen. Der heilige Rauch verwandelt sich in göttlichen Nektar, das »Nahrungsergänzungsmittel« der Göttlichen, ihr liebstes Getränk, ihre Götterspeise, die sie brauchen, um nicht zu altern, ganz wie die »Goldenen Äpfel« der Idun oder Freia.

Die Göttlichen sind aber ebenso auf die Gunst der Menschen angewiesen wie die Menschen auf die der Götter. Im schamanischen Kosmos gibt es keinen einen und einzigen Gott, der zornig und rächend sein »auserwähltes Volk« kontrolliert und straft. Dort geht es ökologisch zu: Alles ist von Bedeutung und in mehr oder weniger komplexen Beziehungen voneinander abhängig.

Räuchern ist ein Ausdruck von Geben und Nehmen, von Austausch, von Gegenseitigkeit; ein ökologisches Muster, ein geistiger Prozess, Bewusstwerdung, Bewusstseinsbildung, Bewusstseinsökologie; ein Bewusstheitsritual.

Das Entzünden von Räucherwerk gehört zu den ältesten rituellen Praktiken der Menschheit. Schamanen versetzten sich mit dem aufsteigenden Rauch bestimmter Hölzer, Harze und Blätter in Trance, Seherinnen inhalierten den Rauch von bewusstseinsverändernden Stoffen, um in Ekstase zu verfallen. Priesterinnen und Priester verbrannten Harze, um den Kontakt mit den Göttern und Göttinnen herzustellen. Mit Weihrauch wurden Dämonen beschworen oder vertrieben; Bauwerke wurden geweiht und gereinigt; Kranke und Besessene wurden mit köstlichen Düften oder stinkenden Gerüchen beräuchert. Dem aromatischen Rauch wurden magische oder medizinische Eigenschaften zugeschrieben; er wurde bestimmten Gottheiten und Planeten zugeordnet. In Skandinavien werden die Kinderbriefe an den Weihnachtsmann im Kaminfeuer verbrannt, weil nur so die Botschaft mit dem Rauch den Weihnachtsmann erreicht.

Die Rauhnächte-Räucherungen erfüllen die meisten der hier genannten Zwecke: Sie stellen den Kontakt zur Anderswelt her, zu den Göttern und Göttinnen, weisen der Wilden Jagd ihren Weg, speisen die Ahnen und Totenseelen, halten Dämonen (»Teufel«) und negative Schamanen (»Hexen«, »Zauberer«) fern, verbessern die hygienischen Ver-

Der Rauch oder Dampf, der aus dem Räucherkelch aufsteigt, kann verborgene Botschaften enthalten. Der heilige Rauch wird manchmal »Zigaretten für die Götter« oder »das Gehirn des Himmels« genannt.

Eine Fee, ein Wesen aus der Anderswelt, entsteigt der Räucherung (Radierung von Moritz von Schwind zum *Album vom Rauchen und Trinken*, 1844).

hältnisse in Haus und Hof, verhindern die Ausbreitung von ansteckenden Krankheiten, erzeugen ein rituelles, »heiligendes« Gefühl. Kurzum: Sie markieren Zeit und Raum in den »rauhen« Zwölf Nächten und signalisieren die Weihnachtszeit.

Räuchern unterm Weihnachtsbaum

> »So ist denn auch, was das Weihnachtsfest so ›gemütlich‹ erscheinen lässt, in erster Linie der Umgang mit dem Feuer.«
> Appleton 2002: 53

Räuchern hat mit Feuer zu tun! Das sollte man niemals vergessen, vor allem nicht, wenn die Nadeln und das Wintergrün von der häuslichen Heizungsluft getrocknet sind. Schnell steht ein Baum oder Kranz in prasselnden Flammen.

Wie kann man also in einer potenziell gefährlichen Atmosphäre räuchern – zum Zweck der Besinnlichkeit und des pheromonalen Genusses statt für eine heimische Feuersbrunst, die der Götter Ende dämmern lässt? Das Sicherste wäre wahrscheinlich, auf das Räuchern zu verzichten und einfach ein paar Tropfen ätherischer Öle zu verspritzen oder zu verdampfen, ein Weihnachts-Raumdeodorant zu versprühen oder mit Gewürznelken bespickte Orangen auszustellen.

Aber der schöpferische Mensch hat relativ sichere Wege gefunden, die eigene Stube zu durchräuchern. Er stellt feuerfeste Räucherkelche und Weihrauchfässer oder Glutpfannen mit glühender Holzkohle gefüllt auf feuerfeste und hitzebeständige Unterlagen. Wem selbst diese Methode für das Wohnzimmer zu gefährlich ist, kann auf kommerzielle Räucherkohlen aus salpetergetränkter, zu dicken Scheiben mit einer Einbuchtung gepresster Holzkohle zurückgreifen.[65] Sie werden, in der Hand gehalten, mit einem Streichholz oder Feuerzeug entzündet und sogleich in einen kleinen Räucherkelch gelegt. Die Kohle knistert zunächst und glüht nach einigen Minuten durch. Erst wenn sie vollkommen glüht, wird die Räuchermischung, am besten mit einem Perlmuttlöffel, in kleinen Portionen darauf gestreut. In jedem Fall aber sollte man die glühende Kohle nicht unbeobachtet lassen und sie für Kinder unzugänglich machen.

Ziemlich harmlos ist der Gebrauch von kommerziellen Räucherstäbchen. Sie sind meist von minderer Qualität, billig und mit synthetischen Aromen getränkt. Es gibt davon auch einige Sorten, die »Weihnacht« heißen. Sie lösen jedoch kaum weihnachtliche Assoziationen aus, sondern erinnern eher an Teenager-Feten, Technopartys und Musikfestivals.

Ganz anders verhält es sich mit den Räucherkerzen und Räuchermännle aus dem Erzgebirge. Sie sind in erster Linie für das Weihnachsfest entwickelt worden. Die Räucherkerzen sind keine Lichterkerzen, sondern kleine spitze Kegel oder Zylinder, die aus unterschiedlichen Mischungen von Harzen (Olibanum, Benzoe, Storax, Myrrhe, Perubalsam), Kräutern und Hölzern (Thymian, Rosmarin, Lavendel, Aloeholz, Rosenblätter, Sandelholz, Zeder), Gewürzen (Nelken, Zimt, Kaskarille, Muskat, Lorbeer), ätherischen Ölen (Jasmin, Rose, Orangenblüte), animalischen Duftstoffen (Ambra, Moschus, Zibet), Holzkohle (Weidenkohle, Sägemehl von Lindenholz), Salpeter und Bindemitteln (Drachenblut, Gummi Arabicum, Tragant) bestehen; vornehmlich also aus exotischen Zutaten. Von den einheimischen Räucherstoffen werden vor allem Wacholder, Fichtenharz und Tannenharz verwendet. Zu DDR-Zeiten reduzierte sich wegen wirtschaftspolitischen Beschränkungen der »Weihnachtsduft« aus dem Erzgebirge auf Mischungen von Harzen aus Vietnam und Sumatra, Lavendelblüten aus dem Balkan, Fichtennadelöl aus Sibirien, heimisches Fichtenharz und südamerikanische Tonkabohnen (Hinrichsen 1994: 59).

Die Räucherkerze wird an der Spitze entzündet in den Hohlkörper des Räuchermännle gestellt, am besten auf eine Alufolie. Das Holz fängt gewöhnlich nicht einmal Feuer, wenn eine glühende Räucherkerze umfällt und das Holz direkt berührt.

65 Es gibt im Handel auch »Natur Pur Räucherkohle«, handgepresst aus 100% natürlichen Kräutern und Hölzern, ohne Zusatz von Salpeter. Sie sind meist schwer entzündbar und glühen nur sehr langsam durch.

»Weihnachtsduft« (Knox® Räucherkerzen, Dresden), leider ohne Angaben zur Rezeptur. Trotz der auf der Verpackung garantierten »uralten Überlieferungen« riechen diese Räucherkerzen wenig weihnachtlich.

»Aus Tradition«: Räuchermännle als grüner Weihnachtsmann mit Knasterpfeife auf der Verpackung der weihnachtlichen Räucherkerzen aus Weihrauch und Myrrhe (Verpackung der Firma Knox, um 2001).

Rübezahl

In Südtiroler Sagen ist vom so genannten Wilden die Rede (Fink 1983: 144), einem riesigen, Ehrfurcht einflößenden Waldmann, der mit wallendem Bart, weitem Schlapphut und einer Stimme, so tief wie Donnergrollen, beschrieben wird. Wer mit der germanischen Mythologie vertraut ist, erkennt darin unschwer Wotan, den Wanderer mit tief in die Stirn gezogener Hutkrempe. Die Beschreibung, dass er Bäume ausreißt, das Wetter bestimmt und den Schwachen hilft, den Hochmütigen aber schadet, verweist auf den schlesischen Berggeist Rübezahl – der die Rüben zählt. Auch in dieser Sagengestalt des Riesengebirges lebt der alte Germanengott weiter. In Erinnerung an die von Wotan angeführte Wilde Jagd wurde in Südtirol einer Sage nach auch Sankt Martin am Martiniabend (dem 11. November) auf einem schnaubenden Schimmel durch die Lüfte reitend gesehen. An diesem Tag beschließen die Bauern ihr Arbeitsjahr und opfern dem heiligen Martin (oder noch immer Wotan?) neben Käse, Wolle und Brot auch Flachs, die in Bergregionen als die ältesten Opfergaben gelten (Fink 1983: 238). Sogar der heilige Nikolaus mit seinem Knecht Ruprecht oder dem im Alpenraum bekannten Krampus steht in Verbindung mit dem germanischen »Schimmelreiter« und dem Gefolge der Wilden Jagd. So stellt man seinem Schimmel oder Esel Hafer oder Heu vor das Haus. Verblüffenderweise wurde das »Nigglasgehen« – der Umzug des Heiligen mit seinen düsteren Gesellen von Haus zu Haus – in Tirol von Behördenseite in den letzten Jahren untersagt, während der Krampuskult mehr und mehr in den Vordergrund trat (Fink 1983: 346).

Rübezahl, Stammvater der Räuchermännle (Holzschnitzerei aus dem Riesengebirge, Foto: Widmann, vor 1942; Tafel IV in Peuckert 1978: 97).

Räucherungen für die Rauhnächte

> »Geräuchert wurde bei uns vor allem mit Beifuß, Wacholder, Tannen- und Kiefernharz und auch getrocknetem Tannen- und Kieferngrün, Sumpfporst und Bernstein – sicherlich waren auch einige Krümel getrockneter Fliegenpilz und Hanf dabei.«
> NAUWALD 2002: 36

Mit Rezepten für Räucherungen verhält es sich ganz so wie mit Kochrezepten. Auch bei genauester Beachtung der Rezeptur kann das Ergebnis unbefriedigend und vor allem unerwartet sein. Deshalb sollte man Rezepten misstrauen, das heißt, sie nicht allzu ernst nehmen, sondern nur als Hinweise betrachten. Denn das Ergebnis eines Rezepts ist nicht die Kombination der abstrakten Zutaten, sondern ergibt sich aus der Qualität der einzelnen Ingredienzien. Als Räucherkünstler sollte man deshalb immer eine gewisse künstlerische Freiheit mit einberechnen, schöpferisch tätig werden und Neues erkunden. Da die Beschäftigung mit Räucherei eine Methode der Naturerfahrung ist, sind alle Experimente diesbezüglich wertvoll, denn so lernt man ganz sinnlich mehr über die Natur.

Ob man beim Räuchern psychoaktive Effekte verspürt oder nicht, hängt ganz von der Dosis ab. Beim Räuchern muss auch nicht notwendigerweise ein angenehmer oder köstlicher Geruch entstehen. Manche Räucherungen stinken so, dass sogar Hexen und Teufel Reißaus nehmen!

Liste der Zutaten für Räucherungen für die Rauhnächte

Bernstein, gemahlen (Succinum)
Tannenharz
Fichtenharz (Wilder Weihrauch)
Fichtennadeln, getrocknet
Kieferngrün
Kiefernharz
Wacholderspitzen
Wacholderbeeren (Weiheicheln, Knistebeeren, Heilige Beeren)
Wacholderharz (Deutscher Sandarak)
Stechwacholder *(Juniperus oxycedrus)*
Stinkwacholder (Sadebaum, Sevenbaum)
Eibennadeln
Fliegenpilz, getrocknet
Hanfblüten (Marijuana)
Sumpfporst (Wilder Rosmarin)
Rosmarin
Lavendel
Lorbeerblätter
Beifußkraut
Mariengrass (Sweetgrass, Freiagras, Vanillegras)
Quendel oder wilder Thymian (*Thymus serpyllum* L.)
Thymian (Weihrauchrinde)
Eschenholz
Olibanum (Echter Weihrauch)
Speik
Baldrian

Die immergrünen Zweige des Sadebaums oder Stinkwacholders *(Juniperus sabina)* sind eine wichtige Zutat zu den Rauhnächte-Räucherungen.

Nordischer Weihrauch für die Rauhnächte

Man nehme gleiche Teile von:
Wacholderbeeren *(Juniperus communis)*
Beifußkraut *(Artemisia vulgaris)*
Fichtenharz *(Picea abies)*
Eibennadeln *(Taxus baccata)*
Die Wacholderbeeren werden zerquetscht und mit dem zerkleinerten Fichtenharz gut vermischt. Die zerkleinerten Beifußblütenstände werden damit zusammen verknetet. Zum Schluss vermengt man alles mit den zerkleinerten Eibennadeln. Nach Belieben kann man dem Gemisch noch etwas zerstoßenen Bernstein, Hanfblüten *(Cannabis sativa)* und Bilsenkraut *(Hyoscyamus niger)* zufügen.
Teelöffelweise auf die Räucherkohle geben. Es knistert angenehm ... eine sehr schöne Räucherung!

Räucherung für die Rauhnächte

Man nehme in etwa gleiche Teile von:
Picea abies (Fichtenharz), zermörsert
Juniperus communis (Wacholderbeeren), ganz
Artemisia vulgaris (Beifußkraut), geschnitten/abgestreifte Blütenstände
Hierochloë odorata (Mariengras)[66]
Alles vermischen und in kleinen Gaben (z.B. teelöffelweise) nach und nach auf die glühende Räucherkohle geben.

»Zwölf Heilige Nächte«

(Räucherung nach Fischer-Rizzi 2001: 48):

Jede Ingredienz steht für eine der zwölf Nächte!

1	3 Teile	Weihrauchharz (Olibanum)
2	1 Teil	Mastixharz
	2 Teile	Kräuterbüschelmischung, bestehend aus:
3		Beifuß
4		Eisenkraut
5		Salbei
6		Königskerzenblüten
7		Melisse
8		Alantwurzel
9		Johanniskraut
10		Schafgarbe
11		Minze
12		Kamille

Die Kräuter werden zerkleinert und mit den Harzen vermischt. Die fertige Mischung nach und nach auf die Räucherkohle geben.

Der Sumpfporst (*Ledum palustre* L., Ericaceae) ist botanisch mit dem Rhododendron und der Alpenrose verwandt und gehört zu den alten nordischen Ritualpflanzen. Die Pflanze heißt auch Tannenporst oder Wilder Rosmarin; ihr Kraut wird genauso wie Rosmarin oder Tannenlaub geräuchert. Die Germanen benutzten den Sumpfporst als Bierzusatz. Hopfen war ihnen unbekannt; das gehopfte Bier ist eine Erfindung christlicher Mönche.

Räucherung für die Rauhnächte

(nach Nana Nauwald, 2002; ohne Mengenangaben, frei zum Improvisieren)

Bernstein, gemahlen
Fichtenharz
Fichtennadeln, getrocknet
Wacholderspitzen
Fliegenpilz, getrocknet
Hanfblüten
Lorbeerblätter
Beifußkraut

66 Das duftende Mariengras hieß in heidnischer Zeit »Freiagras«; es ist auch unter dem als Mariengras Namen *Sweetgrass* bekannt. In Zöpfe geflochten ist es eines der bedeutendsten Räuchermittel nordamerikanischer Indianer. Im christianisierten Mitteleuropa wurde das Gras wegen seines Wohlgeruchs Maria geweiht und zum Umkränzen von Marienbildern benutzt.

Julräucherung (Yule)

Gleiche Teile von:
Pinie (Kiefernharz, *Pinus* spp.)
Juniper (Wacholder, *Juniperus communis*)
Cedar (Lebensbaum, *Thuja* spp.)
Diese Räucherung ist für alle Winterriten geeignet; auch das Haus kann damit ausgeräuchert werden, aber nur vom 1. November bis zum 21. März, also von Samhain oder der Seelenspeisung bis zur Frühlings-Tagundnachtgleiche (nach Cunningham 1983: 120).

Heidnische Weihnachtsräucherung

Man nehme gleiche Teile von:
Wacholdernadeln *(Juniperus communis)*
Beifußkraut *(Artemisia vulgaris)*
Fichtenharz *(Picea abies)*
Sumpfporstkraut *(Ledum palustre)*
Die Kräuter werden zerkleinert und mit dem zerstampften Fichtenharz gut vermischt. Teelöffelweise auf die Räucherkohle geben.

Wacholder

Juniperus communis L., Cupressaceae, Zypressengewächse

> »Durch nichts wird die Stubenluft so gut
> geräuchert
> als durch das Verbrennen von Wacholderholz.«
> Perger 1864: 346

Andere Namen

Feuerbaum, Juveniperus, Kaddig, Krammetsstrauch, Kranabit, Kranawitterstrauch, Kranewitt (= Kranichholz), Kromvedstrauch, Kronawit, Machandel, Martinsgerte, Mirtesgarden, Quackelbusk, Queckholder, Quekholder (mhd.)[67], Quekolder, Quickholder, Rauchholter (= Räucherstrauch), Rauchkraut, Reckholder, Wecholter (mhd.), Weckholder, Wehhal (ahd.), Wodansgerte

Der immergrüne Wacholder ist eine der bedeutendsten Pflanzen der Weihnachtsbotanik. Seine Zweige dienen als Wintergrün, als Lebensrute[68], als Kräuterbüschel und Amulette; seine Zweigspitzen, Beeren und das Harz als Räucherwerk; die Beeren als Gewürz, Bierzusatz und Maische für Schnaps (Gin, Genever); sein Holz für Knaster- und Sonntagspfeifen sowie für Scheiterhaufen.
Im Mittelalter wurde der Wacholder als »falscher Weihrauch« bei ansteckenden Krankheiten geräuchert. Der Rauch galt auch als Schutz vor Ansteckungen und giftigen Schlangen. Im Engadin wird die Milch zwecks Konservierung durch Wacholderzweige gesiebt. Bis in die Neuzeit hinein wurden in der Schweiz Schulräume und Krankenhäuser mit Wacholder ausgeräuchert, um die Räume zu desinfizieren, wenn es draußen zu kalt war, um die Fenster zu öffnen. Im späten Mittelalter wurde der Wacholder als Gegenbild des Paradiesbaums be-

Wegkholder (= Wacholder, Juniperus) (Holzschnitt aus Brunfels 1532).

67 Von mhd. *quech* = lebendig, immergrün; *ter* oder *der* = Baum, also »Immergrüner Baum«.
68 »Im Vogtlande und am ganzen sächsischen Erzgebirge peitschen die Burschen die Frauen und Jungfrauen am zweiten Weihnachtstag, womöglich wenn sie im Bette liegen, mit Wacholderruten« (Aigremont 1987: I, 52).

trachtet und galt als Symbol der Lebenskraft Christi und der Überwindung des Todes. Wacholderbeeren werden auch heute noch in armen Kirchen im slawischen Osten als Weihrauchersatz benutzt.
Das Wacholderharz wurde »deutscher Sandarak« genannt und als Ersatz für Olibanum verwendet. Den Blütenstaub des Wacholders nannte man »Blütenrauch«. Auch die Wacholderbeeren, die im Volksmund bisweilen »heilige Beeren« oder »Weiheicheln« heißen, wurden geräuchert. In deutschsprachigen Landen räucherte man damit bei verschiedenen Krankheiten und Leiden wie Seitenstechen, Rheuma, Asthma, Brustschmerzen, Schlafsucht, Schwermut und »Aberwitzigkeit«. Der Wacholderrauch soll auch vor bösen Geistern, Hexen, Kobolden, Druden und dem Teufel schützen. Ganz ähnlich wurde der Wacholder in England verwendet: »Im Mittelalter hat man die Beeren bei Begräbnissen verbrannt, um die etwas weniger greifbaren Feinde fernzuhalten – Geister und Teufel, die auf der Lauer liegen konnten. Grüne Zweige wurden verbrannt, um Hexen auszuräuchern und die dunklen Mächte zu vertreiben, während man zum Beispiel in Wales den Wacholderbaum als heilig betrachtete und fürchtete, dass die Verletzung oder der Tod des Baumes auch in die Familie Krankheiten und Tod bringen würde« (Drury 1989: 90).[69]

Wecholderbaum (= Wacholder, Juniperus) (Holzschnitt aus Lonicerus 1679: Kap. 25).

Das Räuchern mit Wacholder *(Juniperus recurva)* gehört seit ältesten Zeiten weltweit zu schamanischen Ritualen (Kalinchok, Nepal).

69 »Kohlen von Wacholderholz wurden häufig auf den Begräbnißplätzen der Germanen gefunden, denn es gehörte zu jenen geheiligten Hölzern, mit denen sie ihre Todten verbrannten« (Perger 1864: 350).

»Neunerlei«: Weihrauch für Weihnachten

> »Die Wurzeln der Kräuterweihe reichen weit bis zu den Urmysterien der Menschheit zurück. Als vorchristliches Natur- und Erntedankfest fand es Eingang in den kirchlichen Marienkult.«
> ABRAHAM und THINNES 1995: 146

Der Rauch des Räucherwerks steigt gen Himmel; er verbindet Erde und Himmel, mehr noch, er verbindet die neun Welten des Weltenbaums mit dem Räuchernden. Ein spezieller Weihrauch wird dafür im deutschen und Schweizer Volkstum geräuchert: »Die vier Rauchnächte, nämlich die Nacht vor dem Thomastag und die drei Nächte vor Weihnacht, Neujahr und Dreikönig, sind voll Schauer und Geheimniß, da haben alle Gespenster Macht und alles Böses findet freien Spielraum. Die Rauchnächte erhielten ihren Namen dadurch, weil bei ihrem Hereinbrechen der Geistliche nach dem Abendläuten, eine Glutpfanne in der Linken tragend, das ganze Haus mit Weihrauch ausräuchert, um es vor allen dämonischen Einflüssen zu behüten (...) wodurch alle Hexen und Druden abgehalten und Vieh und Früchte geschützt wurden. Auch die neunerlei Kräuter benützt man in den Rauchnächten, indem man von jedem derselben etwas in die Betten und in die Borne legt, aus welchen Pferde und Rinder gefüttert werden, oder man mengt diese Kräuter mit Wacholderbeeren und Weihrauch, wirft sie auf die Glutpfanne und räuchert damit das ganze Haus, doch erst wenn die Kühe gemolken und die Pferde gefüttert sind, denn nach dem Räuchern darf niemand in den Stall gehen« (PERGER 1864: 54).

In den heiligen Zeiten (Weihnachten, Rauchnächte, Neujahr, Dreikönig) werden die neunerlei »Weihkräuter« geräuchert. Für jede der neun Welten eines.

Dreimal drei Welten, drei Oberwelten, drei Mittelwelten und drei Unterwelten, ergeben die schamanische Kosmologie. Verbunden werden sie durch den Weltenbaum.

Den neun Welten und ihren neun Bewohnern wurden neun Kräuter geweiht. Der angelsächsische Neunkräutersegen (= Neunschoen), der im 11. Jahrhundert aufgezeichnet wurde, beschreibt die neunerlei Kräuter, die Wotan als magische Medizin benutzt: den Beifuß, das »Älteste der Kräuter«; den Wegerich, die »Mutter der Pflanzen«; die Stune, die »den Bösen verjagt«, vermutlich das Herzschötchen (*Thlaspi arvense* L., Cruciferae) oder das Acker-Täschelkraut; den Attorlathe, ein Wurmfarn oder Wurmkraut; die Kamille; die »Werguhe« (vielleicht Wegwarte?); den Apfel, den Kerbel und den Fenchel:

»Diese neun mögen gehen gegen neun Gifte.
Eine Schlange kam gekrochen, sie zerriss einen Menschen:
Da nahm Wodan[70] neun Wunderzweige,
erschlug da die Schlange, dass sie in neun Stücke zerfloh.
Da vollbrachte der Apfel und sein Gift,
dass sie nie mehr zu einem Hause kommen wollte ...
Nun haben diese neun Kräuter Macht gegen neun böse Geister,
gegen neun Gifte und gegen neun ansteckende Krankheiten ...«[71]

Im Volkstum und im Brauchtum lebt der Neunkräutersegen im »Neunerlei Buschen« oder in der »Neunerlei Weihung« fort. Verwendet werden dafür:

1 Königskerze
2 Johanniskraut
3 Schafgarbe
4 Baldrian
5 Tausendgüldenkraut
6 Arnika
7 Kamille, Thymian oder Frauenmantel
8 Wermut, Meisterwurz oder Augentrost
9 Pfefferminze, Basilikum oder Salbei

Die ersten sechs Kräuter sind feste Bestandteile des Neunkräuterbuschen. Die letzten drei können in ihrer Zusammenstellung variieren. Manchmal

70 »Als heilender Zauberer tritt W.[otan] im altengl. Neunkräutersegen auf« (SIMEK 1984: 466).
71 Auszug aus dem angelsächsischen Neunkräutersegen nach SELIGMANN 1996: 28f.

Die Eberwurz (*Carlina acaulis* L., Compositae), im Volksmund zu Recht Silbersonne genannt, sieht wie ein Weihnachtsstern aus. Die Pflanze sollte nicht nur vor Blitzschlag schützen, sondern auch als Aphrodisiakum und Liebeszauber wirken: »neun Blätter der Eberwurz sollten die Kraft von neun Männern verleihen« (Hiller 1989: 208). »Die Burschen erhofften sich bei einem Mädchen die Erfüllung aller ihrer Wünsche, wenn sie Eberwurz und Baldrian in rotem Wachs bei sich trugen« (Hiller 1989: 24).

werden an ihrer Stelle Holunder, Getreide, Haselnuss, Vogelbeere, Flachs, Schilf oder Rosmarin benutzt. Diese Kräuterbüschel dienen der Segnung, als Apotropäum und als Räucherwerk.

Neunerlei-Kräuter-Weihrauch für die Rauhnächte

Der alte germanische Pflanzenzauber der »neunerlei« Kräuter besteht aus folgenden Pflanzen:
Odinskopf (Alant), *Inula helenium* L.
Hirschkraut (Wasserdost), *Eupatorium cannabinum* L.
Baldrian (= Wielandswurz), *Valeriana officinalis* L.
Beifuß, *Artemisia vulgaris* L.
Eberraute, *Artemisia abrotanum* L.
Wermut, *Artemisia absinthium* L.
Echtes Labkraut, *Galium verum* L.
Alpranken (Bittersüß), *Solanum dulcamara* L.
Rainfarn, *Tanacetum vulgare* L.
Von diesen neun Kräutern werden die Blüten gesammelt und zu gleichen Teilen vermischt. Dazu gibt man Wacholderbeeren (auch »heilige Beeren« oder »Weiheicheln« genannt) sowie »Weihrauch« = Olibanum (Perger 1864: 45, 347).

Auch »zum Brauen der Gewitter brauchten die Hexen neunerlei Kräuter, nämlich: Alant, Marienbettstroh, Eberraute, Beifuß, Wermuth, Baldrian, Alpkraut, Alpranken und Rainfarn« (Perger 1864: 71).

Räucherwerk aus neunerlei Kräutern zum Wetterzauber

Man nehme gleiche Teile von:
Alant, *Inula helenium* L.
Marienbettstroh, diverse Kräuter, speziell Quendel (*Thymus serpyllum* L.) oder Labkraut (*Galium verum* L.)
Eberraute, *Artemisia abrotanum* L.
Beifuß, *Artemisia vulgaris* L.
Wermut, *Artemisia absinthium* L.
Baldrian, *Valeriana officinalis* L.
»Alpkraut«, *Solanum nigrum* L. (Schwarzer Nachtschatten)
»Alpranken«, *Solanum dulcamara* L. (Bittersüß)
Rainfarn, *Tanacetum vulgare* L.
All diese Kräuter dienen nicht nur den Hexen (als »Hexenkräuter«), sondern auch den Bauern (als kirchliche »Weihbuschen«) zum Schutz vor Hexerei, Zauberei, Behexung, Spuk und Albdruck sowie vor Gewitter.

Die neunerlei Kräuter haben eine innige Beziehung zur germanischen Mythologie und Ritualistik. Der Alant ist der Odinskopf, das Haupt des Wotan; das Marienbettstroh ist ursprünglich Freias Bettstroh; die Eberraute ist dem Wanengott Frô geweiht; der Beifuß wird als Sonnenwendgürtel benutzt, ebenso der Rainfarn; der Wermut ist ein Kraut der Hexengöttin; der Baldrian, die heilige Pflanze von Wieland dem Schmied, gilt als »Balders Augenbrauen« – »Hertha benützte ihn als Reitgerte, wenn sie auf ihrem mit Hopfenranken gezäumten Edelhirsche durch die Gefilde ritt« (Zimmerer 1896: 278); die beiden Nachtschattengewächse (*Solanum* spp.) waren vom Nachtschaden, einem krankheitsbringenden, aber auch krankheitsabwehrenden Dämon beseelt.

Von »Freyas Bettstroh« zum Christkind

Zu den Kräutern, die als Bettstroh, Liebfrauenstroh, Unserer Frauen Bettstroh bezeichnet werden, gehören das Johanniskraut, der Waldmeister, der Ziest, Quendel und die Labkräuter.

Marienbettstroh oder das Echte Labkraut (*Galium verum* L., Rubiaceae), auch Walstro, Walstroh, Echt Walstro genannt, legte man in Bündeln schwangeren Frauen zur Förderung der Geburt ins Bett; es enthält Cumarine. »Frauenstroh (Galium): der Sage nach hat die Mutter Maria dem Christkindlein aus diesen Pflanzen ein Lager bereitet« (PRAHN 1922: 144). Das Echte Labkraut »machte feuriger in der Liebe« (PERGER 1864: 168).

Der Quendel oder wilde Thymian (*Thymus serpyllum* L.) heißt auf Polnisch *macierza duszka*, »Seele der Mutter«: »Da er ein Kraut der Fruchtbarkeit ist, so räuchert man mit ihm die Obstbäume am Christabend, dass sie viel tragen (Böhmen)« (AIGREMONT 1987: I, 148).

Den neunerlei Kräutern entsprechend gibt es auch die neunerlei Hölzer. Sie stammen allesamt von den heiligen Bäumen, die heute als Weihnachtsbäume oder Wintergrün benutzt werden.

»Neunerlei Agenholz«:
Wacholder (*Juniperus communis* L.)
Fichte (*Picea* spp.)
Tanne (*Abies alba* MILLER)
Kiefer (*Pinus sylvestris* L.)
Legföhre = Latschenkiefer (*Pinus mugo* TURRA ssp. *mugo* ZENARI)
Lärche (*Larix decidua* MILLER)
Sadebaum (*Juniperus sabina* L.)
Zirbe = Arve (*Pinus cembra* L.)
Eibe (*Taxus baccata* L.)

Diese neun Hölzer dienten zum Anfertigen »zauberkräftiger und hexenentlarvender Schemel« (ABRAHAM und THINNES 1995: 212f.), also zum Schutz vor Hexen und Teufeln. Andererseits gehörten sie aber auch zum botanischen Repertoire der dämonischen Wesen, die sie abwehren oder entlarven sollten, nämlich der Hexen selbst.

Die Hölzer wurden von den Hexen gesammelt und als Räucherwerk zu Weihnachten verwendet: »Um einen Liebhaber anzulocken, zündeten sie das Holz um Mitternacht zur Wintersonnenwende an und warfen ihr Kleid vor die Stubentür. Dabei sprachen sie: ›Hier sitze ich splitterfasernackigt und bloß. Wenn doch mein Liebster käme und würfe mir mein Hemd in den Schoß!‹« (MÜLLER-EBELING et al. 1998: 19). In Mecklenburg gestanden im 16. Jahrhundert einige »Hexen«, dass sie diese »negenderlei Holtz« zu diesem Zwecke (Liebeszauber) gebraucht haben: »Eicken [Eiche], Boiken [Birken], Ellern [Erle], Dorne [Hagedorn = Schlehdorn], Quitzen [Eberesche], Alhorn [Holunder], Fürenhotz [Kiefer] und zweierlei Dorn [Weißdorn und Schwarzdorn]« (MÜLLER-EBELING et al. 1998: 19). Diese neun Hölzer gehören allesamt zu den heidnischen Ritualpflanzen und heiligen Bäumen. Mit der Christianisierung erhielten diese alten heidnischen Götterbäume Namen, die sie entweder Christus oder dem Teufel zugesellten: Hagedorn, ein volkstümlicher Name sowohl für den Weißdorn (*Crataegus oxyacantha* L. und *Crataegus monogyna* JACQ., Rosaceae), der auch Christdorn heißt, wie für den Schlehendorn (*Prunus spinosa* L., Rosaceae), wurde zu einem Namen für den Satan!

»In der ›Trudennacht‹ (St. Ottilie, 13. Dezember) legte man früher in Bayern Schlehendornzweige in das ›Glütl‹ (die Räucherpfanne), um Hexen und Dämonen auszuräuchern« (WEUSTENFELD 1996: 107).

Räucherrezept nach Hildegard von Bingen

> »Der Teufel flieht alles abweisend, was heilkräftig ist, weil er selber keine Heilkraft hat.«
> HILDEGARD VON BINGEN, *Physica*, 3, 20

Was für Räucherstoffe kannte Hildegard von Bingen (1098–1179), welche exotischen Gewürze, die für uns heute zu den charakteristischen Weihnachtsgewürzen und -düften zählen? Ein Blick in ihre *Physica* oder »Naturkunde« zeigt, dass sie Weihrauch und Myrrhe als Räucherstoffe und die Gewürze Zimt, Macis oder Muskat und »Näglein« kannte. Aus diesen Zutaten lässt sich eine wohlriechende, feierlich wirkende und »Weihnachtsduft« verströmende Räuchermischung gewinnen. Beim

Weihrauch sollte man als Grundlage zu gleichen Teilen eine gute Sorte Olibanum mit einer leichten Zitronellnote und feinste Myrrhe benutzen. Besser als die gewöhnlichen Zimtstangen sind zerkleinerte Rindenstücke der Zimtkassie oder Kassienzimt. Hinzu gibt man ein paar zerdrückte Muskatblüten und ein paar Nelken. Alles auf die Räucherkohle geben und den Duft genießen.

»**Weihnachtsräucherung**«
(Räucherrezept, frei nach Hildegard von Bingen)

3 Teile Olibanum, Harz von *Boswellia sacra*
2 Teile Myrrhe, Harz von *Commiphora* spp.
1 Teil Zimtkassie, *Cinnamomum cassia* (Zimtblüten)
1 Teil Macis/Muskatblüte, Samenmantel von *Myristica fragrans*
½ Teil Nelken, Knospen von *Syzygium aromaticum*
Die Zutaten werden im Mörser fein zerkleinert und gut vermischt. Teelöffelweise auf die Räucherkohlen streuen. Es verbreitet sich schnell ein weihnachtlicher Duft.

Der aus Stroh gebundene und geflochtene Julbock. Er wird in der Mittwinternacht beziehungsweise zu Weihnachten als Opfer verbrannt.

Vom Weihrauch zur Asche

Im nordischen Julfest bildet der Julbock oder Julblock ein wesentliches Element. Der Julbock, aus Getreidehalmen geflochten und der Gestalt eines Bockes, meist eines Steinbocks, nachempfunden, symbolisiert die Böcke an Thors Wagen. Der Julblock ist ein Stück Holz, vorzüglich Eschenholz, das an den Weltenbaum Yggdrasil erinnert. Julböcke und -blöcke wurden am Julabend, oft mit anderen Kräutern und Harzen vermischt, als großes Räucherwerk verbrannt. Zurück bleibt die heilige, heilkräftige Asche: »Besonders die Weihnachtszeit birgt das Geheimnis der Asche. Wie der Phönix, der ägyptische Fabelvogel, der sich selbst verbrennt und aus der Asche zu neuem Leben aufersteht, wird das Christkind im kältesten Dunkel der Schneenächte (= Asche) jedes Jahr wieder neu geboren, und der Weihnachtsmann kommt, rotgekleidet wie der indische Sannyasin [= Brahmane, der sein Leben der Meditation und spirituellen Suche gewidmet hat], aus dem verschneiten Wald mit Nüssen und Äpfeln, den Samen der Erneuerung. In der Lausitz kommt ›Klas‹ als Schimmelreiter [= Wotan!] mit Aschesack. Im hohen Norden verbrannte man zur Wintersonnenwende den Julblock, dessen Asche als heilkräftig galt« (Storl 2002: 218).

Die Räucherungen des Julbocks und des Julblocks lieferten nicht nur eine heilkräftige Asche, sondern sollten auch inneren und äußeren Reichtum bringen. Wenn man am Julfest mit Eschenholz räuchert, wird man mit Wohlstand und Glück beschenkt! Diese alte skandinavische Tradition findet man rudimentär auch in weit entfernten Regionen. In ehemals jugoslawischen Gebieten räucherte man zu Weihnachten Weihrauch und Gerste auf einem Holzklotz (Vossen 1985: 86).

Weihnachtsräusche und Weihnachtsgenüsse

»Alles, was das Leben lebenswert macht, überschreitet Grenzen; deshalb gleicht es auch so sehr dem Rausch.«
Papajorgis 1993: 12

Zwei Weihnachtswichtel auf Fliegenpilzen prosten sich mit Genever (= Gin, Wacholderschnaps) zu (Werbeplakat mit einem Motiv von Jan Lavies, Amsterdam, 1960; aus Lemaire 1995: XXV).

Weihnachtszeit ist Rauschzeit! Auch heute noch. Allen Diätvorgaben, Kalorientabellen, Konsumverzichts- und Maßhalte-Parolen zum Trotz! Wir prassen und sündigen in den Weihnachtsfeiertagen, was das Zeug hält. Wir schlagen uns die Bäuche voll mit deftigen Gänsebraten, Weihnachtskeksen, Marzipan und anderen Kalorienbomben. Wir lassen die besten Tropfen durch unsere Kehlen laufen und lassen es uns auf allen Ebenen wohl ergehen. Damit reihen wir uns ein in die Riten der Vergangenheit. In allen Festen und Bräuchen, die im Laufe der Geschichte in unser modernes Weihnachtsritual eingeflossen sind, gibt es die Tradition des heiligen Rausches zur Festzeit. Immer wurden die Rauhnächte mit Trinkopfern, Räucherekstasen, Duftorgien, Festspeisen und sogar Knasterpfeifen begangen: Rauhnächte sind Rauschnächte!

Sternhagelvoll: das Juletrinken

»Als die Götter die Erde verließen, wurde das Bier zu Alkohol und der göttliche Rausch zu reiner und gemeiner Trunkenheit ...«
Grönbech 1997: II, 180

Weihnachten heißt im Norden Jul oder Jule (altnord. *jól*, *jôl*; angelsächs. *geól*), das heißt Jultrinken und Julfest (Joelfest). In dieser Zeit gibt es traditionelle Julbiere, Wodelbier (Wodel = Wotan) aus Roggen und das zu diesem Zweck gebraute Weihnachtsbier. Die alten nordischen Julbiere wurden nicht nach dem Bayerischen Reinheitsgebot gebraut, sondern unter Zusatz berauschender Kräuter, wie Hanf, Wermut, Bilsenkraut, Tannengrün und Sumpfporst.

Die germanische Festzeit hieß ganz allgemein »Biertage«, und das friedliche Zusammensein in heimeliger Umgebung charakterisierte man mit dem Wort »Bierfriede«. »Das Bier brachte immer einen festlichen Glanz mit sich, es gehörte nicht zu der nährenden und durstlöschenden Alltagskost, sondern war in höherem Grade als Milch und Molken eine geistige Erquickung, eine heilige Stärkung. Und natürlich musste der Trank, der die hohen Feste mit seinem Segen ehrte, von besonderer Kraft sein, um Götter und Menschen zu vereinigen« (Grönbech 1997: II, 164).

Dieses alte Versprechen hält das Yuleøl heute kaum noch. Die magische Kraft der germanischen Brauerin wurde durch männliche Technologie ersetzt. Statt berauschender Zusätze beruhigender Hopfen. Ein Bier ohne Heiligkeit. Ein pharmakologisch pro-

Der Weihnachtsmann liebt das berauschende Jultrinken (Cartoon von Peter Gaymann, © 2001 Cartoon CONCEPT® GmbH, Hannover).

Der Silen, der am ganzen Körper behaarte Wilde Mann aus dem Gefolge des Dionysos. Er trägt – ganz wie unser Weihnachtsmann – über der Schulter einen Sack voller prächtiger Geschenke: den Wein des Ekstasegottes (Antike Statue, Delos).

fanisierter Festtrunk. Immerhin lebt der Glanz der zauberhaften Vergangenheit auf modernen Etiketten fort. Da das Bewusstsein mittrinkt, kann das Etikett auf der Bierflasche durchaus ein Katalysator für die weihnachtliche Heiligkeit sein.

Die germanische, besonders die nordgermanische Mythologie strotzt vor Trinkgeschichten. Odin/Wotan raubt den Odhrärir, den »Begeisterungstrank« oder »Met der Inspiration«. Wer davon trinkt, wird mit Weisheit und Wissen erfüllt, künstlerisch inspiriert, poetisch begabt, kann mit Worten verzaubern und betören.

Thor, der Donnergott, war der Trinkfesteste unter den Göttern. Sein Durst war unstillbar, seine Gelage waren legendär. Nach dem Mythos trank er in einem Trinkwettstreit einmal aus dem Trinkhorn, das listig an das Weltmeer mit dem Braukessel des Meeresgottes angeschlossen worden war. Er trank drei Züge – und erzeugte dadurch Ebbe und Flut. Ein wahrlich göttlicher Schluck!

Seit mythischen Zeiten wollen ihm viele Menschen nacheifern, insbesondere beim Juletrinken, und so endet das Julfest oft damit, dass die Beteiligten »sternhagelvoll« sind. »Sternhagelvoll« – was für ein Wort! Das Bewusstsein wird mit einem Hagel aus Sternen durchflutet. Im Wortsinn aber bedeutet Hagel »Hexenzauber« (*hag* = Hexe), verhageln »zerstören, verderben« ...

Liebe am Heiligen Abend?

»Es wird mein Haupt in Räuschen
seine Liebe finden …«
Charles BAUDELAIRE, *Die Blumen des Bösen*, XXIII

Es gibt aphrodisische Räusche und deren Gegenteil. Dabei kommt es vor allem auf die Dosis an. Der durch Pflanzenzubereitungen ausgelöste Rausch gehört zu den wesentlichen Weihnachtserfahrungen, zu den Grenzüberschreitungen in der rauhen Zeit. Denn nur wer die Grenzen auslotet, erkennt die eigene Stellung im Universum. Es gibt spezielle Getränke und Speisen, die berauschen, aphrodisisch anregen und den Weihnachtszauber in den Akt eines Fruchtbarkeitsritus verwandeln. Liebe in den heiligen Nächten!

Tage des Liebeszaubers

»An bestimmten Tagen wirkten die aphrodisischen Pflanzen besonders stark, es waren an diesen heiligen Zeiten die Dämonen gewissermaßen freier, ungebundener, sie hatten Macht über den Menschen. So ist der Johannistag der stärkste dieser Liebeszaubertage. Wodan, Donar, Fro und Frigga sind Menschen und Natur nahe gekommen … Außer dem Johannistage ist es die Zeit um und nach der Wintersonnenwende (24. Dez.), die für den Liebeszauber und für die Aphrodisiaca besonders günstig ist. (…) Dann ist die Zeit der Sonnenwende (Christnacht) wichtig für die Liebeskraft der Pflanzen, es ist die Zeit der Befruchtung, da sich die Bäume untereinander befruchten, da die Lebensgerte Gesundheit und Fruchtbarkeit spendet« (AIGREMONT 1987: II, 75f.).

Zu den Pflanzen, die zu aphrodisischen Weihnachtsspeisen verarbeitet werden, gehören Getreide und Schlafmohn, die heiligen Pflanzen der griechischen Mysteriengöttin Demeter, sowie Lein und Hanf, die heiligen Pflanzen der germanischen Freia. Diese Pflanzen gehören auch zum weihnachtlichen Liebesorakel und Fruchtbarkeitszauber. Ebenso sollen sie allesamt vor Hexen und Zaubereien schützen.

Mohn und Opium

Papaver somniferum L., Papaveraceae, Mohngewächse

»Der Mohnsaft war Aspirin & Melissengeist
jener Zeit in einem.«
Werner PIEPER, *Die Geschichte des O.*, 1998: 11

Warum sind getrocknete Mohnkapseln ein beliebter Schmuck für Weihnachtsbäume und Adventsgestecke? Der Mohn, auch Schlafmohn oder Gartenmohn genannt, ist nur als Kulturpflanze bekannt. Er wurde nicht, wie oft fälschlich angenommen, in Asien kultiviert. Vielmehr liegt seine Heimat in Mittel- und/oder Südeuropa. Mohn wurde bereits im Neolithikum (der neueren Steinzeit) in Oberitalien, in der Schweiz und in Süddeutschland angebaut und sowohl als Nahrungs- wie auch als Rauschpflanze genutzt; »die berauschenden und einschläfernden Eigenschaften der Samen und des daraus gewonnenen Öls sind den Pfahlbauern vielleicht nicht entgangen. Die Art der Verwendung sowie die Häufigkeit des Vorkommens und die Menge der gefundenen Mohnsamen zeigen jedenfalls, dass wir es hier mit einer wichtigen Kulturpflanze der Pfahlbauern zu tun haben«.[72]

Geritzte Mohnkapseln zur Opiumgewinnung (Nordthailand, 2002).

72 Johannes HOOPS, »Mohn« in: *Reallexikon der germanischen Altertumskunde*, 1973ff., Bd. 3, S. 233–234.

Der Schlafmohn ***(Papaver somniferum)*** in den Weihnachtsfarben Rot-Grün.

Der Anbau von Mohn in süd- und nordgermanischen Gebieten muss sehr alt sein, ist allerdings zeitlich bislang nicht genau festzulegen. Die Germanen pflanzten Mohn (urgermanisch *magan*) auf Mohnäckern oder Magenfeldern an. Diese Felder hießen *Odâinsackr* und galten als Genesungsstätten, auf denen Odin/Wotan heilsame Wunder wirkte (Höfler 1990: 92ff.). Aus der Volksmedizin ist bekannt, dass der innerlich eingenommene Mohnsaft (Opium) vor nächtlichen Quälgeistern, blutsaugenden Vampiren, Alben (Albträumen) und Nickel-Kobolden – den Nikolaus-Dienern – schützt.

> »In einigen Hochtälern besteht der Glaube, dass die Mohnkörner sowohl Hexen- als auch Totenfutter sein können.«
> Fink 1983: 66

Von den dramatischen Auswirkungen von schlesischen Mohnspezialitäten auf den Magen-Darm-Trakt war bereits in der Einleitung die Rede. Dazu passt das folgende Zitat: »An Weihnachten isst man, vor allem im östlichen Deutschland, Mohngebäcke und Kuchen. Selbst der Hofhund erhält an Heilig Abend drei Mohnklöße, damit er stark wird. Den Hühnern werden Mohnsamen vorgeworfen; wie viele sie fressen, so viele Eier werden sie legen. Mohn essen an Heilig Abend bringt viel Geld ... Am hl. Abend bricht das Mädchen, das erfahren will, woher ihr Bräutigam kommt, ein Stück von ihrem Mohngebäck, gibt es dem Hund und jagt ihn vor das Haustor. Von der Seite, wohin der Hund springt, wird der Bräutigam kommen. Oder: Das Mädchen wirft am Andreasabend vor dem Schlafengehen Mohnkörner über sich, dann zeigt sich der Liebste im Traum (...) Mohn vor die Tür gestreut, hindert eine Hexe am Eintritt – auch sie muss sie alle zählen (...) Mohn muss man am hl. Abend oder drei Tage vorher säen. Oder an einem Mittwoch [Wotanstag!]. Man darf dabei nicht reden, sonst wird der Mohn von den Vögeln gefressen« (Pieper 1998: 20). »Mohn am Weihnachtsabend zu essen, sollte viel Geld bringen. Viel Mohn zu essen, sollte aber auch dumm machen« (Hiller 1989: 191).

Lein und Hanf

> »Die Götter haben den Hanf den Menschen aus Mitgefühl gegeben, so dass sie die Erleuchtung erlangen können, die Furcht verlieren und sexuelle Begierde behalten.«
> *Raja Valabha*, Sanskrittext, 17. Jh.

Naturbeobachtung, Erfahrung und ein bisschen Mythologie halfen den Bauern, mit sicherer Hand ihre Lebensgrundlage zu erwerben: »Im Fichtelgebirge betrachtet man die Eiszapfen an den Hausdächern als Vorzeichen des Gedeihens des Flachses.

Die Eiszapfen zeigen dem Bauern, wann der Flachs oder Lein am besten ausgesät wird.

Sind diese Eiszapfen im Dezember lang und ungetheilt, so soll man den Lein im Frühling säen, sind sie im Januar am schönsten, so hält man Mittelsaat, und erscheinen sie im Februar am längsten, so wählt man die Spätsaat. Sind die Zapfen aber zwieselig oder gespalten, so wächst der Flachs auf diese Weise. Der blühende Flachs verscheucht Hexereien, es kann aber auch ein ganzes Flachsfeld so verzaubert werden, dass man es, besonders bei leisem Wehen des Windes, für strömendes Wasser hält« (PERGER 1864: 193).

Leinkraut oder Flachs (*Linum usitatissimum* L., Linaceae) hatte früher nicht nur eine große Bedeutung als wertvolles Nahrungsmittel, sondern barg das Flair des Zauberhaften, ja Wunderbaren: »Ein Fuhrmann sah in der Christnacht eine Jungfrau, welche Flachs auf dem Schnee ausbreitete, er steckte eine Handvoll dieses Flachses zu sich, der bis zum Morgen zu Gold wurde« (PERGER 1864: 177).

Lein ist eine der ältesten europäischen Kulturpflanzen überhaupt und eine der wichtigsten Quellen für Fasern und Öl (Leinöl). Sowohl die Leinsamen als auch das Leinöl wurden von alters her als Liebesmittel benutzt. Verschiedentlich diente der Lein auch als Liebeszauber, etwa indem neun Flachsblüten mit neun aus Flachs gesponnenen Fäden verknotet wurden: der Bindezauber (Liebeszwang), von dem noch heute viele Männer (und besonders sensationslüsterne Journalisten) träumen ...

Im alten Griechenland wurde der *Osyris* (identisch mit dem ägyptischen Gott Osiris!) genannte Same als aphrodisische Speise genossen: »mit Honig und Pfeffer gemischt und als Kuchen reichlich genommen reizt er zum Liebesgenuss« (DIOSKURIDES II, 125). Dieser »gepfefferte« Honigkuchen »hilfft dem kalten Mann widerumb auff den Gaul« (MATTHIOLUS 1626: 116B).

Genauso sollte der Hanf (*Cannabis sativa* L., Cannabaceae) den Mann wieder »aufs Pferd« bringen, besonders zu Weihnachten. Hanfzubereitungen wurden im alten Zarenreich nicht nur medizinisch, sondern auch rituell verwendet. Die *semieniatka* genannten Hanfsamen wurden zu einer Suppe verkocht, die in der Weihnachtsnacht als Seelenspeisung den verstorbenen Ahnen geopfert wurde (BENET 1975: 43). Dieser Toten- und Ahnenkult ist auch sonst in Osteuropa mit dem Hanf verbunden: »Noch heute wird gelegentlich in Polen und Litauen am Heiligen Abend, wenn die Toten für eine Stunde ihre Familie besuchen, die ›Semieniatka‹ verzehrt, eine Suppe aus Hanfsamen zu Ehren der Toten. In der Ukraine wird die aus denselben Gründen am Dreikönigstag gekocht« (BEHR 1995: 42).

Die germanische Liebesgöttin Freya oder Freia flog mit ihrem Katzengespann durch die Welten. Ihre heiligen Tiere waren Katzen und Hasen (der Osterhase!), die ihr geweihten Pflanzen Hanf und Flachs beziehungsweise Lein. Genauso wie die Göttin zur »Hexe« umgedeutet wurde, ist aus ihrem heiligen Hanf ein »Teufelskraut« gemacht worden.[73]

Der Hanf war die heilige Pflanze der Liebesgöttin. Von den Römern Venus genannt, auch unter den Namen Frija, Freia, Holda, Frau Holle, Frau Venus bekannt, war sie die Göttin der Fruchtbarkeit, des Frühlings und der Erotik. Sie war die Schutzgöttin des Lebens und der Ehe. Der ihr heilige Hanf sollte bei den Menschen Lust, Fruchtbarkeit und Gesundheit bewirken. In einer Kultur, wo Lust und Erotik heilig sind, ist auch der Hanf eine »Pflanze der Götter«, genauer eine Pflanze der Liebesgöttin.

Der Hanf symbolisierte bei den germanischen und slawischen Völkern die Fruchtbarkeit von Mensch und Vieh und stand speziell im Zusammenhang mit den Rauhnächten und den Weihnachtsfeierlichkeiten: »Die Hanfsamen scheinen auch als

73 In Südtirol wird der Hanf »Hexenkraut« genannt: »Wann'st a Büscherl Hanfkraut unters Dach hängst, kaunn koa Hex wos ausrichten. Dös is a gaunz a guads Kraut« (BEHR 1995: 43).

Lein *(Linum usitatissimum)* und Hanf *(Cannabis sativa)*, die beiden heiligen Pflanzen der alten Liebesgöttin oder der Frau Holle. Beide Pflanzen sind Kultigene und werden von alters her in vielen Kulturen als Aphrodisiaka, Liebeszauber, Orakel, magischer Schutz sowie Heil- und Nahrungsmittel genutzt. Mit den Hanfstengeln wurde früher zu Weihnachten der Winter ausgetrieben *(kolorierter Stahlstich, Deutschland, 19. Jh.)*.

Fruchtbarkeitssymbol zu gelten. Hanfsamen den Hühnern gegeben bewirken, dass diese den ganzen Winter Eier legen. Am Weihnachtsabend isst man Hanfsuppe, Mohnklöße, Fisch und Backobst (Beuthen in Oberschlesien). Das Hanfsäen als Liebesorakel, wie es in England von Mädchen geübt wird, scheint in Deutschland nicht belegt zu sein. Auch bei den slawischen Völkern wird der Hanf im Liebesorakel gebraucht. Umgekehrt bringt die Frau ihrem Hanf säenden Manne eine Eierspeise (›Hanfeier‹) auf das Feld, damit der Hanf gerät. Zu dem gleichen Zwecke backt man in Siebenbürgen am Hl. Dreikönigstag Hanfpfannekuchen (...) Die kinderlose Magyarin isst jeden Freitag [dem Tag der Liebesgöttin Freia/Venus] vor Sonnenuntergang in Eselsmilch gekochte spanische Fliegen [Kanthariden][74] und Hanfblumen« (Lussi 1996: 133).

74 Spanische Fliegen *(Lytta vesicatoria)* sind keine Fliegen, sondern Käfer, die einen gefährlichen Wirkstoff enthalten, das Kantharidin. Es löst starke Reizungen im Harntrakt aus und wird deswegen als Aphrodisiakum genutzt. Da die wirksame Dosis nahe bei der tödlichen liegt, ist jedoch von Versuchen eher abzuraten.

Apothekerrezept: Pastilli Cannabis Indicae
für pharmazeutische »Glücksbällchen« ...

Extracti Cannabis Indic. 5,0 g (Hanfextrakt)
Sacchari 25,0 g (Zucker)
Pastae Cacao 20,0 g (Schokoladenmasse, roh)
Sacchari Vanillini 0,2 g (Vanillezucker)

Man formt 100 Pastillen mit je 0,05 g Hanfextrakt (Frerichs et al. 1938: 782).

Schokoladenweihnachtsmänner: ritueller Weihnachtskannibalismus

> »Mit der Genusssucht in Speisen und Getränken hält die Ausschweifung in Geschlechtsgenüssen gleichen Schritt ...«
> Most 1843: 448

1639 erschien in Europa ein Buch, in dem behauptet wurde, dass der Meeresgott Neptun die Schokolade aus der Neuen Welt geholt und nach Europa gebracht habe. Heute gehören das Getränk Kakao und die verschiedenen Sorten von Schokolade zu den weltweit überaus gern konsumierten Nahrungs- und/oder Genussmitteln.

Unser Wort »Genuss« wird gewöhnlich von *Genieß* (von mhd. *niez*, »Benutzung«) hergeleitet und bedeutet »den gemeinsamen Gebrauch von etwas, die gemeinsame Nutznießung« (Hartwich 1911: 14); in dem Wort steckt also etwas Soziales und Rituelles! Beim Genießen in Geselligkeit entsteht ein kollektiver Stimmungswandel.
Was wäre Weihnachten – und was die Schweiz, der wir die köstlichsten Pralinés verdanken – ohne Schokolade? Gibt es bestimmte Gründe, warum wir gerade zur Adventszeit »wild« auf schokoladige Genüsse sind? Fragen, auf die es verblüffende Antworten gibt.

Wo kommt die Schokolade her?

> »Schokolade ist ein göttliches, ein himmlisches Getränk, Schweiß der Sterne, Lebenssamen, göttlicher Nektar, Trank der Götter, Wunder- und Allheilmittel.«
> Geronimo Piperni, 18. Jh.

Die Schokolade stammt vom Kakaobaum (*Theobroma cacao* L., Sterculariaceae), der in seinem Herkunftsland Mexiko schon immer als heiliger Baum und als »Nahrung der Götter« verehrt wird.[75] Der Name Schokolade stammt aus dem Aztekischen:

Die heiligen drei Könige bringen ihr wahres Geschenk: echte Schweizer Schokolade! (Historisches Werbeplakat für Tobler-Schokolade von 1926, Archiv Kraft Foods Bremen, Postkarte,© Übersee-Museum Bremen.)

Der Arapapagei sitzt zwar nicht auf dem Weltenbaum der Maya, aber er verkündet einem staunenden Jungen von der Schaukel aus die Geheimnisse der Schokolade (alte Werbung für Suchard-Schokolade, frühes 20. Jh.).

75 Sogar Carl von Linné, der große schwedische Naturforscher und Vater der modernen Taxonomie, hat diese Tatsache als Anlass genommen, dieses tropische Gewächs *Theobroma cacao* zu benennen. *Theobroma* ist die »Götterspeise« (vgl. Rätsch 2002a).

ca-ca-huatl, »schwarze Nuss«; nach den Aufzeichnungen des Franzikaners Jiménez, der zum Gefolge des Konquistadors Hernán Cortez gehörte, bedeutet *chocolatl* so viel wie »Schaumwasser«; *cacao* ist übrigens ein Lehnwort aus der Mayasprache und bezeichnet sowohl den Baum als auch die Frucht und das daraus bereitete Getränk. Die Indianer bereiten *cacao* oder *chocolatl* aus gemahlenen Kakaobohnen, Maisteig, Honig, Vanille, Piment, Chilischoten, Kaneel, Perubalsam und verschiedenen Blüten.

Kakaorezept anno 1528

Der spanische Konquistador Hernán Cortez soll 1528 folgendes Kakaorezept nach Spanien mitgebracht haben (nach Montignac 1996: 27; rekonstruiert):

700 g Kakao
750 g weißer Zucker
56 g Zimt oder Kaneel
14 Körner Chilipfeffer (*Capsicum* spp.)
14 g Gewürznelken oder Piment (*Pimenta dioica*)
3 Vanilleschoten (*Vanilla planifolia*)
1 Hand voll Anis
1 Haselnuss, gemahlen
Moschus, grauer Amber und Orangenblütenwasser

Die Kakaofrucht hängt am Stamm fast wie eine rote Kugel am Weihnachtsbaum.

Der Kakaobaum gehörte zu den schamanischen Weltenbäumen der Maya. Er ist der Baum des Südens, der Richtung des Landes der Toten. Aufgrund seiner roten Früchte ist er verbunden mit der symbolischen Farbe des Blutes. Auf seinem Wipfel sitzen die rot leuchtenden Arapapageien, Symbole der heißen Gegenden, der Tropenwälder, aus denen der Kakao stammt. In seinem Geäst toben die flinken Spinnenaffen, die am Schwanzende einen einundzwanzigsten Finger haben. Die Maya-Hieroglyphe für »Kakao« ist ein stilisierter Affenkopf. Der Affe (Spinnenaffe) wird in der Mayakunst oft mit einer Kakaofrucht in Händen, eine Zigarette rauchend und mit einer Erektion dargestellt. Die sexuelle Konnotation ist klar. Der heilige Kakaobaum war ein Tor des Todes wie auch ein Quell des Lebens. Er vereinigt in sich die beiden unzertrennlichen Aspekte oder Pole der Einheit von Leben und Tod.
Der immergrüne Kakaobaum wird rund 15 Meter hoch und etwa sechzig Jahre alt. Die winzigen weißen, rosafarbenen oder violetten Blüten, die in ihrer Gestalt an Orchideenblüten erinnern, wachsen direkt aus dem Stamm oder aus den dickeren Hauptästen (so genannte Kauliflorie), oft gleichzeitig wie die Schoten (Früchte), die nur an kurzen Stengeln am Stamm herunterhängen. Ein einzelner Baum treibt pro Jahr etwa 100000 Blüten aus. Die Schoten sind zuerst grün und werden beim Reifen gelb, rot oder purpurfarben.
Die »Kakaobohnen« sind die Samen der wohlschmeckenden und köstlich duftenden Früchte des Kakaobaums. Im alten Mexiko dienten sie als Währung. Man bezahlte mit der aphrodisischen »Götterspeise« in erster Linie die Dienste der städtischen Prostituierten. Schokolade wird gerne als »Hirnnahrung« oder »Nervennahrung« bezeichnet und hat bei mäßigem bis hohem Genuss eindeutig eine stimmungsaufhellende und wohltuende Wirkung.

Sie wird auf das Theobromin zurückgeführt, könnte aber auch vom Anandamid herrühren. Theobromin kann offensichtlich zu einer Art Abhängigkeit führen (so genannte Schokoladensucht). Vom Kakaogenießer zum »Schokoholiker«! Kakaobohnen enthalten neben Koffein und Theobromin auch Phenethylamin, einen im menschlichen Gehirn vorhandenen Neurotransmitter, der Verliebheitsgefühle bewirken soll. Kürzlich wurde im Kakao Anandamid entdeckt, ein dem THC (Haschischwirkstoff) entsprechender körpereigener Stoff, der glückselige Zustände auslöst.
Auf diese Zusammenhänge weist sogar ein kulinarischer Adventsbegleiter hin:

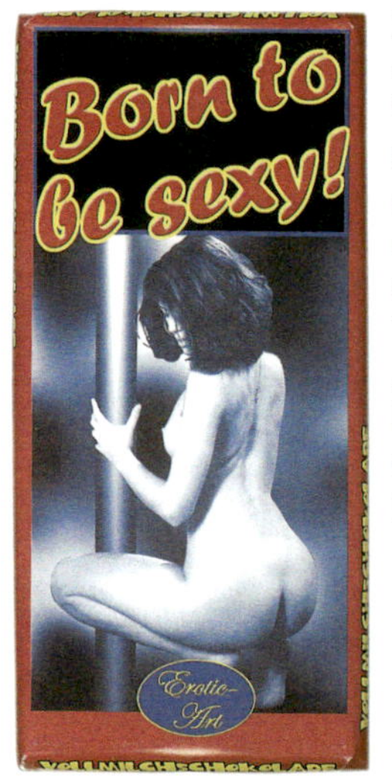

Sexy Chocolate ... oder »Fröhliches Sündigen«: Verpackungen und Werbeflächen für Schokoladenprodukte, die deutlich den aphrodisischen Charakter der »Götterfrucht« *Theobroma* offenbaren. An der *Billy-Boy*-Schokoladentafel ist sinnreich eine Packung Präservative befestigt (2002).

»Das Ecstasy des Biedermeiers

Das Kindergetränk als Rauschdroge? Das ist gar nicht so abwegig. Zum einen bewirkt der Genuss von Schokolade im Gehirn eine Ausschüttung von Endorphinen, die ähnlich wie Opium oder Morphium euphorische Zustände, Glücksgefühle, auslösen. Zum anderen enthalten die Früchte des Kakaobaums selbst anregende Substanzen: Theobromin, ein Stimulans, und Coffein, das, wie vom Kaffee bekannt, den Kreislauf hochtreibt; kürzlich haben amerikanische Wissenschaftler auch noch einen Stoff namens Anandamid darin entdeckt, der ähnlich wie Haschisch wirken soll. Allerdings sind diese Substanzen nicht sonderlich hoch konzentriert; um so benebelt wie von einem Joint zu werden, müsste man schätzungsweise 20 kg Schokolade vertilgen. Kein Grund also, den lieben Kleinen den Genuss von Kakao oder all der süßen Schokoladenspezialitäten zu verbieten, die ihnen in diesen Wochen so reichlich zur Verfügung stehen« (Hermann Feuersee, *Der kulinarische Adventsbegleiter*, 2001: 49).

Im alten Amerika wurde der Kakao von alters her als Tonikum und Aphrodisiakum geschätzt. In Europa schrieb man dem Kakao und der Schokolade die gleichen Qualitäten zu. In Deutschland trank man im 17./18. Jahrhundert eine *Succolade* aus pulverisierten Kakaobohnen, Zucker und Wein, die manchmal mit reichlich Kardamom und Safran *(Crocus sativus)* gewürzt wurde (Root 1996: 364). Im 19. Jahrhundert war die »Gewürz-Chokolade, *(Chocolata aromatica)*« als Aphrodisiakum en vogue: »Sie wird, wie jede andere Chokolade, aus gebrannten Cacaobohnen und Zucker bereitet, wozu Vanille, Zimmt, Cardamum zugesetzt werden. Sie passt nicht für Kranke, die an hitzigen Fiebern und Entzündungen leiden, wohl aber für Schwache, abgemagerte, krampfhafte Personen ohne Fieber. Auch ist sie ein Stimulus für Männer« (Most 1843: 118).[76]
Der Wiener Arzt Johann Michael Haider erwähnt in seiner Schrift *Disputatio medico diaetetica* (18. Jh.) die Schokolade als Aphrodisiakum und nennt sie *Veneris pabulum*, »Venus-Speise«. Sie »macht den Leib nur geil«, schrieb Anselm von Ziegler-Kliphausen in einer Flugschrift von 1703. Deswegen befürchtete man zunächst in der katholischen Kirche »Exzesse« durch Kakao. Der Kakao beziehungsweise die Schokolade sollte gebannt werden, da Zölibatäre alles andere als ein Aphrodisiakum nötig hatten. Dennoch war Kakao während der Fastenzeit als klerika-

76 Kakaogewürze in Europa: Ambergris/Grauer Amber, Ananas, Anis, Chilipfeffer, Gewürznelken, Ingwer, Jasminblüten, Kardamom, Mohnsamen, Moschus, Muskat/Macis, Perubalsam, Pfeffer, Piment, Orangenblüten, Safran, Vanille, Zimt. All diese Gewürze, die auch gleichzeitig typische Weihnachtsgewürze sind, gelten als Aphrodisiaka oder Liebesmittel (Rätsch und Müller-Ebeling 2003). Sogar Spanische Fliegen (Kanthariden, *Lytta vesicatoria*) fügte man dem Kakao zu!

les Fastengetränk erlaubt: *Liquidum non fagit jejunum*, »Flüssiges bricht das Fasten nicht« (SCHWARZ und SCHWEPPE 1997: 91).

Der katholische Kardinal Brancatio dichtete 1655 in Rom eine Ode auf den Kakao, die einigermaßen heidnisch anmutet:

»Solange mir das große Himmelslicht noch strahlt,
wirst du, o Baum der Bäume,
mir Lebensspender sein
und Schöpfer meiner lautersten Gefühle.
Aus dir allein quillt mir des Geistes Kraft,
o süße Himmelsgabe,
o vielgerühmter Göttertrank!
Fahr nun auf immer wohl,
du holder Tau aus Bacchus Reich!
An deiner Statt verehre ich fortan
die neue Quelle, die ein Gott erschloss.
Ström hin und teile deine Wohltat
im Überfluss den Menschen mit!«

Marienkäfer waren in heidnischer Zeit der Freia, der Liebesgöttin hold und heilig (Freia = Maria). Warum haben sie aber – wie Fliegenpilze – weiße statt schwarzer Pünktchen? (Schokoladenmarienkäfer.)

Ein Schokoladenweihnachtsmann zum Fressen gern. Einladung zum rituellen »Weihnachtskannibalismus« ... (Foto: cme).

Makabre Götterspeise

Schokolade oder Kakao wurde von den Azteken metaphorisch als *yollotl, eztli*, »Herz, Blut«, bezeichnet: »Daher sagte man: ›Das Herz, das Blut sind zu fürchten‹. Auch sagte man von ihm, dass er [wie] Jimsonkraut sei [Stechapfel, *Datura stramonium*, ein starkes Halluzinogen]; es hieß, er sei wie der Pilz [*Psilocybe* spp.], weil er einen betrunken mache; er berausche einen« (SAHAGUN-SELER). Der Aztekenkakao war ein Vehikel für entheogene Pilze, die »Blumen der Erde«; noch heute nehmen mexikanische Schamanen die heiligen Zauberpilze (*Psilocabe* spp.) zusammen mit Kakao oder Schokolade ein.

Die Azteken nannten in ihrer rituellen »Blumensprache«[77] die aus den lebendigen Menschenopfern herausgerissenen, pulsierenden Herzen *cacahuatl*, »Kakaofrucht« = »Götterspeise«. Mit den blutigen Herzen stillten die Priester das Verlangen der Götter nach »Schokolade«. Die geopferten Menschen landeten beim Metzger. Zuerst wurde der Kopf abgetrennt und auf einen Pfahl im *Tzompantli*-Holzgestell neben der Tempelpyramide gesteckt. Dann wurden sie wie Schlachtvieh zerlegt und auf dem Markt verkauft. Opferfleisch ist heilig. Die aztekischen *Xocolatl*-Trinker und *Cacahuatl*-Genießer waren Kannibalen und schätzten sowohl die Kakaofrucht als auch das Herz als »Götterspeise«.

Als »makabres Heilmittel« gegen die aufkommende Schwermut (= Melancholie) eines auserwählten Menschenopfers diente diese »Schokolade«; sie versetzte das Opfer in einen ekstatischen Rauschzustand. Die Opferpriester »beeilten sich, Opfermesser herbeizuholen, wuschen das daran klebende Blut

77 In der aztekischen »Blumensprache« wurde das Wort *xochicacahuatl*, »Blumenschokolade« zur Metapher für Wohlleben und Sinnenfreude (COE und COE 1997: 125).

ab und bereiteten mit diesem schmutzigen Wasser eine Kürbisschale Schokolade zu, die sie ihm zu trinken gaben. Es heißt, dass dieser Trank folgende Wirkung auf ihn hatte: er wurde beinahe bewusstlos und vergaß, was man ihm gesagt hatte. Dann kehrte seine heitere Stimmung zurück und er nahm seinen Tanz wieder auf. Man glaubt, dass er sich selbst, von dem Getränk verhext, voller Freude und Glück dem Tod anheimgab. Dieses Getränk wurde *itzpacalatl* genannt, was so viel heißt wie ›Wasser, mit dem Obsidianklingen abgewaschen wurden‹« (Diego de Durán, *Crónica X*).[78]

Doch was hat diese gruselige Geschichte mit unserem schönen Weihnachtsfest zu tun? Letztlich »schlachten« auch wir den vom Papier entkleideten Schokoladenweihnachtsmann und verzehren *Theobromos*, die »Götterspeise«, mit Genuss und Freude, indem wir ihm zuerst den Kopf abbeißen. Wenn auch nur symbolisch, ist auch dies letztlich Kannibalismus. »*¡Oh, divino chocolate!*«

Ebensolche symbolisch kannibalistischen Anklänge an das aztekische Opferritual birgt die katholische Messe. Beim Abendmahl trinken die Gläubigen Christi Blut in Form von rotem Wein und verspeisen seinen Leib als Oblate.

Blühender Beifuß *(Artemisia vulgaris)* im Wallis, Schweiz. Dieses Wildgewächs gehört zu den ältesten europäischen Ritual-, Zauber- und Heilpflanzen (»Hexenkraut« oder *Witch Herb*). Beifuß ist einer der bedeutendsten Räucherstoffe für die Rauhnächte (»Räucherwurz«), ein typisches Weihnachtsgewürz (für die Opferente!), Bierzusatz, Absinth- und Knasterzutat *(Sailor's Tobacco)*.

Beifuß, Opfergans und Weihnachtsbraten

> »Der schamanische Flug ist kein einfaches Unternehmen. Dämonen und drachenartige Unholde hüten die Schwelle zur ›Anderswelt‹. Der Schamane muss rein und seelisch lauter sein, damit er nicht abstürzt oder den Dämonen des Wahnsinns verfällt. Eine der Maßnahmen, mit denen er sich schützen kann, ist das Einreiben oder Räuchern mit dem heiligen Kraut, dem Beifuß.«
> Storl 1996a: 139

Der Beifuß (*Artemisia vulgaris* L., Compositae) ist ein Räucherstoff der Rauhnächte. Als Gertenkraut wurde er in die Lebensrute gebunden. Er würzt fette Braten beim Festtagsschmaus am ersten Weihnachtstag und steht somit letztlich mit archaischen Tieropfern im Zusammenhang. So haben wir im Beifuß eine der ältesten Erinnerungen an das Ritualleben der Menschheit vor uns.

Beifuß wurde in reichlicher Menge in den Höhlen von Lascaux (Frankreich) gefunden, einem oft als »Kathedrale der Eiszeit« bezeichneten steinzeitlichen Ritualzentrum. Genauer in den Ablagerungen der Rentierjäger, die auf ein Alter von 17000 Jahren datiert werden. Auf ihre schamanische Kultur geht die Verbindung zwischen dem Rentier und dem Weihnachtsmann zurück. Offensichtlich hat-

78 Der in Spanien geborene Dominikaner Diego de Durán (1537–1588) ist in Mexiko aufgewachsen und hat eine umfangreiche Chronik des alten Mexikos, speziell über die aztekische Kultur verfasst. Zitiert nach Coe und Coe 1997: 124.

ten die Rentierjäger eine ebenso intensive Beziehung zum Beifuß wie dieser mit den kulinarischen Höhepunkten unseres Weihnachtsfestes.

Der Name Beifuß verführt zur Deutung, er wachse am Wege, also bei Fuß. Doch leitet er sich von dem mittelalterlichen Wort *biboz* ab, was »Beibett« oder »Beistoß« bedeutet und somit deutlich auf aphrodisierende Eigenschaften verweist. In der Tat wird dem Beifuß nachgesagt, er sei ein Liebesmittel (weshalb er der Liebesgöttin Freia-Ostera heilig war) und sogar ein Liebeszauber: »Der Beifuß vermittelt also den Lenden die Kraft eines Donnergottes und öffnet den heiligen weiblichen Schoß« (Storl 1996b). Die germanischen Frauen hielten bei der Geburt ein Beifußbüschel in der Hand. Der Beifuß, der der germanischen Geburtsgöttin Holla (= Frau Holle) geweiht war, sollte den Übergang des Kindes von der jenseitigen in die diesseitige Welt erleichtern.[79] Deshalb gehört das aromatische Gewächs zu den Johannis- und Marienkräutern. Aus demselben Grund gab man den Toten Beifuß mit ins Grab. Die Germanen legten Beifußbüschel auf die Scheiterhaufen der Verstorbenen.

Seine Bezeichnung »Sonnwendgürtel« spielt auf die rituelle Rolle des Beifuß bei den beiden Sonnenwenden, an den längsten und kürzesten Tagen und Nächten an. Im Sonnwendfeuer zu Mittsommer verbrannte man Beifußbüschel, mit denen man sich umgürtet hatte, mit dem Wunsch, alles Unglück möge damit von einem fliehen.

Die Verbindung der Pflanze zum wilden Himmelsgott Wotan klingt in volkstümlichen englischen Namen an: *Old man* (»Alter Mann«), *Felon herb* (»Folgekraut«, Kraut der Fulga, der Folgeseele?), *Naughty man* (»ungezogener Kerl«), *Old Uncle Harry* (»Alter Onkel Harr[i]«; der altnordische Name Harr bedeutet »Hoher« und bezeichnet Odin/Wotan).

Magische Bedeutung

Der Beifuß ist auch ein altes Apotropäum (ein dämonenabwehrendes Mittel), Gegenzauber und Amulett. Er schützte gegen Blitzschlag und war folglich dem Gewittergott geweiht. Die Römer hängten Beifußkränze in ihre Häuser – auch um den bösen Blick abzuwehren.[80] Wie am Namen *Artemisia* deutlich war Beifuß der antiken Göttin der Wildnis Artemis geweiht, der Zwillingsschwester des Sonnengottes Apollon. Artemis wurde mit der römischen Jagdgöttin Diana identifiziert, die in der frühen Neuzeit zur Hexe wurde. So wurde ihre Pflanze zum »Hexenkraut«, das sowohl von »Hexen« genutzt wurde, als auch vor ihnen schützte.

Beifußkraut gilt als ein zauberkräftiges Mittel, um den Bindezauber des Nestelknüpfens (angehexte Impotenz) oder des Schoßschließens (angehexte Frigidität) zu lösen.

Das Beifußkraut *(Artemisia vulgaris)* gehört zu den ältesten Schamanenpflanzen der Menschheit. Beifuß ist ein Urräucherstoff der Schamanen des alten Europa, im Himalayaraum, im modernen Korea usw. Wegen seiner dreigliedrigen Blätterform wird er als Dreizack des Urschamanen Shiva (= Dionysos, Wotan) angesehen (Kalinchok, Nepal, 8/1998).

Angelsächsischer Kräutersegen (11. Jh.)

»Erinnere du dich, Beifuß, was du verkündest, was du anordnest in feierlicher Kundgebung. Du, das älteste aller Kräuter, du hast Macht gegen 3 und gegen 30, du hast Macht gegen Gift und Ansteckung, du hast Macht gegen das Übel, das über das Land dahinfährt« (nach Schöpf 1986: 63).

79 Nach der älteren Literatur wurde Beifuß als Mittel bei verspäteter Menstruation und auch zur Abtreibung eingesetzt.

80 Daher vielleicht sein in Norwegen geläufiger volkstümlicher Name »Hüttenwurzel«.

Die Martins- und Weihnachtsgans

»In vielen Mythen verschiedener Kulturen ist es die Gans, die das goldene Ei legt, aus dem heraus die Sonne geboren wird.«
NAUWALD 2002: 34

»Der heilige Martin, dessen Namenstag auf den 11. November fällt, nahm nach der Bekehrung der keltischen Völker die Stelle des Totengottes Samain ein. In den neblig grauen, trostlosen Novembertagen besiegt dieser Gott der Unterwelt den Sonnengott, übernimmt die Herrschaft über das Land und bemächtigt sich der Vegetationsgöttin, der Gemahlin der sterbenden Sonne. Mit Klageschreien verkünden die nach Süden ziehenden grauen Wildgänse die Wende der Gezeiten. Nun zieht sich die Pflanzengöttin mitsamt der grünen Vegetation in das finstere unterirdische Gemach ihres schwarzen Gebieters zurück. Dann ist die Zeit des Erntens und Heilkräutersammelns vorbei. Bis auf den grauen Beifuß, der als allerletzter gesammelt werden darf, sind alle Pflanzen nun ›pucca‹ (tabu). Was jetzt noch gepflückt werde, bewirke Unheil anstatt Heil. Mit diesem letzten Büschel Beifuß werden Haus und Stall geräuchert und die zur Feier dieser Jahreswende geopferte Gans geweiht« (STORL 1996a: 137). Das Räuchern mit Beifuß wie auch das Würzen der Martins- oder Weihnachtsgans gehen auf germanische und keltische Rituale zurück.

Flugsalbe aus Gänsefett

»Die Gans ist ein auffälliges Symbol für die fliegende Hexe, ein Bild des magischen Fluges, das sogar der modernen, westlichen Gesellschaft vertraut ist. Frau Holle, eine Version der altnordischen Hela, der verschleierten Göttin der Unterwelt, wird mit dem winterlichen Schnee in Verbindung gebracht, der angeblich aus dem Gefieder ihrer heiligen Vögel, der Wandergänse, fällt. In der Weihnachtszeit erinnert man sich zumindest im englischsprachigen Kulturraum an sie und bezeichnet sie als *Mother Goose* (›Mutter Gans‹). Von ihr ist auch im folgenden Kinderlied die Rede:

›Old Mother Goose
when she wanted to wander
would fly through the air
on a very fine gander.‹

›Alte Mutter Gans,
wenn sie umherziehen wollte,
flog sie gewöhnlich
auf einem sehr schönen Gänserich
durch die Luft.‹

Die durch die Nacht fliegende Hexe verrieb als symbolische Darstellung ihres Fluges oft Gänsefett auf ihrem Körper; die nächtlichen Hexenflüge wurden oft als ›*grease flights*‹ (›Talgflüge‹) bezeichnet, die Hexen selbst als ›*grease birds*‹ (›Talgvögel‹) oder ›*lard wings*‹ (›Schmalzflügel‹)« (DEVEREUX 2000: 131f.).

In gut sortierten Obst- und Gemüsehandlungen bekommt man zu Weihnachten Bündel von frischem Beifuß. Beifuß als Würzkraut, als Gewürz für Gänsebraten, die Martinsgans – »aus der Weihegans wurde die Weihnachtsgans«[81] (STORL 1996b). Das Beifußkraut soll die Verdauung des schweren Gänsefetts[82] fördern, wie dies andere Gewürze meist viel besser auch tun.[83] Der wahre Grund ist eher ein ritueller. Die Opfergans für Wotan wird mit dem heiligen Duft von Beifuß sozusagen als olfaktorisches Zeichen aromatisiert. Der Gott wird dadurch auf das Opfer aufmerksam und kann den Bitten und Wünschen der Opfernden lauschen und sie – so er will – erfüllen! Sozusagen ein duftender Wunschzettel für den Weihnachtsmann!

Was ist Opfern?

Das Wort Opfer ruft zwiespältige Gefühle und Assoziationen hervor. Bilder barbarischer Völker, die vor den Idolen ihrer schrecklichen Götter grausame Menschen- und Tieropfer darbringen; Im-

81 Ein »Mann, der sich ausbeuten lässt«, wird gemeinhin »Weihnachtsgans« genannt (BORNEMANN 1974 I).
82 Dem »Gänsefett schrieb man sexuell anregende Wirkung zu« (HILLER 1989: 85).
83 Als Gewürze für den Gänsebraten nennt *Das Kochbuch des Mittelalters* (EHLERT 1990): Salz, Pfeffer, Fenchelsamen, Kümmelpulver oder Zitrone, Ingwer, Pfeffer, Muskatnuss, Nelken, Zimt, etwas Kümmel. Wacholderbeeren für die Füllungen (auch hier ein Bezug zu Wotan: Der Wacholder heißt bezeichnenderweise im Volksmund auch Wodansgerte, Martinsgerte oder Lebensgerte).

Der zukünftige Entenbraten sucht Schutz unterm Weihnachtspilz (Taschenkalender, Deckblatt, München: W. Heye Verlag, 2001).

pressionen aus dem Bundestag, mit heftigen Debatten um Steuerreformen, die den Bürgern Opfer abverlangen. Doch das Opfern hat im Grunde eine gänzlich andere Dimension: Es dient der Bewusstwerdung des Zusammenhangs von Leben und Tod! Tieropfer sind ein Relikt aus der Zeit, als der Mensch ausschließlich als Jäger lebte. Jäger bedanken sich bei ihrer Jagdbeute dafür, dass sie ihr Leben für das der Menschen gaben. Das Jagen und Töten von Tieren erinnert sie an das unvermeidliche Zusammenspiel von Leben und Tod.

Früher war das Opfern von Tieren weit verbreitet, wurde später unterdrückt oder von Kulten auf einer eher symbolischen Ebene abgelöst. In einigen Regionen der Welt hat sich diese religiöse Praktik jedoch bis heute erhalten. Zum Beispiel in Nepal. Das Opfern verschiedener Tiere, wie Geflügel, Ziegen oder Büffel, gehört dort zu fast jeder religiösen Handlung und ist fester Bestandteil des täglichen Lebens. Dabei hat das Opfern neben kognitiven, sozialdynamischen, ernährungspolitischen und kulinarischen Aspekten auch schamanische, magische und bewusstseinserweiternde Ziele. Dort ist das Tieropfer nicht zu einem einfachen Tötungsritual verkommen, sondern nimmt im Denken und Fühlen der nepalesischen Bevölkerung einen bedeutungsvollen Platz ein. Durch den bewussten Kontakt mit dem Tod kann der Teilnehmer am Ritual seinen eigenen Platz im Kosmos erkennen und sein eigenes Leben besser verstehen.

Im Weihnachtsfest schwingen noch heute Rudimente von Opferritualen mit, wenngleich sie uns als solche nicht mehr bewusst sind. Doch Gänse, Puter und Karpfen lassen für uns zu Weihnachten ihr Leben. Wir bringen Räucheropfer dar, wenn wir Tannenzweige oder Duftkegel in Räuchermännle verbrennen. Wir stoßen beim Trankopfer mit Julbier, Punsch (Grog, Weihnachtsgrog), Wein oder Sekt auf unser Wohl an.

Rosmarin und der Juleber

> »Der Rosmarin war in den Tagen des Götterthums dem Frô und der Holda geheiligt, und der Jueleber wurde mit Rosmarinzweigen geschmückt. ... als Gedächnispflanze.«
> PERGER 1864: 143

Eine ähnliche Rolle wie der Beifuß spielt der immergrüne Rosmarin (*Rosmarinus officinalis* L., Labiatae) in der Weihnachtsbotanik. Er ist nicht nur Räucherstoff, Wintergrün, Tannengrün, Blütenwunder und ein Rutenkraut, sondern auch ein Gewürz[84] für ein (heute vom Festspeiseplan verschwundenes) weiteres Opfertier des Winterfests, den Eber.

> »Ein goldborstiger Eber, der Gullinborsti, ist das Tier des Freyr, des phallischen Fruchtbarkeitsgottes der Nordgermanen. Beim Laufen strahlen die Borsten dieses Ebers dermaßen, dass sie selbst die dunkelste Nacht erhellen. Er symbolisiert das Sonnenlicht in den Tiefen.
> Er ist es auch, der in den ›Mutternächten‹ zur Wintersonnenwende das stillstehende Jahresrad mit seiner enormen Kraft anstößt, sodass es sich wieder dreht und die Tage wieder länger werden.«
> STORL 2000: 82

84 Rosmarin als mittelalterliches Gewürz für Wildpasteten.

Der Eber ist ein Symbol und das Reittier des Wanengottes Frô, Frey oder Freyr. Er wird manchmal als Bruder der Liebesgöttin Freia angesehen, gilt er doch als Gott der Fruchtbarkeit und Potenz. Er wurde meist mit spitzkegeligem Kopfputz und erigiertem Penis dargestellt. Ihm zu Ehren wurde an besonderen Festtagen, nämlich zur Julezeit und bei Hochzeiten, ein Eber geopfert: der Juleber oder Weihnachtseber. Der Eber hat sogar in der Lombardei eine ähnliche Funktion: »Um Weihnachten tötete man ihn und verkaufte ihn, um den Erlös zu Ehren des heiligen Antonius zu gebrauchen« (Seligmann 1999: 51).

Der Juleber des Fruchtbarkeitsgottes lebt noch in der dazugehörigen Bache fort, der Julgris oder dem Weihnachtsschwein – heute meist aus Marzipan. Der Weihnachtseber, mit Apfel und Petersilie im Maul, wird bis heute speziell mit Rosmarin gewürzt. Der Braten wird dadurch nicht nur würziger, sondern nimmt, mit Bezug auf seine germanische Herkunft, auch den heiligen Geruch des Frô geweihten Weihrauchs an.

Es gibt verschiedene Ursprungsmythen des Rosmarins. Einmal soll er ein assyrischer Jüngling namens Libanotis, »Weihrauch«, gewesen sein. Da er die Götter sehr ehrte, war er ihnen so hold, dass sie ihn in einen götterwürdigen Strauch verwandelten, als er von seinen Landsleuten verjagt wurde. Nach einer anderen Geschichte war die Weihrauchstaude ursprünglich die Sonnentochter Leukothoe. Sie wurde von ihrem Vater in den Rosmarin verwandelt, nachdem sie ihn inzestuös verführt hatte. Die erotische Konnotation hat sich im Volksbrauchtum gehalten, wenn die Frauen den Knaben die Hoden quetschen: »Im Koburgischen pfeffern [= koitieren] oder dengeln [= die Hoden quetschen] die Knaben die Frauenzimmer am ersten Weihnachtstage. Mit Vorliebe wählt man hierzu zwei Rosmarinzweige; der Brauch zeigt somit deutlich seinen sexuellen und erotischen Charakter« (Aigremont 1987: I, 144).[85]

Das stark aromatisch duftende Rosmarinkraut war den römischen Hausgöttern geweiht. Plinius schrieb, dass seine »Blätter wie Weihrauch riechen« (XXIV, 99); deshalb wurden Rosmarinzweige als Räucherbüschel an römischen Gräbern abgebrannt. Aus diesem Grund heißt die Pflanze bis heute Weihrauchkraut, auf Französisch *Encensier* oder *Incensier*. Es wurde in den französischen Hospitälern allein oder zusammen mit Wacholderbeeren zur Verbesserung der Luft geräuchert: »Als Räucherwerk stand Rosmarin schon immer in dem Ruf, ›böse Geister‹ oder auch Krankheitskeime zu vertreiben und auch nervösen Erschöpfungszuständen entgegenzuwirken« (Belledame 1990: 103). Der Rosmarin wird mitunter in Rauhnacht- und Mittwinterräucherungen verwendet, denn er war der Frau Holle, der winterlichen Freia, geweiht.[86]

> »In der Christnacht um zwölf Uhr werden alle Wasser zu Wein, und alle Bäume verwandeln sich in Rosmarin.«
> Perger 1864: 143

Nach dem folgenden beliebten Legendenmuster bemühte man sich im Mittelalter darum, den Rosmarin zu christianisieren. Man erzählte, dass Maria bei ihrer Flucht nach Ägypten die Windeln des kleinen Jesus an einem Rosmarinbusch zum Trocknen aufgehängt habe. Daher hätte der Strauch die Farbe des Himmels angenommen. Rosmarin war denn auch ein Symbol für Treue, Freundschaft und Gedenken. – Rosmarien: Ross-Marie, Freia auf dem Pferde!

85 Belgische Freudenmädchen tragen Eberhauer als Glückssymbole.
86 Verkehrte Welt: Rosmarin heißt auf Arabisch *Iklîl al-gabal*, »die Krone des Berges«. Die Berberstämme in Marokko räuchern bei der Sommersonnenwende mit Rosmarinkraut *(azir)* (Venzlaff 1977: 38).

»Merry Xmas« – von Mama Coca, Coca-Cola® und Santa Claus

»Coca-Cola als »Abendmahl« ist ja eine geläufige Vorstellung der Kulturszene.«
FRITZ 1985: 88

Die botanische Kulturgeschichte hat mehr Facetten, als unserem verklärten Blick auf die Weihnachtsromantik vertraut sind. Jeder Kultur waren bestimmte Pflanzen heilig. Sie verschwanden nicht aus ihrem Gedächtnis, sondern wurden neuen Vorstellungen, Religionen und Riten angepasst. So eroberten auch Pflanzen aus fernen Gefilden das verschneite Weihnachtsland unserer Breiten.

In Peru erzählt man die Geschichte, dass ein gewisser Baum Maria Schutz spendete, sie nährte und kräftigte. Es war weder Stechginster noch Stechpalme, weder Wacholder noch Lorbeer. Für die Peruaner war diese heilige Pflanze der immergrüne Cocastrauch *(Erythroxylum coca)*. Wie anderes Weihnachtsgrün (Stechpalme und Seidelbast) hat dieser Strauch knallrote Fruchtbeeren.

Obwohl die spanische Kirche den Cocagebrauch verboten hatte, verleibte die Volksfrömmigkeit den ehemals heiligen Strauch dem synkretistischen Legendenschatz Südamerikas ein: »man sagt auch, die Jungfrau Maria habe auf ihrer Flucht nach Ägypten unter einem Cocabusch gerastet, ein paar Blätter gekaut und sich danach wieder frisch und zuversichtlich gefühlt. Nach einer anderen Legende soll Jesus den Strauch gesegnet haben, was zur Folge hatte, dass die Blätter fortan den Menschen Kraft verliehen und bei Ritualen verwendet wurden« (WIEDEMANN 1992: 8). So bahnte sich die Cocapflanze, personifiziert als Mama Coca, die Liebesgöttin, ihren Weg in den lateinamerikanischen Synkretismus.

Dem Cocastrauch verdankt das moderne Erfrischungsgetränk Coca-Cola sein unverwechselbares Aroma und einst auch die heute verbannte belebende Wirkung.

Der immergrüne Cocastrauch *(Erythroxylum coca)* hat leuchtend rote Früchte, wie die Stechpalme oder der Seidelbast. Kein Wunder, dass Coca in Südamerika mit der Weihnachtsgeschichte assoziiert wird (Legale Cocaplantage, Chulumani, Bolivien, 2000).

Coca + Cola *(Erythroxylum coca* et *Cola* spp.) – die zwei Pflanzen, denen der weltweit erfolgreiche Softdrink der US-amerikanischen Firma seinen Markennamen verdankt. Wie der Film »Die Götter müssen verrückt sein!« zeigte, fiel die Coca-Cola-Flasche (quasi als Weihnachtsgeschenk für die Menschheit) über der Wüste Südafrikas vom Himmel.

1886 wurde Coca-Cola von dem Drogisten und Morphinisten John Styth Pemberton (1831–1888) in Atlanta erfunden, als nichtalkoholische Alternative zum äußerst erfolgreichen *Vin Mariani*, einem Cocaextrakt in Südwein, der es in sich hatte und besonders von der künstlerischen, intellektuellen, wissenschaftlichen und politischen Elite des späten 19. Jahrhunderts als inspirierende Stimulanz geschätzt wurde[87]. Damals gewann in den Vereinigten Staaten die Alkoholprohibition politisch die Oberhand, und die Volksseele dürstete nach einem »Erfrischungsgetränk« mit ähnlicher Wirkung, aber ohne Alkohol. So eroberte das Konzept des Erfinders zeitgeistgerecht den Markt, und Coca-Cola avancierte zum erfolgreichsten *Soft Drink* (oder besser zur *Soft Drug*) der Geschichte (PENDERGRAST 1996).

Umgangssprachlich wurde Coca-Cola zu *Coke*. Seit der Jahrhundertwende wurde *coke* ein gebräuchlicher Spitzname für Kokain. Weil es durchaus zweideutig war, was die Jugendstil-Generation meinte, wenn sie nach *coke* verlangte, ließ die Coca-Cola-Company das Wort als firmeneigenen Warennamen *Coke*® schützen. 1903 wurde dem Getränk das Kokain entzogen. Nicht aber der Pflanzenextrakt aus der wohlschmeckenden Trujillo-Coca *(Erythroxylum novogranatense* var. *truxillense)* aus dem nordwestlichen Peru. Der typische Geschmack der heiligen Pflanze der Inkas prägt noch heute jede Coca-Cola-Abfüllung. Der Wirkstoff der Pflanze, ihre »Seele«, das verfemte Kokain, wurde jedoch längst exorziert (RÄTSCH und OTT 2003).

Knapp ein Jahrhundert nach der Markteinführung: Santa Claus bringt die »Coca-Cola« ... (Cartoon: Leendert Jan Vis, © Paperclip International®, 1999).

1931 trat die Coca-Cola-Company erstmals mit dem von Haddon Sundblom gezeichneten Santa Claus (FRITZ 1985: 147) auf den Markt. Auch dieses werbewirksame Maskottchen, den US-amerikanischen Weihnachtsmann, ließ die Firma als Warenzeichen *Santa Claus*® registrieren. 1964 hieß der US-

Schneebälle gegen die heiligen Nikoläuse: *Snowballs for Santa-Claus-Clones* (Postkarte von G. Bauer, »Weihnachten 2«, um 1995).

87 Zum Beispiel von Jules Verne, Robert Louis Stevenson, H.G. Wells, Thomas Edison, Jules Massenet, Charles Gounod und den Vätern des Kinos, den Gebrüdern Lumière.

Santa Claus steht vor einem Sternenbanner-Himmel, mit einem Sack voller Überraschungen (Postkarte »A Merry Christmas«, um 1900).

Santa Claus auf einer Coca-Cola-Dose: *Santa Coca*!

Weihnachtsmann schlicht Coca-Cola Santa (van Renterghem 1995: 106). 1966 bezog sich die Werbung des Konzerns deutlich auf das Weihnachtsfest: »*Christmas time without Coca-Cola – Bah, humbug!*«: »Weihnachtszeit ohne Coca-Cola? Nichts als Humbug!« (Fritz 1985: 154-157). Bis heute werden Santa & Co.[88] alljährlich zur Weihnachtszeit als Werbeträger der Coca-Cola-Company eingesetzt.

88 So wie der holländische *Sinterklaas* einen Gefolgsmann hatte, nämlich den (oder die) *Zwarten Pieten* (»den Schwarzen Peter«), bekam auch der amerikanische Weihnachtsmann einen Partner: »Santa Claus und das Fetischmännchen, auch Coke-Kobold genannt« (Fritz 1985: 147).

Weihnachtsgewürze und -gebäck

»Das Aroma der Gewürze wird als ein Hauch verstanden, der aus dem Paradies in die menschliche Welt herüberweht.«
SCHIVELBUSCH 1983: 16

In der Vorweihnachtszeit tauchen in den Supermärkten spezielle Gewürzmischungen und ungewohnte Zutaten (z. B. das tierische Produkt Hirschhornsalz) für die Weihnachtsbäckerei auf. Der Duft von Waffeln und Lebkuchen, von Punsch, Kräuterbonbons und mit Weihnachtsgewürzen aromatisierten Tees umschmeichelt unsere Nasen, Noten von Anis, Kardamom, Zimt, Koriander und Nelkenöl schweben über Einkaufspassagen und Weihnachtsmärkten. Wie sonst nur der Frühling betört uns der Advent mit Geruchssensationen aus tausendundeiner Welt.
Seit die Kreuzritter im 13. und 14. Jahrhundert von ihren Beutezügen ins Gelobte Land Gewürze zurück in ihre heimischen Burgen brachten, eroberten die heute beliebten Weihnachtsgewürze Ingwer, Zimt, Gewürznelken, Pfeffer und Safran die Küchen Mitteleuropas. Gerade zur Weihnachtszeit holen wir uns, was immer die Welt an Gewürzen zu bieten hat, ins Haus.
Die folgenden Gewürze werden zum Backen, Kochen, Braten, Würzen, Aromatisieren und auch zum Räuchern verwendet, denn sie stimulierten das Wohlbefinden und hoben die Stimmung in den dunklen Tagen.
Selbst als Rauchknasterzutaten wurden Gewürze und Räucherstoffe der Weihnachtsbotanik, wie Zimt, Sternanis, Cascarille, Gewürznelken, Zimtkassienblüten, Kardamom, Storax, Anis, Koriander, Rosenblätter, Baldrian, Mastix, Benzoe und Zitronenschale, schon im 19. Jahrhundert verwendet. Kardamom, Zimt, Koriander, Violenwurzel, Kubeben, Nelken wurden außerdem als Metgewürze geschätzt (WALLBERGEN 1988: 108).
Erstaunlich viele Weihnachtsgewürze galten als Aphrodisiaka: Muskat, Nelke, Vanille[89], Safran, Kurkuma, Anis, Koriander, Kardamom, Sternanis, Wacholder, Beifuß, Zimt, Ingwer. Damit also sogar die folgende Mischung für Lebkuchen.

»Unsere« typischen Weihnachtsgewürze stammen allesamt aus exotischen, fremdländischen Gebieten: der Ingwer aus Südostasien, der Sternanis aus China,die Muskatnuss aus der indonesischen Malakuprovinz (»Gewürzinsel«), der Galgant aus Siam, Kardamon aus Südostasien, Chilipfeffer aus Mexiko oder Peru, die Zimtstangen aus Ceylon.

89 Unser Wort Vanille leitet sich von Vagina ab (PACZENSKY und DÜNNEBIER 1999: 300).

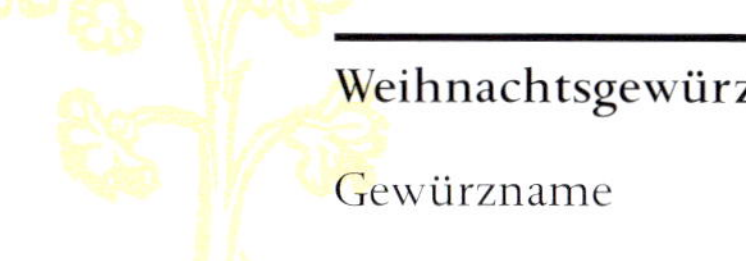

Weihnachtsgewürze

Gewürzname	Botanischer Name	Herkunft[90]
Anis	*Pimpinella anisum*	Ägypten
Beifuß	*Artemisia vulgaris*	Europa, weltweit
Chilipfeffer	*Capsicum annuum*	Mexiko, Peru
Fenchel	*Foeniculum vulgare*	Südosteuropa
Gewürznelken	*Syzygium aromaticum*	Philippinen, Molukken
Galgant	*Alpinia* spp.	Arabien, Südostasien
Hanfsamen	*Cannabis sativa*	Europa
Ingwer	*Zingiber officinale*	Südostasien
Kardamom	*Elettaria cardamomum*	Malabarküste
Kokosflocken	*Cocos nucifera*	Südsee
Koriander	*Coriandrum sativum*	Mittelmeer
Kreuzkümmel	*Cuminum cyminum*	Asien/Nordafrika
Kümmel	*Carum carvi*	Mitteleuropa
Kurkuma	*Curcuma domestica*	Südostasien
Lorbeer	*Laurus nobilis*	Mittelmeerraum
Macis	*Myristica fragrans*	Molukken
Mastix	*Pistacia lentiscus*	Griechenland (Chios)
Mohnkörner	*Papaver somniferum*	Mitteleuropa
Muskatnuss	*Myristica fragrans*	Molukken
Pfeffer	*Piper nigrum*	Indien
Piment	*Pimenta dioica*	Karibik
Rosenwasser	*Rosa* spp.	Südeuropa
Rosmarin	*Rosmarinus officinalis*	Mittelmeerraum
Safran	*Crocus sativus*	Östlicher Mittelmeerraum
Sternanis	*Illicium verum*	China
Vanille	*Vanilla planifolia*	Mexiko
Wacholder	*Juniperus communis*	Europa
Zimt	*Cinnamomum verum*	Ceylon
Zimtblüte	*Cinnamomum odoratum*	China
Zimtkassie	*Cinnamomum odoratum*	China

Mittelalterliche Gewürzmischung für Nürnberger Lebkuchen (Ehlert 1990: 209):

1 Teil Zimtstangen
3 Teile Muskatnuss
1½ Teile Nelken
6 Teile Ingwer
¼ Teil Muskatblüte

In vielen orientalischen Rezepten zur Herstellung von anregenden Elixieren und berauschenden Aphrodisiaka werden immer wieder ähnliche Gewürzkombinationen angegeben. Häufig sind Kombinationen von Zimt, Nelke, Kardamom, Muskat, Ingwer und Pfeffer (verschiedene Arten) zu gleichen Teilen. Die meisten ätherischen Öle aus den Gewürzpflanzen enthalten psychotrop wirksame

90 Die meisten »exotischen« Gewürze (der Alten Welt) waren schon in der Antike in Europa bekannt; sie wurden von Dioskurides und Plinius beschrieben. Gewürze wurden genauso wie Räucherstoffe über weite Entfernungen gehandelt (Schivelbusch 1983). Viele Weihnachtsgewürze gehörten schon in die römische Küche (Thüry und Walter 1999).

Bestandteile. Um diese Wirkung zu erleben, müssen allerdings recht hohe Dosierungen eingenommen werden. Deshalb wurden im Mittelalter die Festspeisen fingerdick mit Gewürzpulver, hauptsächlich aus Pfeffer, Muskat und Nelken bestehend, bestreut (Schivelbusch 1983: 14f.).

Anis und die Andreasnacht

»Anis sollte die sexuelle Lust wecken.«
Hiller 1989: 15

Anis (*Pimpinella anisum* L., Umbelliferae, syn. *Anisum vulgare* Gaertn.) ist heute eines der beliebtesten Gewürze für Weihnachtsgebäck. Das aromatische Doldengewächs stammt vermutlich aus dem östlichen Mittelmeergebiet und ist im Brauchtum vor allem mit dem weihnachtlichen Liebeszauber und -orakel verbunden – wie erstaunlicherweise viele Pflanzen, die mit Weihnachten in Verbindung stehen. Schon Dioskurides schrieb im ersten Jahrhundert, dass die Samen ein Liebesmittel seien, das zum Beischlaf reize (III, 58).

Anis als Erotikon galt besonders in der Andreasnacht als zauberkräftig, deshalb hieß der Andreastag in Böhmen Anischtag oder Anisch (= Anis). »Da ist die Andreasnacht (30. November), ursprünglich eine Festzeit der Wintersonnenwende, der Fruchtbarkeit, des Eheglücks und der Gesundheit, die nach Einführung des julianischen Kalenders in den November verschoben wurde. Andreas (Fro, Freyr) ist der Heiratspatron der Liebenden. (...) An diese Nacht knüpfen sich unzählige Gebräuche des Liebeszaubers und Liebeszwanges auch durch Pflanzen« (Aigremont 1987: II, 75f.). Ein heiratslustiges Mädchen nahm in der Andreasnacht aber nicht nur Anis, sondern auch Hanf. Sie musste unter bestimmten magischen Sprüchen ein Hanfbüschel auf den Boden legen; auch in ihrem Gürtel sollte sie Hanfsamen tragen, dann auf das Büschel springen und singen: »Andrej, Andrej, ich setze den Hanfsamen auf dich./Wird Gott mich wissen lassen, mit wem ich schlafe?« (Benet in Behr 1995: 43).

Als Liebesmittel gelten nicht nur die Anissamen und die damit gewürzten Pfefferkuchen, sondern auch der Anisbranntwein, der heute vor allem in Südeuropa populär ist (Pastis, Pernod) und in die Verwandtschaft des Absinths gehört. An den so genannten Flachsschwingtagen, das heißt bei der Leinernte, wurde ein Gemisch aus Wein und Anisbranntwein, in den Pfefferkuchen eingelegt, als Liebestrank konsumiert. Dieses breiige Getränk hieß »Kümpchen« und wurde von den Mädchen an ihre Liebsten, die dazu vor ihnen knien mussten, verfüttert.

Ein Hauch von Liebeszauber ist auch dem »anderen Anis«, dem Sternanis oder Gewürzstern (*Illicium verum* Hooker, Illiceaceae), zu eigen. Der Name *Illicium* kommt aus dem Lateinischen und bedeutet »anlockend«, was sich auf seinen weihrauchartigen Duft und seine pheromonale Wirkung bezieht!

Der Sternanis ist ein bis achtzehn Meter hoher Baum, der weiße Blüten mit zahlreichen Blütenblättern, die wie ein Sonnenstern aussehen, trägt. Die sternförmigen Früchte mit dem typischen »Weihnachtsduft« werden in Asien von alters her als Zusatz zu Räucherpulvern und Räucherstäbchen verwendet. Der Rauch hat ein feines und würziges Anisaroma, das sich gut mit anderen feinen Düften kombinieren lässt. Der Sternanis bildet einen natürlichen, achtzackigen Weihnachtsstern, der gemahlen gerne in der Weihnachtsbäckerei Verwendung findet.

Schließlich gibt es noch den so genannten Hexenanis. So heißt mancherorts der Schwarzkümmel (*Nigella sativa*), ein wesentlicher Bestandteil des »Hexenrauchs« und ein wichtiges Räucherwerk der Rauhnächte.

Safran, das »rote Gold« für Weihnachten

»Der Safran war ein Abzeichen der Lichtgottheiten.«
Perger 1864: 84

Der Safrankrokus (*Crocus sativus* L., Iridaceae) stammt aus dem östlichen Mittelmeerraum und ist eine der ältesten Kulturpflanzen überhaupt. Eine Wildform ist nicht mehr bekannt. Safran wurde schon in Me-

Der Safrankrokus ***(Crocus sativus)*** ist gut an seinen langen Narbenschenkeln zu erkennen. Sie sind das »rote Gold«, das seit dem Altertum als Gewürz, Heilmittel (Lebermittel, Frauenheilmittel, Lebenselixier), Aphrodisiakum, Räucher- und Farbstoff dient.

sopotamien und im minoischen Kreta kultiviert, später im gesamten Römischen Reich. Ein berühmtes, sehr altes Anbaugebiet liegt im Oberwallis (Schweiz); dort befinden sich die so genannten Krummenegga oder Safranäcker, die 1420 von zurückkehrenden Kreuzrittern angelegt wurden.

Auf Kreta und Thera hatte der Safran eine wichtige rituelle Bedeutung, wie aus den vielen Fresken in den Heiligtümern mit Darstellungen von Safran zu schließen ist. Der Safrankrokus stand offensichtlich mit der priesterlichen Verehrung der minoischen Göttin, mit der Verehrung der Natur und mit der Fruchtbarkeit in Zusammenhang. Wie die Wandmalerei von Thera zeigt, war die Safranernte Sache der Priesterinnen.

Safran wird gerne »rotes Gold« genannt, da er teurer ist als Gold! Rund 250000 Safranfäden (Narbenschenkel) ergeben ein Kilo des begehrten Gewürzes, Heil- und Liebesmittels, Räucher- und Farbstoffs. Fast könnte man meinen, Safran sei das »Gold« der drei Könige aus dem Morgenland gewesen! Denn Gold ist ein Synonym für »Wertvolles« schlechthin.

Safran ist ein beliebtes Gewürz in der Weihnachtsbäckerei – und in der Hanfküche. Eine besondere Spezialität sind Weihnachtssterne aus Haschischbutter und Safran – »der macht den Kuchen« wirklich »geel«. Safran scheint die orale Aufnahme des THC zu verbessern und auch einen eigenen Anteil zur psychoaktiven Gesamtwirkung beizutragen. Wie der Hanf der »Tabak des armen Mannes« war, gilt das ebenso gelb färbende Gewürz aus Südostasien, Kurkuma, als »Safran des armen Mannes«. Aber Kurkuma hat bei weitem nicht die stimulierende Wirkung des echten Safrans.

In Russland wurden beruhigende, aphrodisische und schmerzlindernde Speisen aus Hanf, Safran, Muskatnuss, Kardamom, Honig und anderen Zutaten hergestellt.

> »Deine Reize sind ein Lustgarten von Granatbäumen
> mit erlesenen Früchten,
> mit Zyprus und Rosen, Narden und Safran,
> mit Würzholz und Zimt
> samt allen Weihrauchsorten [Olibanum],
> mit Myrrhe und Aloe[holz]
> samt allen edelsten Balsamen.«
> *Hohelied* XIV

Als kostbarer Räucherstoff wurde der Safran in der Antike Sol, der Sonne, sowie dem Äther, dem »fünften Element«, zugeordnet. Denn der Safran ist kondensiertes Sonnenlicht, das beim Verglühen auf der Glutpfanne wieder frei wird und das Bewusstsein des Menschen erleuchten kann. Im Alten Rom war er ebenfalls der Venus geweiht, denn er konnte venerische Gefühle und Reize spenden. Safran enthält die Essenzen der Licht- und Liebesgötter und ist ein Gefährt für die Große Hochzeit, für die Wiedergeburt der Sonne.

Weihnachtsgebäck

»Wie köstlich er dampft! Wie herrlich er duftet! Wie prächtig er ausschaut! Rund wie ein Kuss, rund wie der Horizont, rund wie die Erde, rund wie die Sonne, Mond und Sterne und all die himmlischen Heerscharen – so ist der Plumpudding«
RIEMERSCHMIDT 1962: 93

Früher begann die Vorweihnachtszeit am 1. Advent.[91] Heutzutage füllen sich bereits mit dem Ende der Sommerferien im September die Regale mit Weihnachtsgebäck und -gewürzen; aus marktstrategischen Gründen, versteht sich. Die Adventszeit war früher eine »Rüstzeit« in Hinblick auf das kommende Fest. Sich am »Vollbuksabend«, dem »Vollbauchsabend« am 24.12., nicht den Bauch vollzuschlagen und den Armen nicht genug zu spenden galt als unheilvoll!

Adventszeit ist Backzeit. Großmütter verführen ihre Enkel mit Plätzchenteig und betörenden Gewürzen – wie die Knusperhexe einst Hänsel und Gretel im Märchenwald. Es ist vielleicht die einzige verbliebene Zeit im Jahr, in der Eltern, Omas und Kinder gemeinsam mit Plätzchenteig und Ausstechformen hantieren, mit Zuckerguss und Lebkuchenhäusern und die Küche in ein duftendes Paradies und klebendes Chaos verwandeln.

Back- und Ausstechformen wie Pilze, Halbmonde, Sterne, Tannenbäume erinnern noch an alte Fruchtbarkeitskulte. In Erinnerung an »Süße als Köstlichkeit auch der Gnade und der Fülle und der geschenkten Gewährung« (RIEMERSCHMIDT 1962: 106) verwendete man, was Küchen und Speicher hergaben, für kalorienreiche Gebäcke: den englischen Plumpudding, Hutzel- und Birnbrote, Klöben und dergleichen. Je nach Familientradition haben die alten Rezepturen regionaler Spezialitäten bis heute nichts an Beliebtheit eingebüßt: Nürnberger Lebkuchen, Dresdner Stollen, Basler Leckerli, Aachener Printen, Spekulatius, Springerle, Bethmännchen, Thorner Katharinen, Lignitzer Bomben usw.

Schwedisches Julgebäck in symbolischen Gestalten: Tannenbaum/Weltenbaum, Sonne und Mond, Mann/Gott und Frau/Göttin, Julbock und Julschwein.

Marzipan

Marzipan wird aus einer Masse von gemahlenen süßen und bitteren Mandeln, mit Zucker und Rosenöl vermischt, geformt. Einst kam auch eine Gabe der heiligen drei Könige hinzu: die Myrrhe. Der Name *marci panis* – Markusbrot – geht auf eine der ersten Quellen zu dieser beliebten Weihnachtssüßigkeit im 9. Jahrhundert zurück, als Kaufleute die Gebeine des heiligen Markus nach Venedig überführten, der dann zum Patron der Lagunenstadt wurde. Auch der katalanische Arzt Arnald von Villanova (gest. 1311) erwähnte das *marzapan*. In Lübeck gehört es seit 1407 zu den begehrten Leckereien des Weihnachtsfests. Die Konditoren von Niederegger, die zu den weltweiten Marktführern gehören, dürfen die seit Jahrhunderten gehütete Rezeptur nicht aus dem Hause tragen. Ein Rezept zur Herstellung von Marzipan überlieferte die Augsburger Patriziertochter Sabina Welserin in ihrem 1553 begonnenen handschriftlichen Kochbuch (EHLERT 1990: 13).

Pfefferkuchen

Pfeffer (*Piper nigrum* L., Piperaceae) kommt aus dem »Land, wo der Pfeffer wächst« – genauer aus Indien. In England heißt der Chilipfeffer *Capsicum annuum* L.

91 Erstaunt erfährt man allerdings aus der Literatur, dass die ersten Anstalten für die Festzeit einst bereits am 24. August begannen, dem Tag des heiligen Bartholomäus, Patron der Metzger und Fischer (RIEMERSCHMIDT 1962: 89).

Weihnachtliche Idylle im Hexenhäuschen. Die Knusperhexe facht das Feuer unter dem Kannibalenkessel für die gekidnappten Kinder an, während ihr feister Geselle in freudiger Erwartung seine Knasterpfeife schmaucht (Wilhelm Busch, *Hänsel und Gretel, Bilderpossen,* 1864).

auch Christmas Pepper. Vielleicht weil die frischen Fruchtschoten in Grün und Rot in die Geschäfte kommen?

Pfefferkuchen, Pfeffernüsse und Lebkuchen basieren auf ähnlichen Gewürzzusammenstellungen und Rezepturen, die schon von mittelalterlichen Klosterbäckereien überliefert wurden. Die Nürnberger Lebkuchen enthalten Zimt, Muskatnuss, Macis, Ingwer, Nelken, Rosenwasser. Kurioserweise jedoch keinen Pfeffer! Wie kommt es dann zu derartigen Namen?

Einerseits, weil Pfeffer ein Synonym für die Vielzahl der verwendeten Gewürze war. Andererseits unter Bezug auf den deftigen Brauch, vor allem jungen Mädchen am 28. Dezember, dem »Tag der Unschuldigen Kindlein«, mit der Fruchtbarkeit verheißenden Lebensrute einen zu »pfeffern« (was in der Umgangssprache bis heute überlebte). Die frivol wohlwollenden Freunde erhielten daraufhin von den scherzhaft »Gezüchtigten« als Dank einen Pfefferkuchen. Die Geistlichkeit verbot diesen Brauch und taufte das »unzüchtige« Gebäck (das in mehrerlei Bedeutung Pfeffer in sich hatte) pietätvoll, aber ungleich blutrünstiger in »Pflastersteine« um, im Gedenken an den gesteinigten und heilig gesprochenen Märtyrer Stephanus: »Sie erinnern an die Steine, mit denen Stephanus getötet wurde, und machen wirklich schmeckbar, dass für den Gläubigen auch das Härteste und das Bitterste süß wird« (zit. von Vossen 1985: 103).

Omas Weihnachtsbackstube (Weihnachtsklappkarte mit einem Motiv von Elspeth Austin, England, o.J.).

In der Gegenwart bringen derlei Bräuche überzeugte Feministinnen auf die Palme (nebenbei bemerkt ebenfalls ein Lebensbaum). Am 28. Dezember 2002 veröffentlichte das *Harburger Wochenblatt* (bei Hamburg, Norddeutschland) unter dem Titel »Körperverletzung und Anstiftung« eine Anzeige

Pfefferkörnergemisch in allen Weihnachtsfarben ...

der Buxtehuder Frauenbeauftragten gegen den Weihnachtsmann: »Der Weihnachtsmann macht sich allerdings gemäß § 223 Strafgesetzbuch wegen Körperverletzung mitsamt dem Ehemann (Anstiftung) strafbar. Gottseidank.« Diese eher amüsante Anekdote belegt, wie sehr der alte, überlieferte Brauch des Pfefferns mit der Lebensrute noch heute die Gemüter erhitzt. Aus Missverständnis, Unkenntnis und Humorlosigkeit ...

Zum Schluss noch etwas Aufbauendes und Heilsames zum Thema: »Lebkuchen wurden als Heilmittel verwandt: gegen Fieber, wenn man sie in bestimmter Weise beschriftete und verzehrte, gegen Rückenschmerzen, wenn man von Weihnachten bis Lichtmess (2. Februar) ein Stück in der Tasche mit sich trug und davon aß, gegen Spulwürmer, wenn man sie als Brei mit Hefebranntwein kochte und davon Umschläge auf den Leib legte. In den Klöstern wurden Lebkuchen mit Heilkräutern gebacken« (Hiller 1989: 174).

Zimtsterne

Im Gegensatz zum vorherigen Beispiel enthalten Zimtsterne tatsächlich Zimt. Auch dieses Gewürz sorgt mitunter für unerwünschte Nebenwirkungen. In der Lüneburger Heide erzählt man, Zimtsterne gelängen manchmal so gut, dass sich der Weihnachtsmann, magisch davon angezogen, über die Bäuerin hermacht ... Denn es ist bekannt, dass Zimt in der richtigen Dosierung und Zubereitung ein erotisches Reizmittel sein kann.

»Im Altertum gehörte Zimt zu den bekanntesten und am häufigsten benutzten Gewürzen und Aromastoffen. Obwohl den Griechen der Zimtbaum nicht bekannt war, kursierten gewisse Legenden über seine Herkunft. Man glaubte, dass der Zimtbaum in Arabien wachse. In der Bibel taucht der Zimt mehrfach unter dem Wort *kinnamon* auf und wird als Duft- und Räucherstoff genannt« (Rätsch und Müller-Ebeling 2003: 731).

Zimtstangen sind zusammen mit getrockneten Orangenscheiben und Walnüssen eine beliebte Weihnachtsdekoration.

Muskat und die Glückskekse der Hildegard von Bingen

> »Es gibt Düfte, die besingen den Weg der Sinne, andere den des Geistes.«
> Charles Baudelaire

Muskatnuss und Muskatblüte oder Macis (der Samenmantel) sind Gewürze – nicht nur für weihnachtliche Speisen, sondern auch für die Liebe. Weit verbreitet, von Indien über Arabien bis nach Europa, war und ist ihr Gebrauch als Aphrodisiakum und Liebeszauber. Im Mittelalter galt Muskat als ein Mittel, das zum »Venushandel« reizt.

Der aus Südostasien, genauer von den »Gewürzinseln« oder Molukken (Insel Banda), stammende Muskatnussbaum (*Myristica fragrans* Houtt., Myristicaceae) gehört zu den ältesten kultivierten Bäumen der Menschheit. Die so genannte Nuss ist im botanischen Sinn der Same der Frucht; die »Blüte« (Arillus) ist die getrocknete Samenhülle. Beide sind nicht nur schmackhaft und aromatisch, sondern können in höheren Dosierungen bewusstseinsverändernd wirken. Die Muskatessenz hat einen moschusähnlichen Geruch und eine pheromonale Wirkung.

Die stimmungsaufhellende Wirkung der Muskatnuss war der mittelalterlichen Äbtissin Hildegard von Bingen gut bekannt, sie war die wichtigste Ingredienz ihrer Rezeptur für »Plätzchen gegen die Traurigkeit«: »Die Muskatnuss hat große Wärme und eine gute Mischung in ihren Kräften. Und wenn ein Mensch die Muskatnuss isst, öffnet sie sein Herz und rein ist sein Sinn und bringt ihm einen guten Verstand. Nimm, wie auch immer, Muskatnuss und in gleichem Gewicht Zimt und etwas Nelken und pulverisiere das. Und dann mach mit diesem Pulver und mit Semmelmehl und etwas Wasser Törtchen, und iss diese oft, und es dämpft die Bitterkeit des Herzens und deines Sinnes, und es öffnet dein Herz und deine stumpfen Sinne, und es macht deinen Geist fröhlich und reinigt deine Sinne, und es mindert alle schädlichen Säfte in dir, und es verleiht deinem Blut einen guten Saft und es macht dich stark« (Hildegard von Bingen, *Physica*, Kap. 1, 21).

»Plätzchen gegen die Traurigkeit«
(nach Hildegard von Bingen)

22 g Muskatnuss, gemahlen
22 g Zimt, gemahlen
5 g Nelken, gemahlen
500 g Dinkelmehl
150 g Rohrzucker
250 g Butter
2 Eier
eine Prise Salz
100 g geriebene Mandeln
Die Plätzchen bei 180 Grad im Ofen 5–10 Minuten backen. Achtung: sie wirken ziemlich stark!

Die »Muskatnüsse« sind die Samen der Frucht, umhüllt vom goldgelben Samenmantel, der »Muskatblüte« oder Macis. Muskat ist die psychoaktive Zutat der Hildegardschen Glücksplätzchen.

Die Wiedergeburt der Sonne

»Heil dir, Sonne!
Heil dir, Licht!
Heil dir, leuchtender Tag!
Lang war mein Schlaf;
ich bin erwacht.«
Brünnhilde in: Richard WAGNER, *Siegfried*, 3. Akt

Wie bereits mehrfach festgehalten, nährte der kürzeste Tag und die längste Nacht zur Wintersonnenwende die Hoffnung unserer vorchristlichen Ahnen auf die Wiederkehr des Sonnenlichts. Die Sonne »nämlich bringt den Dingen das Licht und nimmt fort die Finsternis, sie verbirgt und beleuchtet die übrigen Sterne, sie lenkt den Wechsel der Zeiten und das sich immer wieder erneuernde Jahr nach den Naturgesetzen, sie zerstreut am Himmel das Trübe und lässt auch die Wolken des menschlichen Geistes sich aufhellen, sie leiht ihr Licht auch den anderen Sternen, hervorleuchtend, hervorragend, alles schauend, alles auch hörend ...« (PLINIUS II, 13).
Gewürze und Räucherungen können die Sonne im Menschen erstrahlen lassen, denn das Sonnenlicht wird in den Pflanzen zur »grünenden Kraft« – heute nennen wir sie Chlorophyll – kondensiert. Zum Beispiel der Rosmarin, der dem germanischen Sonnengott Freyr (altnord., »Herr«) = Frô (ahd., »Herr«) = Helios (gr., »Sonnengott«), Bruder der Liebesgöttin Freyja, gewidmet war. »Freyr ist der vornehmste unter den Göttern; er regiert über Regen und Sonnenschein und damit über das Wachstum der Erde; es ist gut, ihn um gute Ernte und Frieden anzurufen; er wacht auch über den Reichtum der Menschen« (Snorri-Edda, *Gylf* 23 F.).
Zu den typischen Sonnengewürzen zählen des Weiteren Galgant *(Alpinia officinarum)*, Gelbwurz oder Kurkuma *(Curcuma longa)*, Ingwer *(Zingiber officinale)*, Muskatnuss *(Myristica fragrans)*, Safran *(Crocus sativus)*, Zimt *(Cinnamomum verum)* (nach MADEJSKY und RIPPE 1997: 56).

Sonnenräucherung nach Sédir[92]

Man nehme:
3 Teile Weihrauch (Olibanum)
1 Teil Zimtrinde *(Cinnamomum verum)* oder Zimtkassie *(Cinnamomum aromaticum)*
1 Teil Kardamomsamen *(Elettaria cardamomum)*
Alle Zutaten werden gemörsert und gemischt. In kleinen Mengen nach und nach auf die Räucherkohle streuen.

Die Sonne steigt aus dem Rauch der Zimtrinde wie der Phönix aus der Asche. Im Altertum gehörte der Zimt zu den bekanntesten und am häufigsten benutzten Gewürzen und Aromastoffen mit pheromonaler Wirkung. Man glaubte, dass der Zimtbaum in Arabien wächst, aber nicht auf der Erde, sondern in den Nestern der Phönixvögel, die an steilen Felsen klebten. Um an den begehrten Zimt zu gelangen, müssten sie überlistet werden. Dazu sollten die Zimtsammler die Gliedmaßen eines verendeten oder geopferten Tieres in der Nähe der Nester auslegen. Wenn sich die Vögel darauf stürzten, hatten die Sammler gerade genug Zeit, um etwas Zimt aus dem Nest zu stehlen.

Sonnengötter Apollon, Mithras und Jesus

»Hör mich, Glückseliger! Waltend
Des alldurchschauenden, ewigen Auges,
Fernhochwandelnder, himmlische Leuchte,
Goldblinkender Titan;
Unermüdlicher, Selbsterzeugter,
Holder Anblick der Lebenden!«
Orphische Hymne an Helios,
mit einem Rauchopfer von Libanonmanna

92 Sédir ist das Pseudonym des französischen Okkultisten und Mitglied des Martinisten-Ordens Yvon de Loup (1871–1926); das Rezept stammt aus seiner »okkulten Botanik« (vgl. BELLEDAME 1990: 117).

Ohne Sonne gäbe es kein Leben. Ohne Licht keine Pflanzen. Ohne Pflanzen keinen Sauerstoff. Ohne Sauerstoff keine Tiere und Menschen!

Die alten Feste zur Wiederkehr der Sonne wurden auf Christi Geburt übertragen. Kaiser Aurelianus führte im Jahr 274 n.Chr. den Kult des *Deus Sol Invictus* – »Gott der unbesiegten, unüberwindlichen Sonne« – in Rom ein, dessen Stiftungstag der 25. Dezember war. Obwohl die Wintersonnenwende am 21. oder 22. ist, wurde das Fest dennoch auf den 25. verlegt. Warum? Wohl weil es der erste Tag ist, an dem man deutlich den höheren Stand der Sonne und ihr Auftauchen aus der Tiefe der Dunkelheit sehen oder spüren kann. Immerhin hieß das Fest die »Wiedergeburt der Sonne«. Gleichzeitig übernahmen die Römer damit den Kult der orientalisch-persischen Sonnengottheit Mithras, dessen Geburtsfest am 25. Dezember begangen wurde. »Der [Mithras-]Myste trat bei seinen Einweihungen jeweils eine Seelen- und Himmelsreise an« (Giebel 1990: 200).

Mit der Sonne standen unzählige Götter der Vergangenheit in Zusammenhang: die ägyptischen Sonnen- und Vegetationsgötter Re und Osiris; der griechische Sonnen- und Lichtgott Helios und auch der germanische Wotan, der mit seinem Wilden Heer in der dunklen Zeit nach der Sonne suchte – um nur einige wenige zu nennen. Allesamt überaus schicksalsbestimmende Gottheiten, deren Macht die jeweiligen Herrscher auf sich übertrugen. Immerhin war die Sonne Lebensspenderin der Pflanzen – wie auch der Menschen[93]. So nennen wir den Sonntag nach dem Tag, der einst Helios, der Sonne, geweiht war.

Vor diesem kosmologisch-mythischen Hintergrund ist es nur logisch, dass auch Jesus die Nachfolge der einstigen Sonnengötter antrat und seine Anhänger die Geburt der wiederkehrenden Sonne auf ihn übertrugen. Allerdings mit einem markanten Unterschied: Nach dem christlichen Glauben ist nicht die Sonne selbst göttlich, sondern sie ist »ein bloßes Geschöpf, dem Gott zu seiner Zeit seine besondere Aufgabe zugewiesen hat. (...) Die Heidenvölker aber blieben bei der Herrlichkeit dieses Gotteswerkes stehen und beteten es in ihrer Bewunderung als Gottheit an, anstatt bis zum Schöpfer vorzudringen« (Forstner 1986: 96). Daher war die Kirche bestrebt, die heidnische Sonnenverehrung auf Christus zu lenken, dem »aufstrahlenden Licht aus der Höhe«[94].

Mysterienkulte

»Soon, oh soon the light
Ours to shape for all time, ours the right
The sun will lead us
Our reason to be here«

»Bald, bald kommt das Licht
Es gibt [allen Dingen] für alle Zeiten Gestalt –
nach unserer Wahrnehmung
Die Sonne lenkt unsere Wege
und ist die Ursache unserer Existenz.«
YES, *The Gates of Delirium* 1974

Um das Mysterium von Leben und Tod zu erschauen und zu erkennen, entwickelten Menschen seit je Techniken und Rituale, die nur Eingeweihten zugänglich waren.

Über die heidnischen Wintersonnenwendfeste und Mysterienkulte schrieb Epiphanios aus Judäa, Bischof von Constantia (heute Salamis auf Zypern), 375 n.Chr.: »Diesen Tag feiern die Griechen, ich meine die Götzenanbeter, am 25. Dezember, der bei den Römern Saturnalia, bei den Ägyptern Kronia, bei den Alexandrinern Kykellia heißt. Denn am 25. Dezember geschieht der Einschnitt, der eine Wende ist, und es beginnt zu wachsen der Tag, da das Licht Zuwachs bekommt« (Vossen 1985: 72). Kykellia heißt »Ritus der Isis«, der Name Isis bedeutet so viel wie »Erde«. Das zwölftägige Fest – den Zwölften, den Rauhnächten entsprechend! – begann mit einem Fackelzug zu Ehren der Geburt des Horus, Sohn der Isis: »Gemeint war damit die Geburt der neuen Sonne, die verbunden war mit der Ankündi-

93 Im Norden tritt die Sonne zur Zeit der Wintersonnenwende nicht über den Horizont. Das schlägt auch den Einheimischen deutlich aufs Gemüt, weshalb viele Menschen mit einer typischen Winterdepression zu kämpfen haben.
94 Neues Testament, Evangelium des Lukas, 1,78, zit.nach Forstner 1986: 97.

Getreideähren sind seit dem Altertum ein botanisches Abzeichen der Großen Göttin, der Getreide- und Mohngöttin Demeter oder Ceres. Kornähren finden sich in allerlei Gestecken und Gebinden der Weihnachtszeit. Sie sind der heiligen Barbara geweiht und finden Ausdruck im »Barbaraweizen« (Relief in Eleusis, Griechenland, Spätantike).

gung der neuen [Getreide-]Aussaat in die von der Nilüberschwemmung frisch gedüngte Erde« (Vossen 1985: 72f.). Die Aussaat wurde am 27. Dezember, dem Fest der Thronbesteigung des Horus, begangen. Wer kennt nicht das Bild der Muttergottes mit dem Jesuskind? Es ist uns bestens aus unzähligen Beispielen der europäischen Kunst vertraut. Dass sich solche Darstellungen typologisch nicht von der allgegenwärtigen Erfahrung der Mutterschaft ableiten, sondern vielmehr von ägyptischen Bildwerken von Isis und dem Horusknaben, ist ein Beispiel für die geheimnisvoll verschlungenen (und auf Vorbilder angewiesenen) Wege der künstlerischen Fantasie. Die Wiedergeburt der Sonne ist das Mysterium der Wintersonnenwende sowie das Symbol für die Erneuerung des Getreides, das heilig ist, denn es liefert Nahrung, Heilmittel und Rauschmittel (z.B. das Julbier).

Das irdische Getreide liefert auch das Stroh für die Weihnachtssterne, die als Zeichen des Helios, des Sonnengottes, an den immergrünen Weltenbaum gehängt werden, und erinnert in der Weihnachtsnacht im Kerzenschein an die mystische Wiedergeburt der Sonne, die zu Mitternacht erstrahlt.

Vom Kyphi-Opfer zur Rauhnächte-Räucherung

> »Jeden Tag tragen mich die Düfte in verwunschene Welten, unerreichbare Gefährten der Schönheit, des Geistes, der Liebe.
> Ohne sie fühle ich mich allein und verlassen.«
> Chin Chia, Han-Dynastie, 200 n. Chr.

Die antiken Feiern zur Wiedergeburt der Sonne sind allesamt Wurzeln unseres Weihnachtsfestes. Die bei unserer Spurensuche wichtigste Quelle dafür ist das antike Buch *Über Isis und Osiris* von dem griechischen Philosophen und ehemaligen, langjährigen Priester von Delphi, Plutarch (um 46–119 n. Chr.). Er war ein intimer Vertrauter der heiligen Riten des Apollon/Helios, in die Mysterien von Isis und Osiris

Ägyptischer Priester (erkennbar an seiner Kahlköpfigkeit) beim Opfern von Weihrauchkugeln (nach einer Wandmalerei in einem Grab von Memphis, 19. Dynastie).

Kyphi-Räuchermischung nach PLUTARCH

Honig *(meli)*	
Wein *(oinos)*	
Rosinen *(staphides)*	
Galgant *(kyperos)*	Zypergras (*Cyperus* sp.)
Harz *(setion)*	Oberbegriff für »Harze«; auch für Olibanum
Myrrhe *(smyrna)*	*Commiphora* spp.
Ginster *(aspalathos)*	*Cytisus laniger* oder *Spartium villosum* VAHL; *Genista acanthoclada* D.C., Stachelginster
Sesel *(seseleos)*	*Bupleurum fruticosum* L., Strauchartiges Hasenohr
Mastixharz *(schinos)*	*Pistacia lentiscus* L.
Erdpech *(asphaltos)*	Asphalt[95]
Binsen *(thryon)*	vielleicht *bryon* = Moos; oder *thyon* = *Tetraclinis articulata* (VAHL) MAST. bzw. *Thuja articulata* VAHL
Ampfer *(lapathos)*	*Rumex crispus* L., Hasenampfer
Kleiner Wacholder *(arkeuthis)*	*Juniperus oxycedrus* L.
Großer Wacholder	*Juniperus phoenicea* L.
Kardamom *(kardamomon)*	*Elettaria cardamomum*
»Kalmus« *(kalamos)*	*Cymbopogon nardus* (L.) RENDLE (= *Andropogon nardus* L.); Zitronellgras

eingeweiht, und verfügte über einen scharfen Verstand und hohe literarische Qualitäten. Er schrieb über das ursprünglich ägyptische Ritual: »Um die Zeit der Wintersonnenwende tragen sie auch die Kuh siebenmal um den Sonnentempel herum; und dieser Umgang heißt die Aufsuchung des Osiris, da die Göttin Isis im Winter nach Wasser verlangt; man geht aber siebenmal herum, weil die Sonne von der Winter- bis zur Sommersonnenwende im siebenten Monate ihren Lauf vollendet. Horos, der Isis Sohn, soll zuerst von allen dem Helios am 4ten des Monates geopfert haben, wie in dem Werke, welches betitelt ist: Geburtsfeier des Horos, geschrieben steht. Dem Helios räuchern sie dreimal täglich, um Sonnenaufgang mit Harz, zur Mittagszeit mit Myrrhen, bei Sonnenuntergang mit dem so genannten Kyphi (...) Sie glauben dadurch die Gunst des Helios zu erwerben und ihm zu dienen« (PLUTARCH, *Über Isis und Osiris*, Kap. 52).[96]

Kyphi – ägyptischer Weihrauch

Das hellenisierte Wort *kyphi* (ägypt. *k}p·t*) bedeutet »Räuchermittel«, ist also ähnlich wie das Wort »Weihrauch« ein Oberbegriff für verschiedenartig zusammengesetzte Räucherungen und Mischungen. Weihrauch galt im alten Ägypten als »der Göttlichmacher«, denn er sollte als Räucherwerk verbrannt die irdische Umgebung vergöttlichen.
Die Rezeptur des legendären Kyphi-Räucherwerks hat schon einige antike Autoren beschäftigt. Die Kyphi-Räucherung galt als besonders wohlduftend und zauberkräftig. Außerdem war Kyphi die »Lieblingsspeise« des Sonnengottes. Wer ihm huldigen wollte, brauchte Kyphi, gutes Kyphi. Mehrere Rezepte sind überliefert. Sie zählen einzelne Zutaten auf, die bis heute nicht enträtselt werden konnten, Schreibfehler aufwiesen oder nur oberflächlich notiert wurden. Die möglicherweise brauchbarste Angabe zur Zusammensetzung des Kyphi findet sich bei PLUTARCH (*Über Isis und Osiris*, Kap. 81); sie zählt 16 Ingredienzien auf.

95 Man nimmt an, dass dieser Asphalt verharztes Petroleum ist.
96 PLUTARCH, *Über Isis und Osiris*, nach neu verglichenen Handschriften mit Übersetzung und Erläuterungen herausgegeben von Gustav Parthey, Berlin: Nicolaische Buchhandlung, 1850, S. 93f.

Zur Zubereitung und Anwendung schreibt Plutarch: »Sie werden aber nicht ohne Weiteres zusammengesetzt, sondern während die Salbenbereiter [!] daran mischen, werden ihnen heilige Schriften vorgelesen. (...) Das Kyphi braucht man als Trank und als Arznei. Getrunken scheint es das Innere zu reinigen, da es den Unterleib erweicht. Ohnedies werden Harz und Myrrhen von der Sonne erzeugt, indem die Pflanzen bei der Mittagsglut sie ausschwitzen. Von den Bestandtheilen des Kyphi gedeihen manche besser bei Nacht, die nämlich von kühlen Lüften Schatten und Tau und Feuchtigkeit sich nähren, da das Tageslicht eins und einfacher ist, die Nachtluft aber ein Gemisch und Ereignis von vielen Lichtern und Kräften, die wie Saamen von allen Gestirnen herab zusammenfließen. Passend also räuchern sie mit jenen, als mit einfachen von der Sonne erzeugten Dingen am Tage, mit diesen aber, als gemischten und an Eigenschaften mannigfaltigen beim Anfang der Nacht« (Plutarch, *Über Isis und Osiris*, Kap. 81).

Im *Papyros Ebers* (ca. 1553–1550 v. Chr.), dem ältesten erhaltenen Medizinbuch aus dem alten Ägypten heißt es: »Kyphi zu brauchen, um den Geruch des Hauses oder der Kleider angenehm zu machen: Trockene Myrrhen, Wacholderbeere, Weihrauch, Cyperus, Aloë-Holz, sebet-Harz, Calmus vom Lande t'ahi (in Asien), înekuun-Körner, Mastix [?], Saft von niûben-Baum [Styrax] zermahlen, zerreiben, in Eins machen und davon auf Feuer thun« (*Ebers*, XCVIII). – Dies ist jedoch nicht leicht zu rekonstruieren, da die botanischen Identifikationen unsicher sind.[97]

So ist die Kombination von Myrrhe und Olibanum als Grundlage von Räucherungen bereits seit pharaonischer Zeit belegt, ebenso die Kombination von Weihrauch und Wacholder. Eine Überlieferung, die sich bis heute im Räucherwerk für die Rauhnächte erhalten hat.

Mastixharz aus Griechenland, ein antiker Räucherstoff des ägyptischen Kyphi-Rezepts. Im europäischen Okkultismus wurde Mastix der Sonne zugeordnet und zur Erweckung des »Zweiten Gesichtes« sowie zur Geisterbeschwörung geräuchert. Beim Räuchern verdampft Mastix mit einer weißen Rauchentwicklung und verströmt einen angenehmen harzigen, aber keinesfalls süßlichen Duft, der an Weihrauch erinnert.

Die Saturnalien und der Ursprung des Räucherns

> »Die Wiederkehr des Saturn,
> der einst im Goldenen Zeitalter,
> dem Frühling der Menschheit,
> als König geherrscht hatte,
> war in damals kursierenden Orakeln
> versprochen.«
> Simon 1990: 196

Während der Saturnalien machte man sich Geschenke: Kerzen und Tonpuppen – »Lebenslichter« und »Lehmmenschen«; Vorläufer der Weihnachtsbaumkerzen und der Geschenkpakete. Die Römer benutzten bei ihren Saturnalien Stechpalmen, denn sie galten als heilige Pflanzen des Saturn.

97 *Papyros Ebers. Das älteste Buch über Heilkunde.* Aus dem Ägyptischen zum erstenmal vollständig übersetzt von Dr. med. H. Joachim, Berlin: Druck und Verlag von Georg Reimer, 1890 (Reprint: Walter de Gruyter, Berlin, New York, 1973). Vgl. Hermann Grapow, *Von den medizinischen Texten: Art, Inhalt, Sprache und Stil der medizinischen Einzeltexte sowie Überlieferung, Bestand und Analyse der medizinischen Papyri*, Berlin: Akademie-Verlag (Grundriss der Medizin der Alten Ägypter II), 1959, S. 77ff.

Saturn, genauer Saturnus war der römische Gott des Ackerbaus, der Obst- und Weinkultur. Er wurde schon in der Antike mit dem griechischen Kronos, der »Zeit«, gleichgesetzt. Saturnus war der Gemahl der Ops (= Mater Magna = Rhea-Kybele), der römischen Göttin der Saaten und Ernten, und Vater des Jupiter (= Zeus), der ihn aber seiner Herrschaft beraubte und vertrieb. Ein Attribut des Saturn ist die Sichel oder ein Winzermesser, die *falx*, die auch ein Attribut des Silvanus ist: Die Sichel war das Symbol dafür, dass man wie im Goldenen Zeitalter nicht säen musste, sondern nur zu ernten brauchte.

Unter der Herrschaft des Saturn erlebten die Menschen das glückliche und sorgenfreie »Goldene Zeitalter« *(Saturnia regna)*. In Erinnerung daran und zur Würdigung des gnädigen, gütigen Gottes[98] wurden im alten Rom vom 17. bis 19. Dezember[99] die Saturnalia oder Saturnalien gefeiert. Ein ausgelassenes Fest, bei dem die sozialen Schranken aufgelöst wurden; insbesondere am 19. Dezember, dem Tag, an dem Herren und Sklaven ihre Rollen und ihre Kleidung tauschten. Wenigstens einmal im Jahr sollten die sozialen Unterschiede aufgehoben werden. Wurden sie durch die Umkehr nicht aber deutlicher?

Die wichtigste Quelle für die Saturnalien ist das Hauptwerk des römischen Staatsbeamten und lateinischen Philologen Macrobius (um 400 n.Chr.), *Saturnalia*, das allerdings aus der Spätzeit stammt und deswegen viele Interpretationen aus dieser Perspektive enthielt. Dabei waren sowohl Saturnus als auch Janus *custodes*, also Hüter der Türen der staatlichen Schatzhäuser. Auf der einen Seite des augustinischen Marmorkandelabers erscheint Saturn auf einem friedfertigen Eselkentauren, dem Tierkreiszeichen des Schützen entsprechend, reitend; auf seinem göttlichen Schenkel sitzt ein Adler, der Adler des Jupiter. Auf der anderen Seite desselben Marmorkandelabers reitet Sol-Apollo, der »Sonnengott Apollon«, auf dem Tierkreiszeichen *(zodiacus)* des Krebses: »Der Planet Saturnus reitet auf dem Sternbild des Dezember, weil sein Fest in diesem Monat liegt, während Apollo als Herr der *Ludi Apollinares* [Apollofest, 6. bis 13. Juli] auf dem Sternbild des Juli reitet« (SIMON 1990: 198f.). Der Kandelaber stellt also die beiden Sonnenwenden im Winter und Sommer dar, die Kehrseiten einer Medaille.

Der Gott der Räucheraltäre

> »Zauberhaftes Karthago am Meer!
> Auch wenn du nicht mehr bist, dein Duft
> steigt auf von diesen kahlen Felsen
> und erzählt von Weihrauch, Balsambaum
> und Rosen.«
> Pierre FOUQUET[100]

Saturn war auch der Gott des Räucherns. Das verdeutlicht der Kultus der Phöniker. In der römischen Stadt Karthago (Nordafrika) wurde Saturnus per *interpretatio romana* mit dem dort herrschenden phönikischen Gott Baal Hammon identifiziert, den die Phöniker seit dem 9. Jahrhundert v. Chr. als Fruchtbarkeitsgott verehrten. Der Hauptgott von Karthago war zugleich *hammanim*, »Herr der Räucheraltäre« (SIMON 1990: 194), denn die phönikischen Kaufleute beherrschten den Weihrauchhandel. Ein nicht nur lukrativer, sondern auch politisch brisanter Handel, da die Monopolisierung immer wieder zu Konflikten und kriegerischen Auseinandersetzungen und letztlich zur Vernichtung der Stadt führte.

Durch den phönikischen Handel gelangte der Kult des Gottes der Räucheraltäre schon früh nach Malta, Sizilien und Sardinien und von da in alle Welt. So wurde der Herr der Räucheraltäre praktisch zum Urahnen der Erzgebirger Räuchermännle! Ein Gott, unter dessen Obhut die für die Weihnachtszeit so wichtigen Räucherstoffe Olibanum und Myrrhe standen.

98 Als gnadenloser Richter über die Zeit und Beherrscher des melancholischen Temperaments besaß der greisenhafte Repräsentant des Planten Saturn jedoch auch weniger angenehme Züge.
99 In der Kaiserzeit die auf den 17. Dezember folgenden sieben Tage.
100 Zit. nach ROVESTI 1995: 217.

Die Pflanzen des Saturn

> »Saturnische Kräuter sind nach astrologischer Auffassung alle Gewächse, die dem Planeten Saturn unterstehen. Unter diesen steht – neben Schierling, Nieswurz, Alraun, Sadebaum, Nachtschatten usw. – das Bilsenkraut an erster Stelle.«
> SCHIERING 1927

In der Antike wurden viele Pflanzen den Göttern und Göttinnen zugeordnet. Da auch Planeten als Gottheiten betrachtet wurden, assoziierte man Pflanzen ebenfalls mit entsprechenden Planeten und Gestirnen.

Der Planet Saturn wurde mit Phaeton, dem »Glänzenden«, dem Sohn des Helios, in Verbindung gebracht und deshalb auch »kleine Sonne« oder »Sohn der Sonne« genannt. Die »okkulte Botanik« definiert die Pflanzen des Saturn anhand ihrer astrologischen Signatur: »Die Pflanzen, welche die Signatur von Saturn tragen, wachsen auffallend langsam. Sie sind schwer, klebrig, zusammenziehend. Sie haben einen bitteren, strengen oder essigsauren Geschmack. Diese Pflanzen bringen Früchte ohne Blüten hervor und tragen oft schwarze Beeren. Ihr Geruch ist stark, ja penetrant, sie sehen oft düster bis unheimlich aus. Sie sind sehr harzhaltig, haben eine betäubende Wirkung und stehen mit Todes- und Trauerzeremonien in Verbindung« (BELLEDAME 1990: 25f.).

Bei den römischen Saturnalien wurde die Stechpalme als rituelles Immergrün aufgehängt. Nach Nicholas Culpeper (1616–1654), dem berühmten englischen Arzt und Astrologen, ist die Stechpalme ein saturnischer Baum, seine immergrüne Kraft steht somit unter dem Einfluss dieses Planeten. Ebenso zählen der Olivenbaum, Flechten (»Weihnachtsmannbärte«), Haselwurz, Mistel, Mutterkorn (Secale cornutum) und Schachtelhalm (»Weihnachtbäumerl«) dazu.

Seit der Antike wurden viele Pflanzen unserer heutigen Weihnachtsbotanik als Räucherstoffe astrologisch dem Saturn zugeeignet: Tanne, Fichte, Kiefer, Eibe, Zypresse, Sadebaum, Kostus, Storax (Styrax), Wurmfarn, Erdrauch, Haselwurz, Myrrhe, Bilsenkraut, Raute, Asafoetida, Baldrian, Hanf, Nieswurz, Alraune, Opium, Salbei, Nachtschatten, Eisenhut, Tollkirsche (Walkerbeere = Walkürenfrucht), Schierling (Wüterich = der Wütende: Wotan), Efeu. Da dem Planetengott Saturn, dem »Hüter der Schwelle«, alle psychoaktiven Pflanzen (Alraune, Bilsenkraut, Hanf, Eisenhut usw.) zugeordnet werden, kann man davon ausgehen, dass sein alchemistisches Elixier eine geistbewegende Wirkung hervorbringen kann. Viele saturnische Pflanzen stehen im Ruf, Aphrodisiaka zu sein: »Saturn und Venus bringen gemeinsam einen großen Baum hervor« (BELLEDAME 1990: 31). Die Wirkungen vieler saturnischer Pflanzen passen gut zu dem rauschhaft-wilden Treiben der Saturnalien.

Schließlich unterstanden auch Bohnen dem Einfluss des Plantengottes; sie spielten während der Saturnalien und anderer ekstatischer Mysterienkulte oder »Nachfeiern« im alten Rom eine gewisse Rolle.

Das venerische Bohnenfest

> »Bohnensuppe hatte einen derart erotischen Ruf, dass sie im siebzehnten Jahrhundert im Nonnenkloster San Jerónimo verboten wurde, um unangebrachte Erregungszustände zu vermeiden, aber der Ruf ist verhallt, seit die Nonnen dort sich ihrer Habits entledigt haben.«
> ALLENDE 1998: 197

Bohnen sind alte Kulturgewächse aus der Familie der Hülsenfrüchtler (Leguminosae). Die bekannte Gartenbohne (*Phaseolus vulgaris* L.) zählt dazu wie auch Erbsen (*Pisum sativum* L., Leguminosae) und Linsen (*Lens culinaris* MEDIK., Leguminosae). Eine antike »Bohne« ist eine Art Kichererbse (*Cicer arietinum* L.), die im alten Rom *Venerium*, »die Venerische« oder »Venus-Kichererbse«, hieß: »der religiöse Kult verwendet sie bei Nachfeiern« (PLINIUS XVIII, 32). Die meisten Bohnensorten oder -sippen, die wir heute essen, stammen aus der Neuen Welt, vor allem aus dem tropischen Mexiko, dem wir erstaunlich viele Pflanzen verdanken, die in der Weihnachtsbotanik Berühmtheit erlangten.

»Das Bohnenfest« von Jakob Jordaens (Kaiserliche Gemäldegalerie Wien).

»Im deutschen Aberglauben ist die Erbse wie die Bohne die Kultspeise der Elben in den zwölf Rauchnächten. Man durfte sie nicht essen, sonst bekam man Hautflecken oder wurde elbisch verwirrt. Daher fängt man auch in einem Erbsenfeld die wilden Frauen, die mit ihren berückend schönen langen Haaren junge Burschen wie Ehemänner betören. – Erbsen verwendet der deutsche Liebeszauber: eine Schote mit neun [!] Erbsen, die man hinter die Türe legt, bewirkt, dass der nächste Eintretende den Namen des künftigen Bräutigams oder der künftigen Braut ausspricht. (...) Die Erbse gehörte dem Donar, dem Ehegotte. Sie macht fruchtbar und bringt Segen. (...) Erbsen werden auch am Christabend dem Vieh in die Ställe geworfen und machen es fruchtbar« (Aigremont 1987: I, 125f.).

Aus den römischen Saturnalien entwickelte sich in Germanien das Januarfest, mit dem man das Erwachen der Erde aus dem Winterschlaf feierte. Da die Bohne als Fruchtbarkeitssymbol im Mittelpunkt der rituellen Aufmerksamkeit stand, taufte der deutsche Volksmund die sexuellen, »Grenzen überschreitenden« Orgien und die saturnischen Sauf- und Fressgelage des Januars »Bohnenfest«[101]. Außerdem hatte die Bohne eine sexuelle Konnotation: »Die Hexen erhielten am Walpurgistag auf dem Blocksberg vom Teufel eine Bohne, an welche ihr Leib- und Buhlteufel gebunden sein sollte. Die Bohne deutet hier erotisch auf die Hoden hin. Wegen ihrer Hodengestalt steckte in der Bohne die Lebenskraft. ›Bohnensuppe‹ nennt man im Volksmund den männlichen Samen« (Hirschfeld und Linsert 1930: 192).

101 Die römischen *Fabariae*, »Bohnenfeste«, fanden im Juni, also zur Zeit der Sommersonnenwende statt! Dabei wurden den Göttern frische Bohnen geopfert (Macrobius, *Saturnalia* I, 12).

Beim Bohnenfest wurde der Ritualmeister, der Bohnenkönig, gewählt: »Man buk im letzten Rauchnachtabend (6. Januar) einen Kuchen, in dem sich nur eine Bohne befand. In wessen Stück die Bohne gefunden wurde, ward Bohnenkönig. Er dirigierte das Zechgelage und intonierte die obscönen Gesänge« (AIGREMONT 1987: I, 123).

Bohnenfest: 6. Januar

»Aus den römischen Saturnalien entwickelte sich das mittelalterliche Januarfest, dessen symbolische Bedeutung in der Feier der aus dem Winterschlaf wiedererwachenden Erde lag. Wie in Rom führte es auch in Deutschland, den Niederlanden und Frankreich zu Sauf- und Fressgelagen, vor allem aber zu sexuellen Orgien. Der Volksmund taufte diese Feier *Bohnenfest*, weil die Bohne auch bei den germanischen Völkern als Sexualsymbol galt« (BORNEMANN 1974: I).

Was aber macht gerade Bohnen so besonders? Ist es, weil sie bei den Saturnalien als Fruchtbarkeitssymbol verehrt wurden oder seit der Antike als Symbole für Hoden und Lebenskraft galten – wie aus den vorgenannten Zitaten deutlich wurde? Oder weil sie weltweit zu den wichtigsten Eiweißlieferanten des Pflanzenreichs zählen? Für den weihnachtlichen Kontext ist vor allem bedeutsam, dass Bohnen als Götternahrung und Opfergabe, als »Lieblingsspeise« der rauhnächtlichen Dämonen oder Elben galten: »Nach deutschem Glauben war es verboten, in den Zwölf Nächten Bohnen oder Erbsen zu essen, denn in dieser Zeit ziehen die Seelen im Wilden Heer über die Erde und haben Anspruch auf die ihnen zukommende Speise« (SELIGMANN 1996: 77).

Noch heute wird bei Kindergeburtstagen ein Bohnenkönig gekürt. In die Geburtstagstorte wird eine einzige harte getrocknete Bohne (oder auch eine Erbse) eingebacken. Wer sich daran beim Festschmaus die Milchzähne ausbricht (oder auch nicht), der wird als »Bohnenkönig« gefeiert. Nur weiß er nicht, dass er damit den Auserwählten des Sonnengottes Apollon repräsentiert.

Silvester, das »wilde Fest«

»O tiefer Zauber, durch den in das alte Heute
Erneutes Gestern seine Räusche streute!
So pflückt in eines Leibs Vergötterung
Der Freund die Blume der Erinnerung.«
Charles BAUDELAIRE, *Die Blumen des Bösen*, XXXVIII

Wer denkt bei Silvester (auch Sylvester geschrieben) nicht an ausgelassene Partys, Trinkgelage und heftigen Katzenjammer?
Laut Duden (Herkunftswörterbuch) bezieht sich der Name »Silvester« auf den katholischen Tagesheiligen des 31. Dezember, Papst Silvester I. (314 bis 335 n. Chr.). Dass das Wort »Silvester« aus dem Lateinischen kommt und »bewaldet, waldig« oder »Wald« und »Wildnis« bedeutet, erwähnt der Duden nicht. Silvester ist auch der Gott des Waldes, der später zum »Waldschrat« verunglimpft wurde. Über den Umweg des katholischen Kalenderheiligen fand das Wort zu seinem Ursprung zurück: Silvester als ein wildes Fest an der äußersten Grenze des Jahreszyklus.

Schutz- und Fruchtbarkeitsriten

Im Brauchtum hat sich die rituelle Bewusstmachung des Jahreszyklus im Räuchern erhalten. An Silvester wurden die zu Beginn des Jahres, am Neujahrstag aufgehängten Wacholderzweige zum Schutz von Haus und Hof verbrannt. Dann schnitt man frischen Holunder (*Sambucus* spp., Caprifoliaceae), ein traditioneller Schutz vor Feuer, flocht ihn zu Reifen und hängte diese ins Haus. Um Schaden vom Vieh abzuwenden, räucherte man am Weihnachts- und Silvesterabend im Stall Wermut (*Artemisia absinthium*). »In Franken nimmt man am Christ- und Silvesterabend eine Handvoll von jeder Getreidegattung, mischt es in einer Backschüssel mit Kleie und gibt dann jedem Vieh drei Handvoll als Hexenschutz« (SELIGMANN 1996: 152). Pferde wurden mit gestohlenem Kohl (*Brassica oleracea* L., Cruciferae) gefüttert, damit sie das ganze Jahr hindurch gesund und wohlbeleibt bleiben. Um Obstbäume fruchtbar zu machen, wurden sie an Silvester mit einem Säckchen Erbsen geschlagen.
Vor drohenden Todesfällen konnte man sich mit dem Wilden Birnbaum schützen (*Pyrus pyraster* [L.] BURGSD., Rosaceae), der in der Lausitz »Drachenbaum« genannt wird: »Wenn man in der Silvesternacht gleich nach 12 Uhr Brühe von den Früchten des Drachenbaums auf die Hausschwelle gießt, so kommt in dem Jahr der Tod nicht in das Haus« (SELIGMANN 1996: 75).
Eine besondere Schutz- und Heilfunktion hat der Ehrenpreis (*Veronica officinalis* L., Scrophulariaceae). Er heißt im Volksmund auch Sylvesterblume, Männertreu und Allerweltsheil. Die Namen scheinen Programm zu sein: An Silvester macht er die Männer treu (Liebeszauber) und bringt damit aller Welt das Heil.

Die roten Hagebutten (Fructus Cynosbati, *Rosa canina* L.) waren der Freia oder Holda geweiht. Sie dienen auch als Silvesterscherz, indem ihre Samen von Kindern gerne anderen als Juckpulver ins Hemd gestreut werden.

Wie eine *Hagedize* (»Heckenreiterin« = Hexe) mit Hagebutten im Hagedorn sitzt das Christkind zwischen den weihnachtlichen Welten.

»Hagebutten sollten ein besonders wirksames Schutzmittel gegen Unfälle und Krankheiten des kommenden Jahres sein, wenn man drei nüchtern am Weihnachtsabend, am Stephanstag (26. Dezember), am Silvesterabend und vor allem am Neujahrstag aß. Man gab diese Hagebutten durchs Fenster, ohne ein Wort zu sagen. Vor allem wurde diesen drei Hagebutten vorbeugende Kraft gegen Halsschmerzen, Seitenstechen, Magenleiden, Gicht und Rotlauf zugeschrieben. Ein Absud von am Weihnachtsabend gesammelten und pulverisierten Hagebutten sollte gegen Steine und Grieß in Nieren, Galle und Organen helfen« (HILLER 1989: 113).

Auch die Mahlzeiten galten an diesem denkwürdigen letzten Tag im Jahr nicht nur der Ernährung, sondern der Sicherung der Zukunft. Um im kommenden Jahr mit Glück und Geld gesegnet zu sein, sollte man Hirsebrei essen. »Wer an Silvester einen Schuppenfisch isst, hat im folgenden Jahr ausreichend Geld, sagte man und glaubte dasselbe, wenn an Silvester Möhren oder ein Linsengericht auf den Tisch kamen. (...) Einen [Hanf-]Strick sollte man in der Silvesternacht aber nirgends hängen lassen, weil daran Leid ins neue Jahr hinübergelangen könnten« (HILLER 1989: 265).

Wie viel und welches Leid kommen wird, konnte man an einem Pflanzenorakel ablesen: »In der Silvesternacht legte man ein Immergrünblatt [*Vinca minor*] auf einen mit Wasser gefüllten Teller: Blieb es in der folgenden Nacht grün, so erwartete man im kommenden Jahr Gesundheit, Flecke sollten jedoch Krankheit ankündigen und Schwärze den Tod« (HILLER 1989: 140). Aus derlei magischen Riten hat sich das beliebte Bleigießen als Orakelmethode bis in unsere Tage hinübergerettet.

Silvesterpunsch

Dieses norddeutsche Rezept (VOSSEN 1985: 141) besteht aus fünf Zutaten (der Name Punsch ist von engl. *punch* abgeleitet, was wiederum auf Hindi *pañc* = »fünf« zurückgeht):

Arrak (norddeutsche Bezeichnung für Reisbranntwein; Kornschnaps)
Zucker
Zitronensaft
Wasser oder Tee
Gewürze (z.B. Nelken, Zimt, Kardamom, Muskat, Safran)

»Punsch. Der von heißem Wasser, Zucker, Citronensaft und Arrak oder Wein, Wasser, Zucker, Citronensaft und guten Jamaica-Rum bereitete Punsch ist, heiß zu zwei bis vier Gläsern getrunken, ein herrliches Mittel, sich zu erwärmen, zu beleben und den Schweiß zu befördern« (MOST 1843: 513f.).

Glückspflanzen

In den letzten Dezembertagen kommen Pflanzen in die Blumengeschäfte und Supermärkte, die noch an die alten Rituale erinnern und dazu dienten, dem Haus und seinen Bewohnern Glück für das kommende Jahr zu sichern. Kleine Töpfchen oder Miniaturbeete mit Hyazinthen, Anemonen, vierblättrigem Glücksklee, Winterlingen und ähnlich schnell erblühenden und symbolträchtigen Zuchtgewächsen. Die Pflanzenbeete zu Silvester gehen auf die rituellen »Gärten des Adonis« zurück. Adonis war der Sohn des Phönix und der Myrrha, der Verbindung von Zimt und Myrrhe also. Ein jugendlicher Gott orientalischer oder phönikischer Abstammung und von betörender Schönheit; ein

Dreifaches Glück: Silvestertöpfchen in Form eines Fliegenpilzes, mit vierblättrigem Klee bepflanzt und vom Schornsteinfeger beschützt (Deutschland, 1999).

Geliebter der Aphrodite und ein Schwarm der Hetären. Seine heiligen Pflanzen verehren wir heute noch, wohl meist unbewusst, wenn wir ein Silvesterbeet nach Hause tragen und fürsorglich gießen.

• Die Hyazinthe (*Hyacinthus orientalis* L., Liliaceae) war nach der antiken Mythologie aus einem schönen Königssohn, einem Liebling des Sonnengottes Apollon, entstanden, als dieser sein Leben aushauchte. Der Orakelgott belebte seine Asche wieder, allerdings in Gestalt der schönen Hyazinthe, die einen betörenden, aphrodisischen Duft verströmt.

• Anemonen (*Anemone coronaria* L., Ranunculaceae) und Adonisröschen (*Adonis vernalis* L., Ranunculaceae) wurden im Altertum oft miteinander verwechselt und gleichermaßen benutzt. Beide Gattungen der Hahnenfußgewächse standen mit dem jugendlichen Adonis, dem »Nährer der Blüten« und der Aphrodite im Zusammenhang. Das Adonisröschen steht allgemein für die schnell verblühende Jugend.[102] Der Name Anemone wird von griechisch *anemos*, »Wind«, abgeleitet. In der Antike glaubte man, der Wind hätte ein Liebesverhältnis mit dieser Pflanze. Der Wind dringt in die Blüte ein, um sie zu befruchten. Daher auch der volkstümliche Name Windblume.

Die wilde Anemone *(Anemone coronaria)* hat blutrote Blütenblätter und erinnert in ihrer Erscheinung an den rotblühenden Mohn *(Papaver somniferum)* oder Klatschmohn *(Papaver rhoeas)*. Auch sie entstand aus dem Blut des Adonis, des jugendlichen Liebhabers der Aphrodite. Als die Göttin einmal mit ihrem Schwanengespann durch die Lüfte flog, wurde Adonis bei einer unvorsichtigen Jagd von einem Eber gerissen. Als die Liebesgöttin nach Zypern zurückeilte, konnte sie gerade noch zu dem sterbenden Liebhaber sprechen: »›Das Andenken meiner Trauer wird ewig währen, Adonis; und die festliche Begehung deines Todes wird alljährlich ein Abbild meiner Klage um dich sein. Dein Blut wird zur Blume werden ...‹ Nach diesen Worten besprengte sie das Blut mit duftendem Nektar; davon berührt, quoll es auf, wie sich im braunen Schlamm eine Luftblase erhebt. Und es dauerte nicht länger als eine volle Stunde, da war aus dem Blut eine Blume gleicher Farbe entsprossen, rot wie Granatäpfel, die unter zäher Rinde ihre Kerne verstecken. Doch nur kurz kann man den Anblick der Blume genießen; denn sie haftet nur schwach, fällt ab, weil sie allzu leicht ist, und die Winde *[anemus]*, die ihr den Namen geben, wehen sie fort« (Ovid, *Metamorphosen* X, 724ff.).[103]

Anemonen und Adonisröschen wurden bei den antiken Adonisfesten im Frühjahr in den berühmten Adonisgärten gezogen, um an Aphrodites Liebhaber zu erinnern. Diese »Gärten« waren mit Erde gefüllte Tonkrüge. Die schnell keimenden, erblühenden und dahinwelkenden Pflanzen zeigten zum einen das wiedererstehende Leben, aber auch dessen Vergänglichkeit. Genau wie unsere Silvestertöpfe und -beete heute.

• Der aus Südeuropa stammende Winterling, Winterstern oder Winternieswurz (*Eranthis hyemalis* [L.] Salisb., Ranunculaceae) gehört in Nordamerika zur üblichen weihnachtsbotanischen Dekoration und wird *New Year's Gift*, »Neujahrsgeschenk«, genannt, obwohl er ziemlich giftig ist (Herzglykoside). Von Dezember bis März trägt er gelbe Blüten, die wie kleine Sonnen inmitten strahlend grüner Blättersterne sitzen. Dieses florale Neujahrgeschenk bringt mit seinem Blütenwunder neues Licht und neues Leben ins Haus.

102 Das Adonisröschen (*Adonis vernalis* L.) trägt auch die volkstümlichen Namen Böhmische Christwurz oder Böhmische Nieswurz (Schoen 1963: 51), Christwurzkraut (Arends 1935: 55) oder Teufelsauge.

103 Obwohl sich die Identifizierung der beschriebenen Blume als Anemone etabliert hat, könnte damit auch der Mohn beschrieben worden sein.

Neujahr

»Jedes neue Jahr ist eine Wiederaufnahme
der Zeit an ihrem Beginn,
also eine Wiederholung der Kosmogonie.«
ELIADE 1966: 49

Punkt zwölf Uhr Mitternacht beginnt die Geisterstunde und damit das neue Jahr. Der Augenblick des Jahreswechsels hat noch immer etwas Magisches. Wir stoßen traditionell mit Sekt oder Champagner auf das neue Jahr an, prosten[104] uns gegenseitig zu und wünschen uns Glück und Gesundheit. Wir küssen und umarmen zuerst unsere Liebsten, stoßen miteinander an und erhoffen dadurch künftiges Liebesglück. Dann folgen (wenn auch meist vergeblich) die berühmt-berüchtigten guten Vorsätze für das kommende Jahr.

Donnerschlag und Hexenmehl

»Mit Schießen und Peitschenknallen
wurden böse Geister vertrieben, die das neue
Jahr sonst stören würden. Man schoss
über die Kornfelder und in die Obstbäume,
um die Fruchtbarkeit zu wecken ...«
HILLER 1989: 205f.

Silvesterböller und Leuchtraketen – früher Donnerschläge und Hexenblitze genannt – vertreiben die Dämonen des alten und neuen Jahres und imitieren unbewusst das rauhnächtliche Gewitter mit Donner und Blitz am Winterhimmel. In früheren Zeiten vertrieb man mit dem blitzenden Getöse zum Schutz von Haus und Hof unheilvolle Witterungen. Gesichert durch Blitzableiter auf den Dächern fühlen wir uns heutzutage vor derlei Unbill sicher, und nur noch die Haustiere verkriechen sich vor dem ungewohnten Krach. Magie hat etwas Homöopathisches an sich: Gleiches wird mit Gleichem bekämpft. So wehrt man den Blitz am besten mit einem künstlichen Blitz ab, den die Pyrotechnik in farbenprächtigen Versionen beschert. Früher griff man zu diesem Zweck auf die heimische Botanik zurück, genauer auf das geheimnisvolle Hexen- oder Blitzmehl.

Das Feuerwerk zur Begrüßung des neuen Jahres geht auf den steinzeitlichen Schamanismus zurück. Den paläolithischen Schamanen musste beim Hüten des Feuers aufgefallen sein, dass gewisse blütenlose Pflanzen einen feinen Staub absondern, der im Feuer mit einem hellen Blitz und plötzlichem Knall explodiert. Ein dramatischer, hoch theatralischer Effekt und natürlicher Zauber![105] Blitzpulver oder Hexenmehl heißt heute noch das gelbliche dickflüssige Sporenpulver des Bärlapps: »... bläst man einen Teil des Staubes in die offene Flamme und da – verbrennt er augenblicklich in der Form eines grellen Blitzes ohne die Spur von Rauch. Die intensive, explosionsartig schnelle Verbrennung, der schneidende Brandblitz sind so verblüffend, dass man immer wieder eine Prise des Staubes in der Flamme versprühen und aufblitzen lässt. Wie das Lebendige doch so auffällig als Feuer vergeht, mit einer solchen Schnelligkeit und Hitze, und dazu in einem so hellen Lichte!« (SCHENK 1960: 67).

Der Keulen-Bärlapp (*Lycopodium clavatum* L., Lycopodiaceae), eine schamanische »Bärenpflanze«, ist ein altes Zaubermittel (Selago, »Bindekraut«) der keltischen Druiden und im Volksmund unter den Namen Hexenkraut, Schlangenmoos, Teufelsklauen und Erdschwefel bekannt. Die volksmedizinisch genutzten Bärlappsporen heißen dementsprechend Druidenmehl, Alpenmehl, Hexenmehl, Neunheilpulver, Teufels Schnupftabak oder Waldstaub. Die Druiden räucherten und blitzten mit diesem Mehl auf ihren Altären, sehr zum Erstaunen ihrer ehr-

104 Lateinisch *prosit* ist die dritte Person Singular Konjunktiv Präsens Aktiv von *prodesse*, »nützen, zuträglich sein«. Seit Beginn des 18. Jahrhunderts pros-tet man sich mit diesem Spruch zu. Die eingedeutschte Wunschformel stammt aus der Studentensprache.

105 »Die steinzeitlichen Zauberer machten sich diesen dramatischen Effekt ebenso zunutze wie die Theaterdirektoren vergangener Jahrhunderte« (MÜLLER-EBELING et al. 1998: 20).

Der Lehrer Lämpel wird Opfer eines Scherzes von Max und Moritz. Sie stopfen seine Tobakspfeife aus Meerschaum nicht mit Knaster oder mit Tobak, sondern mit Flintenpulver beziehungsweise Schießpulver, einer Mischung aus Kohle, Schwefel und Salpeter (Wilhelm Busch, *Max und Moritz*, 1865).

furchtsvollen Mitmenschen. »Die Druiden der Gallier haben behauptet, dass man sie [die Zauberpflanze *selago*] gegen jedes Übel bei sich tragen solle und dass ihr Rauch gegen alle Augenschäden nützlich sei« (Plinius XXIV, 103).[106]
Bis in die Neuzeit hielt man das aluminiumhaltige (54% Aschengehalt) Hexenmehl für ein Zaubermittel: »Es bringt Glück, vertreibt die Hexen, macht bei den Frauen beliebt, kann unsichtbar machen und verleiht dem Träger im Ganzen übermenschliche Eigenschaften« (Schenk 1960: 68). Na, was will man mehr?

Vom Räuchern zum Feuerwerk

> »Das Silvesterschießen weckt die Saaten der Pflanzen. Böse Geister vertreibt man, indem man über die Brunnen schießt.«
> Früh 2000: 49

Möglicherweise ist das Knallen und Böllern zu Silvester aus dem Räuchern entstanden. Denn es war bekannt, dass Räucherkohle besser brannte (knisterte), wenn sie mit Salpeter getränkt wurde. Entzündet man eine derartig präparierte Kohle (vorzüglich aus den Hölzern von Faulbaum, Erle, Linde, Buche oder Pappel) und streut Schwefel – als Räu-

106 »In der irischen Volksmedizin wird das goldgelbe Sporenpulver erhitzt und der Rauch in entzündete Augen gefächelt« (Storl 2000b: 343).

cherstoff gegen Teufel, Spuk und Hexen – darüber, hat man eine Kombination aller Schwarzpulver-Ingredienzien.
Das Schwarzpulver wurde um 1200 in China erfunden. In Europa entdeckte es der legendäre Mönch Berthold Schwarz[107] im 14. Jahrhundert erneut. Die Chinesen vertrieben mit dem Sprengmittel die Dämonen, der Mönch die Teufel. Heute gehört das Böllerpulver zu unserer Silvester- beziehungsweise Neujahrsbotanik.
Wenn Feuerwerk zischt und knallt, Funken versprüht und in Flammen aufgeht, kann es nur allzu leicht zu unerwünschten Bränden kommen. Daher sind heute wie damals Sicherheitsvorkehrungen ratsam. Früher sollte der Hausvater in der Neujahrsnacht vier Pfähle, nach den vier Himmelsrichtungen ausgerichtet, ums Haus herum in die Erde treiben. So sollte die Feuersbrunst gebremst werden, wenn man ein Glückspilz ist.

»Glückspilze« und Schornsteinfeger

»Wer die Wirkung von Fliegenpilz kennt, der versteht, warum man zur Wintersonnenwende Geister sah oder warum Tiere sprechen konnten. Noch heute gilt der Fliegenpilz, der sich getrocknet auch rauchen lässt, als ein Glückssymbol für das kommende Jahr.«
MADEJSKY und RIPPE 1997: 166

Warum gilt der Fliegenpilz *(Amanita muscaria)* als der archetypische Glückspilz[108] schlechthin? Er zählt zu den geheimnisvollen Symbolen unserer modernen Welt, allgegenwärtig und dennoch unverstanden. Einen Lottogewinner nennt man einen Glückspilz, sein reales Vorbild, den Fliegenpilz, fürchtet man aber als todbringenden Giftpilz. Wie kommen diese konträren Vorstellungen zustande? Wie sind der reale Pilz und sein Symbol miteinander vereinbar?
Der Begriff »Glück« führt uns auf die erste Spur. *Glück* bedeutet im Altgermanischen »Heil« und »selig«. »Glück lässt sich nur umschreiben als ein be-

Glückspilz-Neujahrskarten aus Belgien und den Niederlanden (Anfang 20. Jh., aus LEMAIRE 1995).

107 Ein Standbild ehrt den »schwarzen Berthold« in Freiburg im Breisgau, jener Stadt, die auf die Gründung des gleichnamigen alemannischen Herzoggeschlechts von Zähringen zurückgeht.
108 »Glückspilz (18. Jh., zunächst in der Bedeutung ›Emporkömmling, Parvenü‹, dann ›Glückskind‹ nach engl. *mushroom,* ›Pilz; Emporkömmling‹«, heißt es in: *Der Grosse Duden, Bd. 7 Herkunftswörterbuch*, Mannheim 1963, S. 227.

Von vielen Menschen zu Unrecht als »Giftpilz« gefürchtet, wird der Fliegenpilz gleichzeitig aber als Glückspilz geschätzt. Wie in Japan das neue Jahr mit Tengumasken begrüßt wird, entzündet man in Europa fliegenpilzgestaltige Feuerwerkskörper (Tischfeuerwerk) als glücksverheißendes Symbol zu Silvester und/oder Neujahr.

Neujahr ist der Tag der Glückspilze (Postkarte, 2001, Illustration: Martina Schönenberger, »Glückssammlerin«).

sonderer Zustand des menschlichen Bewusstseins. Glück gehört in die Kategorie des Seins. Es ist also nicht etwas, das man haben kann. Was man auf der Suche nach Glück sucht, ist in Wirklichkeit nicht das Glück selbst, sondern man sucht das, von dem man glaubt oder hofft, dass es uns glücklich mache. Die Suche nach Glück ist in Tat und Wahrheit eine Suche nach der Ursache von Glück« (Hofmann 1997: 108).

Entgegen landläufiger Meinung ist der Fliegenpilz nicht tödlich giftig. Erstaunlicherweise zählt er sogar weltweit zu den am drittmeisten beliebten Speisepilzen. Kenntnisreich und maßvoll genossen, verändert er jedoch das Orientierungsgefühl, die Wahrnehmung und die Träume und öffnet somit ein Tor zu anderen Welten – zu schamanischen Welten, denn er ist ein uraltes schamanisches Symbol und schenkte den Menschen seit Urzeiten verborgenes Wissen und beglückende Einsichten in das Mysterium des Lebens.

Entsprechend ist der wunderschöne und unverwechselbare rote Fliegenpilz mit den weißen Punkten in Mitteleuropa nicht nur ein Glückssymbol, sondern auch ein Tor zur Welt der Feen, der Nymphen, der Zwerge und Kobolde.

Schornsteinfeger

Neben dem Fliegenpilz ist das bedeutendste Glückssymbol der Schornsteinfeger, eine kulturelle Erfindung, seit der Mensch Feuerfang und Rauchabzug entdeckt hat. Schorsteinfegerfiguren stecken meist in den modernen Silvesterbeeten und sollen ein glückliches neues Jahr bescheren. Es gibt Tischfeuerwerk (Apotropäum) in der Gestalt von Schornsteinfegern, mit Hufeisen, den Zeichen der Wilden Jagd, Fliegenpilzen (*Reise*mittel) und einer Leiter (die schamanische Himmelsleiter). Oft tragen die Schornsteinfeger Besen, ein Attribut des Nikolaus und der Hexen.

Kamine und Schornsteine sind Tore zur Anderswelt und gewissermaßen die »Pfeifen des Hauses«, ein alchemistischer Destillierkolben, ein gewaltiges Räucherfass. Der Schornsteinfeger fegt den Zugang zur anderen Welt sauber. Er gehört zur »rituellen Putzkolonne«. Schornsteinfeger steigen durch den Kamin, wie die Ahnengeister, Hexen, Zauberer, Schamanen, die Befana, der Nikolaus und Santa Claus. Sie alle gelten von jeher als Verbindungsglieder zwischen Himmel und Erde.

Der Schornsteinfeger mit dem Fliegenpilz in Händen ist möglicherweise auch eine der vielen Erscheinungsformen des Weihnachtsmannes. Auch er steigt in die Schornsteine und Kamine, putzt sie, nimmt ihnen das Dunkel, sorgt für freien Abzug des Rauches. »Kaminkehrer galten als Glücksboten, besonders morgens bei einer ersten Begegnung« (Hiller 1989: 148).

Pilzwunder im Winterwald. Ein Schornsteinfegerlein erntet zu Silvester und Neujahr die Glückspilze (Postkarte von 1900).

In der Volksbotanik tragen folgende Gewächse auch den deutschen Namen »Schornsteinfeger«:

Carex spp., Cyperaceae, Segge
Equisetum arvense L., Equisetaceae, Schachtelhalm
Hemerocallis sp., *Hemerocallis*-Hybriden, Liliaceae, Taglilie
Ilex aquifolium L., Aquifoliaceae, Stechpalme
Luzula campestris (L.) DC., Juncaceae, Hainsimse, Marbel
Plantago lanceolata L., Plantaginaceae, Spitzwegerich
Polygonum bistorta L. (syn. *Bistorta major* S.F. Gray, *Persicaria bistorta* [L.] Sampaio), Polygonaceae, Wiesenknöterich
Sanguisorba officinalis L. (syn. *S. major* Gilib., *Poterium officinale* [L.] A. Gray, Rosaceae), Großer Wiesenknopf
Tragopogon pratensis L., Compositae, Wiesenbocksbart
Typha latifolia L., Typhaceae, Rohrkolben

»Schornsteinfegerblume«: *Iris germanica* L., Iridaceae, Schwertlilie
»Schornsteinfegergras«: *Luzula campestris*
»Schornsteinfegerputzer«: *Typha latifolia*

Alle diese »Schornsteinfeger«-Pflanzen sind aufgrund ihrer Gestalt Symbole für den reinigenden Kaminbesen.

Neujahrstag

> »Wer am Neujahrstag beim Essen zuletzt fertig ist, wird zu spät in den Himmel kommen.«
> *Redewendung*

Der 1. Januar ist im katholischen Kalender der Tag der Beschneidung Jesu, acht Tage nach seiner Geburt.

Der Neujahrstag verlangt in jeder Beziehung viel Aufmerksamkeit: in Bezug auf Speisevorschriften, Räucherrituale, Geschenkpraktiken, die Behandlung des Katers, Vorzeichendeutungen – denn es gilt, das neue Jahr wie ein Schornsteinfeger von den Schlacken des vergangenen Jahres zu reinigen.

Gegen Kater und Sodbrennen soll es hilfreich sein, die von Weihnachten übrig gebliebenen vertrockneten Lebkuchen, mit Branntwein getränkt und flambiert, auf nüchternen Magen zu essen. Zum Schutz der eigenen vier Wände wird das Haus mit immergrünen Kränzen, Büschen und aromatischen Kräuterbündeln dekoriert. Die alten Römer befestigten bei Tagesanbruch Lorbeerzweige[109] an ihren Haustüren, um böse Geister zu verscheuchen. Zum selben Zweck war es weit verbreitet, am Neujahrstag einen Beifußbüschel am Dach aufzuhängen. »An Neujahr eingesät, bot der Dill, mit Salz und Lein vermengt und entlang der gesamten Hofstelle verteilt, einen ganzjährigen Schutzwall gegen Spuk und böse Geister« (ABRAHAM und THINNES 1995: 50).

Doch was sind eigentlich die »bösen Geister«, vor denen man sich so aufwendig schützte? Das *Reallexikon für Antike und Christentum* (Bd. 11, Stuttgart 1976: 546) gibt dazu die folgende Erklärung: »die bei Dämonen vollständige, bei Geistern überwiegende Konnotation als negativ, zerstörerisch, menschenfeindlich konnte erst zustande kommen, nachdem das Christentum die heidnischen Götter und Gestalten, die man sonst auch im guten, ambivalenten oder neutralen Sinne als Geister oder Dämonen hätte bezeichnen können, verdammt und abgewertet hatte.«

»Am 1. Januar sandten sich die Römer unter den Neujahrsgeschenken, die für das ganze Jahr Glück bringen sollten, auch Backwerk zu« (SELIGMANN 1996: 45). Unzählige Empfehlungen oder Warnungen waren am Neujahrstag mit der Zubereitung von Pflanzen zu Speisen und Getränken verbunden. Der Genuss von Brennnesselkuchen, Bier und Möhren verhieß Geld und gute Gesundheit. Äpfel sollte man hingegen meiden, um von Geschwülsten nicht geplagt zu werden (PERGER 1864: 202; HILLER 1989: 206f.). Auch glaubte man, »Hautkrankheiten abwenden zu können, wenn man an Neujahr ein Erbsengericht aß. Nach einem anderen Glauben sollte man fieberfrei bleiben, wenn man an Neujahr Erbsensuppe aß, während man sonst schlimme Krankheiten zu befürchten hatte« (HILLER 1989: 63).

Der magische und schamanische Klee

> »Vierblättrige Kleeblätter gelten als glückbringend und dienen als Liebeszauber: sie sollten ihre Besitzer sogar hellsichtig machen.
> Wer Mitternachts ein solches Kleeblatt fand, der konnte auf eine große Erbschaft hoffen. Ein vierblättriges Kleeblatt im Haus sollte vor Blitzschlag schützen.«
> HILLER 1989: 156

Wie verblüffend viele Pflanzen, die in der Weihnachtsbotanik Ruhm erlangten, ist auch der Glücksklee oder Essbare Sauerklee (*Oxalis deppei* LODD. ex SWEET, Oxalidaceae, syn. *Oxalis esculenta* OTTO et A. DIETR.) in Mexiko beheimatet. Er heißt auf Aztekisch *xocoyoli*, »Sauernuss«, und wurde erstmals bei SAHAGUN (16. Jh.) beschrieben als ein Heilmittel gegen geschwollenen Körper. Die Wurzel ist essbar, alle anderen Teile enthalten Oxalsäure. Der Sauerklee ist ein Kraut zur Entschlackung und Blutreinigung und hilft so, besser durch den Winter zu kommen. Glückskleeblätter sind ein beliebtes Motiv von Postkarten, die Glück zum neuen Jahr wünschen. Allerdings schützt nur das vierblättrige Kleeblatt, das manchmal im Blattwerk des Wiesen-

109 »Von allem, was die Erde hervorbringt, trifft der Blitz allein den Lorbeerbaum nicht« (PLINIUS II, 146).

Der magische Klee *(Triuolium)* im *Kräuterbuch* (um 1440) des Johannes Hartlieb (99v).

klees (*Trifolium pratense* L., Leguminosae) gefunden wird, gegen Hexenspuk!

Über den Klee *(Triuolium)*, besonders den vierblättrigen, schreibt Johannes Hartlieb in seinem *Kräuterbuch* (ca. 1440): »den selbn nützen dy maister in der Nigrumencia. Es treibn auch sonst zaubrer groß kunst do mit, die in dieses puch nit zu schreiben zimbt« (Kap. 100). Er ergeht sich also auch in dieser Schrift in Andeutungen, verschweigt aber die wichtigsten Informationen.[110]

Die »Meister der Nigrumencia« (der Schwarzen Magie) waren Hexenmeister, Zauberer, Totenbeschwörer, Schwarzmagier. Der historische Dr. Johannes Faust (gest. 1539) wurde als »wunderlicher Nigromanta« (= »Schwarzkünstler«)[111] bezeichnet. *Nigrumencia* war eine der vielen Schreibweisen für das Wort Negromantie und bezeichnete »Zauberei«[112] und besonders die »schwarze Wahrsagung«.[113] Dazu diente nach Hartlieb eine magische Salbe, die er *Unguentum pharelis* nannte und die zur »Ausfahrt« taugte (Kapitel 32). *Unguentum* heißt »Salbe«; die Bedeutung des Namens *pharelis* ist leider nicht bekannt.[114] Gemeint ist die legendäre Hexensalbe, die Flugsalbe, das schamanische Reisemittel.

»Der Klee *(Trifolium pratense)* soll wegen der Dreizahl seiner Blätter von den Druiden heilig gehalten worden sein. In der ersten Zeit des Christenthums war er das Sinnbild der heiligen Dreifaltigkeit und bei den Irländern galt er, von St. Patrick dazu erhoben, als Nationalzeichen. Er schützte vor Zauber und Teufelsspuk und diente zur Feiung der Waffen. Ein vierblättriger Klee gilt allenthalben als ein glückbringendes Zeichen, darum näht man ihn auch einem Reisenden, aber ohne dessen Wissen, in seine Kleider« (Perger 1864: 195f.).

Dies erinnert an zahlreiche Mythen der Alten und Neuen Welt, an die schamanische Initiation, die schamanische Weihe des Wanderers, des Weltenwandlers, die Verleihung magischer Fähigkeiten durch die unsterblichen Mächte, das Seelengeleit im visionären Vogelflug. Hier haben wir die Geschichte von dem wissensdurstigen Wotan, dem liebeshungrigen Tannhäuser, dem somnambulen Träumer.

110 »Der Rest des Glaubens an alte heidnische Gottheiten tritt hier deutlich in Erscheinung und in Widerspruch mit der christlichen Auffassung«, kommentieren die Herausgeber des *Kräuterbuches*, Werneck und Speta (1980).

111 »Wir dürfen das Prinzip so großer [magischer] Operationen nicht außer uns suchen: es wohnt ein Geist in uns, der sehr gut zu vollbringen kann, was immer die Mathematiker, Magier, Alchimisten und Nekromanten Wunderbares und Erstaunliches zu leisten imstande sind«, heißt es bei Agrippa von Nettesheim (XXIX).

112 Nach Johannes Praetorius (1630–1680) lehrt die Zauberei »das Gift bereiten« (*Blockes Bergs Verrichtung*, 1668, S. 50).

113 *Nigromantie* ist eine Wortneubildung des Mittelalters, die auf den Erzbischof von Sevilla, Isidor (um 560–636), zurückgeht und sich an das Wort *Nekromantie* (= »Wahrsagung der Toten« oder »Wahrsagung durch die Toten«; Totenbeschwörung) anlehnt.

114 »Gerade dadurch, dass er später diese Mittel in den ›verpottenen Künsten, Zauberei und Unglauben‹, wenn auch ablehnend, eingehend beschreibt, wird er der Überlieferer sehr alten Volksgutes und von Bräuchen, welche, in ihrem Kern und von allen späteren Verdrehungen befreit, als keltisches und germanisches Wissen im vorchristlichen Glauben der beiden Völker verankert waren« (Werneck und Speta 1980: 61f.).

Die Nacht der Weihnachtshexe Befana

»Seht, da kommt sie, die Befana,
Über Felsen, Berg und Tal.
Regen, Schnee und Graupelschauer
Machen ihr den Weg zur Qual,
Aber sie kommt allemal.

Seht, da kommt sie, die Befana,
Die Arme vor der Brust gekreuzt,
In 'nen Mantel aus Schnee gehüllt,
Frost beschützt sie wie ein Schild,
Ihre Stimme ist der Wind,
Wenn sie um die Ecken heizt.

Die Befana fühlt und sieht,
Wenn den Menschen Leid geschieht.
Ist ein Haushalt ohne Brot,
Liegt ein Kind krank auf den Tod,
Leidet die Familie Not,
Hilft sie, ohne dass man's sieht.«

Italienisches Volkslied, nach Kleinau 2002: 222

Auf mannigfaltige Weise sind Hexen im weihnachtlichen Unterhaltungsprogramm für Kinder allgegenwärtig. In der Weihnachtsbäckerei stehen Hexenhäuser aus Lebkuchen hoch im Kurs. Opern bieten mit *Hänsel und Gretel* von Engelbert Humperdinck (1854–1921)[115] ein kindgerechtes Programm, und Bücher wie *Die kleine Hexe feiert Weihnachten* (Baeten 1996) liegen auf dem Gabentisch. Was aber verschafft Hexen ausgerechnet zur Weihnachtszeit eine derartige Popularität? Möglicherweise wurzelt diese in der italienischen Tradition der Befana.

Befana oder Befania leitet sich ab von Epiphanias, dem Fest der Erscheinung Christi, seines Geburts- oder Tauffests, das die katholische Kirche am Tag der Heiligen Drei Könige beging. Volkstümlich wurde daraus der »Tag, an dem die freundliche Hexe von Haus zu Haus zieht« (Kleinau 2002: 233) und ihre Geschenke verteilt, wie bei uns der Nikolaus.

In Italien kommt die langnasige Befana, die italienische Dreikönigsfee oder »Hexe«, in der Nacht zum 6. Januar, der Dreikönigsnacht am Ende der Rauh-

Die Hexe mit fliegenpilzgemustertem Kopftuch unterm Weihnachtsbaum beim Verteilen ihrer Gaben, der »goldenen Äpfel« (Illustration von Wilhelm Petersen, *Mecki und die 7 Zwerge*, Köln: Lingen Verlag, o.J.).

115 Am 23. Dezember 1893 unter dem Dirigat von Richard Strauss uraufgeführt.

Titel des Kinderbuchs *Die kleine Hexe feiert Weihnachten* (Baeten 1996).

nächte, durch den Kamin und füllt die aufgestellten Stiefel mit Süßigkeiten, mit Herzen, Küken und Kastanien aus Teig. Den Unartigen bringt sie hingegen Asche, Kohle und Knoblauch. Das Befanabrauchtum vereint Vorstellungen vom düsteren Knecht Ruprecht mit dem Geisterheer der Rauhnächte und typischen Motiven aus dem europäischen Hexenglauben. So ist die Befana eine der Hexenschwestern, die in den Rauhnächten spuken: »Am Tage vor Dreikönig werden in Colle Santa Lucia alle ausgedienten alten Besen eingesammelt und in einem Schneeloch verbrannt; dabei erschallt der Ruf: ›Brot und Wein, Brot und Suppe, / und die Kappe der Hexe auf dem Kamin!‹« (Fink 1983: 151). »Sträggele« (abgeleitet von italienisch *strega* = Hexe) gehören in der Schweiz zu den Winterdämonen. Die gruseligen Vorstellungen der »Sträggele, die dem Vernehmen nach unfolgsame Kinder raubt und in der Luft zerreißt« (Lussi 1992: 60), und der alemannischen Frau Faste, die Faulenzer zur Rechenschaft zieht, »und sei es, dass sie ihnen das Gedärm aus dem Leibe reißt« (Riemerschmidt 1962: 118), ähneln dem Bild von Knecht Ruprecht.

Bevor der kirchliche Feiertag den heiligen drei Königen aus dem Morgenland einen festen Platz in unserem Kalender einräumte, war die Nacht zum 6. Januar der Berchta geweiht. Die »Strahlende«, Frau Bert, auch Eisenberta, Frau Holle, Mother Goose, Perchta oder Berchta genannt, gehört wie die Befana zum Geisterheer der Wilden Jagd, das in der dunkelsten Zeit des Jahres durch die Wolken zieht.[116] Wenn die Berchta mit ihrem Gefolge durch

Fliegenpilzgemusterte Perchten.

116 Bis zur Kalenderreform von 1582 berechnete man diesen Zeitraum vom 13. bis zum 25. 12. Der 13. galt der Lichtgöttin, die man mit der christlichen heiligen Lucia identifizierte. In Schweden, wo das Sonnenlicht um diese Zeit ausbleibt, spielt sie als Luciabraut mit einer Kerzenkrone noch heute eine bedeutende Rolle. Heutzutage beginnen die zwölf dunkelsten Tage, in denen das Totenheer durch die Lüfte zieht, am 25. 12., und enden in der Nacht zum 6. Januar (Vossen 1985: 59).

die Wolken fährt, steigt sie auf die Erde, wo Menschen ihr im Freien einen Tisch mit leckeren Speisen und Getränken gedeckt haben. Ihnen schenkt die Berchta ihre Gunst. Da Berchta, die »Strahlende«, derart viel Licht im Dunkel verbreitet, dass man davon nicht nur erleuchtet, sondern auch geblendet werden kann, sollte man sich vor einem direkten Blickkontakt mit dieser übersinnlichen Kraft ebenso schützen wie vor dem unbedachten Umgang mit dem explosiven Feuerwerk.

Im kosmologischen Geschehen und in Fruchtbarkeitskulten wurzelt der so genannte Perchtenlauf, bei dem in den Alpenländern schauerlich Maskierte mit Lärm und Geschrei die unfruchtbaren Wintergeister vertrieben.[117]

Um die Mächte der Dunkelheit zu vertreiben, entzündete man in dieser Nacht auch riesige, aus Stroh gefertigte Räder und rollte sie zu Tal. Damit befruchtete man in dunklen Tagen die eiserstarrte Erde mit dem Licht, das für das Pflanzenwachstum unabdingbar ist.

Frauendreißiger – Weihebuschen gegen Hexen

> »Eine in der Dreikönigsnacht ausgeräucherte Kopfbedeckung hilft gegen Kopfweh.«
> Früh 2000: 62

In Tirol zählen die drei bedeutsamsten weihnachtlichen Vorabende Heiligabend, Neujahr (Silvester) und Dreikönig (Berchtennacht, Befananacht) zu den »Raa-Nächten«, den Räuchernächten. Um Haus und Stall vor den gefürchteten Stall- und Butterhexen zu schützen, musste man in diesen Nächten eine »Raachung« (Räucherung) durchführen. Noch 1983 war in Südtirol der folgende Brauch lebendig: »In Pfunders werden noch heute an allen drei ›Raa-Abenden‹ alle Räume in Feuer- und Futterhaus vom Bauern geräuchert. Dabei hebt man am Heiligen Abend die Hüte und Kopftücher in Brusthöhe über den Rauch, am Silvesterabend in Kopfhöhe, am Dreikönigenabend hingegen, so weit die Arme reichen. So hoch möge dann im Sommer das Korn auf den Feldern gedeihen, lautet der Wunsch« (Fink 1983: 35).

Zu diesem Zweck räucherte man »geweihte Kräuter vom Hohen Frauentag«, die so genannten Frauendreißiger, einen Weihebuschen aus Kräutern, die zwischen Mariä Himmelfahrt (15. August) und Mariä Geburt (8. September) gesammelt werden. Diese Weihebuschen bestehen aus sieben, neun, dreiunddreißig oder dreiundsiebzig Kräutern, den alten heidnischen Götter- und so genannten Dreißigerblumen.

Zu den »Frauendreißigern« gehören folgende Kräuter[118]: Haselzweige, Himmelbrand (*Verbascum* sp.), Hexenkraut (*Circea lutetiana* L.), Himbeerlaub, Schafgarbe, Wermut, Johanniskraut, Traubenkirsche (*Prunus padus* L.), Kirschlaub, Mutterkraut[119], Kornrade (*Agrostemma githago* L.), Baldrian, Farn, Petersilie, Trübkraut (*Primula* sp.), Bettelabbiss (Clematis?), Steinklee (*Melilotus albus* Medik.), Weinraute (*Ruta graveolens* L.), Vermeinkraut (?), Toningkraut (?), Frauenflachs (*Linaria vulgaris* Miller), Schussmalte (?), Mäuseohr (*Marrubium vulgare* L. oder *Hieracium pilosella* L.), Feldklee (*Trifolium pratense* L.), Holzkraut (Wolfsmilch?), Eisenkraut, Seidelbast, Kamille, Feldraute (?). Ansonsten galt beim Binden des Frauendreißigerbuschen die Regel: Man nimmt, was man um diese Zeit zur Verfügung hat.

Eine zentrale Pflanze in den Buschen ist der Breitwegerich *(Plantago major)*, der deswegen auch Dreißig, Dreißigkraut, Frauendreißigstblume heißt;[120] er ist ebenso Bestandteil des »Hexenrauchs«. Auch der Baldrian (Katzen- oder Hexenkraut genannt) gehört in jeden Dreißigerbuschen. »Ein ›Keidl‹

117 Ebenso seltsam wie überdies rein erotisch anmutend ist die Übertragung: »Wenn *Perchta* das ›Geburtsschloss‹, das heißt das Hymen ist, dann stellt der *Perchtenschlüssel* den Penis dar. Das *Perchtenlaufen* ist dann ein symbolischer Begattungsvorgang« (Bornemann 1974, I).

118 Die mit ? gekennzeichneten Pflanzen sind bislang botanisch ungeklärt.

119 *Tanacetum parthenium* (L.) Schultz Bip., syn. *Chrysanthemum parthenium* L., Compositae; volkstümlich Weihnachtsbrosmen (Marzell 1957); brosmen = Brosamen, von bröseln.

120 Die Breitwegerichwurzeln mussten ohne Eisen gegraben werden und wurden zu Amulettketten aufgezogen. Dabei »hielt man sich an magische Zahlen und hängte 3, 7, 9 oder 99 Wurzeln als Amulett um den Hals, um böse Würmer, heimtückische Fieber und verderbenbringende Geister abzuwehren, um sich gegen angezauberte Liebe zu schützen oder bei einer Gerichtsverhandlung einen Rechtsstreit zu gewinnen« (Storl 1996b: 104).

(Zweiglein) am Hut getragen, beschützt den Nachtwanderer vor Unheil und bösen Geistern. Der Baldriantee verlängert das Leben und steigert die Sehkraft der Augen. (...) In Villanders werden die [Baldrian-]Blumen schon vor der Weihe zerschnitten und in einem Tuch auf den Altar gelegt. Am Dreikönigsabend zerreibt man die dürren Blumen zu Pulver und wirft es in die Glutpfanne zur Räucherung« (FINK 1983: 75, 73). Derartige »Dreißigenpulfer« schützten als Amulett vor Blitz und Seuchen.

Der Seidelbast (*Daphne mezereum* L., Thymelaeaceae) gehört mit seinen grünen Blätterbuschen und roten Fruchtbeeren eindeutig zur Weihnachtsbotanik. (Detail, Tafel XV aus: Dr. v. Ahles, *Unsere wichtigeren Giftgewächse – Samenpflanzen Phanerogamae*, 4. Aufl., ca. 1875, Verlag von J. F. Schreiber, Esslingen und München.)

Oberbayerischer »Hexenrauch«
(nach HÖFLER 1994: 117)

Eine Mischung aus:
Weinrautenkraut, *Ruta graveolens* L.
Mithridat (= Mauerpfeffer), *Sedum acre* L.
Tollkirschenblätter, *Atropa belladonna* L.
»Mutterkraut« (= Kamille), *Chamomilla recutita* (L.) RAUSCH., syn. *Matricaria chamomilla* L.
Frauendreißigstblume, *Plantago major* L. (= Breitwegerich)
Teufelsdreck (Asafoetida), *Ferula asafoetida* L.
Stinkwacholder, *Juniperus sabina* L.

Der Seidelbast

> »Vom Seidelbast sagt man, er sei so stark, dass man damit den Teufel an den Beinen festbinden kann; wer mit dem Kraut das Kummet seines Pferdes schmückt, ist vor Hexenbann sicher.«
> FINK 1983: 80

Unter den Kräutern des Dreißigerbuschen hat besonders der Seidelbast (*Daphne mezereum* L., Thymelaeaceae), auch Buschweide, Gemeiner Kellerhals oder Elendsblume genannt, eine komplexe Beziehung zu Weihnachten und zu den Rauhnächten: »Nach einer Legende ist die Pflanze früher ein mächtiger Baum gewesen. Als dann aber das Kreuz Christi aus seinem Holze gefertigt worden war, verkümmerte er immer mehr, bis er zu dem jetzigen niedrigen Strauch wurde« (PRAHN 1922: 157). Die giftige Pflanze war bei Hexen beliebt: »Mit der Rinde, dem Mark und dem Samen des Seidelbastes und mit Kröten bereitet man zum Sabbat ein sehr wirksames Gift«, erklärte der Inquisitor Pierre de Lancre im Jahre 1612 (FILLIPETTI und TROTEREAU 1979: 41). Deshalb heißt der Seidelbast in Böhmen auch »Tollkirsche«!

Der botanische Name der Pflanze geht auf griechisch *dáphnê* zurück, womit ursprünglich der Lorbeerbaum bezeichnet wurde. Da der Seidelbast (= Waldlorbeer) ähnlich aussieht wie dieser und der Name *Laurus* für Lorbeer schon vergeben war, nannte man das giftige Gewächs *Daphne*.

Früher verwendeten Mädchen Seidelbast als Schönheitsmittel, um ihre Attraktivität zu erhöhen. Die roten Früchte machten rote Backen auf weißen Wangen: Weihnachts-Rotbäckchen (SCHENK 1943b: 106)!

Teufelsdreck und Hexenrauch

> »In den katholischen Gegenden Deutschlands durchräuchert man mit Weihrauch [Olibanum] in den Zwölften, am Vorabend von Epiphanias, das Haus und die Ställe zum Schutz gegen Hexen und böse Weiber.«
> SELIGMANN 1996: 285

Räucherwerk wird oft zielgerichtet für beziehungsweise gegen Hexen gebraucht und angeblich auch von den Hexen selbst für Zauberkünste verwendet. Es gibt vom Dach der Welt bis in die Alpen, vom Orient bis zur Nordsee zahlreiche Rezepte für Hexenräucherungen. Der »Hexenrauch« ist ein Vermächtnis des Schamanismus und ist noch heute im ethnobotanischen Brauchtum gegenwärtig. »Hexenrauch« soll zugleich eine umstimmende Opfergabe als auch ein magischer Schutz sein. Oft ist die Räucherung zum Schutz vor Hexen genauso zusammengesetzt wie das Räucherwerk, das Hexen angeblich für ihre Hexereien verwendeten. So ist der »Neunerlei«-Kräuterbuschen ein altgermanischer Zauber und Räucherstoff für die Rauhnächte wie auch ein Räucherwerk, mit dem die Hexen ihren Gewitterzauber zusammenbrauten. Ebenso gehören dieselben neunerlei Kräuter zum volkschristlichen »Weihebuschen«.

»Hexenrauch«

Folgende drei Räucherstoffe heißen im pharmazeutischen Volksmund »Hexenrauch« (nach ARENDS 1935: 122):

1) Olibanum (Weihrauchtränen)
2) Asafoetida und *Nigella sativa* L. (Teufelsdreck und Schwarzkümmel = »Hexenanis«)
3) Baldrianwurzel = »Hexenrauchwurzel« (*Valeriana officinalis* L.)

Asafoetida ist das Gummiharz des Stinkasant (*Ferula asafoetida* L., Umbelliferae), das auf Englisch *Food of the Gods*, »Nahrung der Götter« oder »Götterspeise«, auf Französisch *Merde du Diable*, »Scheiße des Teufels« und auf Deutsch entsprechend Teufelsdreck heißt: »Stellen Sie sich vor, Sie würden am Eingang zur Hölle stehen – Sie wüssten dann so ungefähr, wie Teufelsdreck riecht« (WIESHAMMER 1995: 97).

Die reine Asafoetida-Räucherung soll der Reinigung und Austreibung dienen. Den knoblauchartig und faulig stinkenden Teufelsdreck, den man als Aphrodisiakum und Mittel »gegen Impotenz hochschätzte«, benutzte man auch (sparsam) als Küchengewürz: »Dass wir auf dem Continente, ebenso gut wie die Engländer, Teufelsdreck zur pikanten Würze der Saucen an Hammelbraten etc. nehmen, ist allen Feinschmeckern bekannt« (MOST 1843: 580). Asafoetida ist heute als Gewürz vor allem in der indischen Küche bekannt. Es verleiht den knusprigen Papadams (Teigfladen) ihr charakteristisches Aroma.

Die Kombination von Teufelsdreck und Schwarzkümmel (*Nigella sativa* SIBTH, Ranunculaceae) als Hexenrauch oder als Basis für entsprechende Räucherungen ist weit verbreitet. Der Glaube an die Wirksamkeit des Schwarzkümmels ist uralt: »Die schwarzen Samen sind Medizin für alle Krankheiten außer für den Tod«, lautet ein arabisches Sprichwort. Früher wurde der Schwarzkümmel gerne mit Stechapfelsamen (*Datura stramonium* L., Solanaceae) gestreckt (CHAMISSO 1987: 190).

»Hexenrauch«: Teufelsdreck oder Asafoetida, zermahlen mit Bockshornkleemehl, und Schwarzkümmel wird als Räucherung gegen Hexen, Unholde und Teufel vermischt (Proben aus dem Räucherstoffhandel).

Mecklenburger Räuchermittel gegen Hexen

Man nehme:
4 Teile Teufelsabbisswurzel (*Succisa pratensis* Moench)
1 Teil Teufelsdreck (Asafoetida)
4 Teile Allermannsharnisch (*Allium victorialis* L.)
½ Teil Schwarzkümmel (*Nigella sativa* L.)
Die Zutaten werden zerkleinert und vermischt, dann gepulvert. Das Pulver wird nach und nach auf die Räucherkohle gestreut. Dazu soll man drei Messerspitzen von demselben Pulver innerlich einnehmen (Söhns 1920: 45).

Zum »Hexenvertreiben« wird auch eine Mischung aus Asafoetida und Stinkwacholder oder Sadebaum (*Juniperus sabina* L.) mit »schwarzem Steinöl« (Ol. animale foet.) verwendet (Höfler 1994: 108). In Siebenbürgen backte man zum Dreikönigstag Hanfpfannkuchen, um die drohenden Hexen vom Kamin fortzuhalten. Beliebt ist auch der Gemeine Wacholder (*Juniperus communis* L.): »der Rauch des Wacholders ›vertreibet die Schlangen unn allerhand Gifft (...) reinigt die böse faule Pestilenzialische Lufft (...)‹. Rein magische Bedeutung kommt dem Rauch dann zu, wenn der Bauer der Alpenländer auch heute noch am Abend des Dreikönigstages mit der Räucherpfanne durch Haus und Stall geht, um die bösen Geister zu bannen, und zum gleichen Zweck als Abwehrzeichen die Initialen der Heiligen Drei Könige an die Türen schreibt« (Nemec 1976: 90).

Dreikönigstag, das Ende der Weihnachtszeit

»Weil Neujahr den kosmogonischen Akt wiederholt, werden auch heute noch die zwölf Tage, die Weihnachten vom Epiphaniastag trennen, als Präfiguration der zwölf Monate des Jahres betrachtet.«
ELIADE 1966: 57

Am Tag der Heiligen Drei Könige enden die Rauhnächte und die Weihnachtszeit, und die Kinder dürfen den Weihnachtsbaum plündern. Es ist der Zeitpunkt der Erscheinung Christi, der Epiphanie, auf die sich der Befanabrauch bezieht. »Der Allmächtige erweckt die Körper ebenso wie die Seelen am Epiphaniastage« (EPHRAIM DER SYRER, *Hymn.*, I, 1). »Nach altem Volksglauben sollen Wünschelruten zum Aufspüren von Gold, Silber oder Wasser mit den Heiligen Drei Königen in Berührung gebracht werden. Ebenso soll man nicht versäumen, vor Sonnenaufgang und im Namen der Heiligen Dreifaltigkeit mit drei Schnitten [Zweige] eines Weißhaselnussstrauches abzuschneiden. Der Schnitt muss mit einem bisher ungebrauchten Messer erfolgen. Die drei Zweiglein werden dann auf die Namen der Heiligen Drei Könige getauft; so kann der Erfolg nicht ausbleiben« (FINK 1983: 317).

Je nach kulturellem Hintergrund gilt der 6. Januar als christlicher Feiertag der Heiligen Drei Könige, der Befana und Frau Holle oder auch als Geburtstag des Dionysos. Er ist vor allem ein Gott der Vegetation, aller Fruchtbäume und besonders der Weintrauben, weshalb er später als Blattgesicht in Kapitellen romanischer Kirchen erscheint. Seine Kult- und Beinamen spiegeln sein florales Wesen: *Bakchos* (Spross, Sprössling), *Anthios* (Blütengott, wörtlich »Heilige Blume«), *Dendrites* (Baumgott), *Kissos* (Efeugott, wörtlich »Efeu«). Viele Bäume waren ihm lieb und heilig: die Fichte, die Eiche, wie auch der Lorbeer. Unter den Blumen standen ihm Rosen und Lilien nahe. So könnte man ihn als Paten der immergrünen Weihnachtsbotanik bezeichnen. Kurz gesagt: »Dionysos ist der Gott einer wunderbaren, verzauberten Welt« (MERKELBACH 1988: 109).

Am Dreikönigstag (6. Januar) wurde Dionysos, der antike Gott der Ekstase und »Urbock«, geboren. Mit Efeu bekränzt, sprengt das Dionysoskind auf einem Bock über die Schwelle der Wirklichkeiten und trinkt der Welt zu. (Reklameplakette der Berliner Schultheiß-Brauerei für ihr Bockbier; Blech, farbig bedruckt, Deutschland, 20. Jh.)

»Auf der Insel Andros soll, wie Mucianus (...) glaubt, im Tempel des ›Vater Liber‹ eine Quelle jedesmal an den Nonen des Januar [5. 1.] mit Weingeschmack fließen: man nennt diesen Tag ›Gottesgeschenk‹« (PLINIUS II, 231). Beim christlichen Epiphaniefest am selben Tag feierte man in Kana, dass Jesus bei einer Hochzeit Wasser in Wein verwandelt habe. Der Kirchenvater Clemens von Alexandria (um 140 bis 215 n.Chr.) teilte in seinem Werk *Protreptikos* mit, dass der Geburtstag des Dionysos am 6. Januar begangen wurde: »Die Geburt des Gottes war von einer Reihe typisch dionysischer

Wunder begleitet, zum Beispiel der Verwandlung von Wasser in Wein« (GIANI 1994: 123).
Nicht von ungefähr galt denn auch: »So viele Sterne man am Dreikönigsabend durch den Schornstein sieht, so viele Schoppen Wein darf man an diesem Abend trinken« (FRÜH 2000: 61).

Eine hintergründige Parodie der heiligen drei Könige (Weihnachtskarte, Deutschland, um 1998).

Die heidnischen Magoi aus dem Morgenland

> »Magie, uralter Zauber, von Priestern und Königen in aller Welt seit Jahrtausenden praktiziert, du trugst den Menschen empor zu einem höheren Bewusstsein, machtest ihn seinen Urbildern gleich, lehrtest ihn, die verborgenen Dinge seines Daseins zu sehen!«
> ROVESTI 1995: 80

In unserem Kalender hat der 6. Januar als Feiertag der Heiligen Drei Könige einen festen Platz. Noch heute gehen im Schwarzwald am Dreikönigstag Priester von Haus zu Haus, räuchern den Ort zum Schutz vor schädlichen Einflüssen aus und schreiben mit Kreide (die in geweihtes Salz getaucht wurde) die Buchstaben C M B plus die Jahreszahl an die Haus- und Stalltüren. Diese magische Formel soll Hexen und Druden abhalten, das Vieh und die eingebrachten Feldfrüchte vor Verderbnis schützen. Man deutet sie allgemein als die Anfangsbuchstaben der Namen der heiligen drei Könige, Caspar, Melchior und Balthasar. Der ursprüngliche und inzwischen vergessene Sinn bezieht sich jedoch auf den lateinischen Segensspruch »Christus mansionem benedicat«, Christus möge das Haus segnen.[121]
Ebenso vergessen ist, dass der Kult der drei Könige als Heilige bis ins 18. Jahrhundert von Seiten der Kirche nur in Köln geduldet war, außerhalb dieser Stadt jedoch so gut wie nicht anerkannt war.[122]
Die christliche Verehrung der heiligen drei Könige bezieht sich auf ihre Anbetung des neugeborenen Königs der Juden. Möglicherweise folgten die drei Magier aus dem Morgenland nicht nur dem hellen Stern über dem Stall von Bethlehem, sondern wurden auch durch die Worte des römischen Dichters Plinius (28–79 n. Chr.) inspiriert: »Es gibt auch einen weißen Kometen mit silberfarbigem Schweif und von solcher Strahlung, dass man ihn kaum ansehen kann; dabei zeigt er in sich das Bild einer Gottheit in menschlicher Gestalt« (PLINIUS II, 90). Die einzige Stelle im Neuen Testament, die sich auf die Anbetung des Jesuskindes durch drei Magier bezieht, ist das Evangelium des Matthäus, das zur selben Zeit entstanden war[123]:
»Da Jesus geboren war zu Bethlehem im jüdischen Lande zur Zeit des Königs Herodes, siehe, da kamen Weise vom Morgenland nach Jerusalem und sprachen: Wo ist der neugeborene König der Juden? Wir haben seinen Stern gesehen im Morgenland und sind gekommen, ihn anzubeten« (Mt 2,1–12).

Wer waren die drei heiligen Könige aus dem Morgenland?

Wer sind diese Weitgereisten, die dem Neugeborenen ihre Geschenke und ihre Verehrung darbrachten? Je nach Quelle und Bibelübersetzung werden die Drei aus dem Morgenland als »Könige«, »Weise« oder heidnische »Magier« (gr. *magoi* = Sterndeuter) bezeichnet. Nach griechisch-antiken Quellen hießen die persischen Priester unter Zoroaster (6. Jh. v. Chr.), die aus dem Osten stammten, Magoi.

121 SCHILLI, Hermann, *Vogtsbauernhof in Gutach im Schwarzwald*, Führer durch das Schwarzwälder Freilichtmuseum (hrsg. vom Ortenaukreis Offenburg), Freiburg 1968: 36.
122 Lediglich in Mailand, Italien, zeugt die »Basilika zu den Heiligen Drei Königen« seit dem 9. Jahrhundert von einem entsprechenden Kult. Seit der Kanzler Barbarossas, Rainald von Dassel, der Stadt Köln die Reliquien der drei Könige (die ehemals in Mailand aufbewahrt worden waren) als Geschenk vermacht hatte, etablierte sich dort ab dem 12. Jahrhundert ihre Verehrung.
123 Seine Entstehungszeit datiert die Bibelforschung auf die siebziger Jahre des 1. Jahrhunderts n. Chr.

»Diese Weisen aus dem Morgenland sind Priesterkönige, vornehme Chaldäer, und ihre Kenntnis okkulter Dinge schließt die Astrologie ein und kann ohne weiteres im Sinne der ›Weisheit Salomons‹ definiert werden« (LUCK 1990: 387). Sicardus, Bischof von Cremona (um 1215), nannte sie »mathematici aus dem königlichen Geschlecht des Zoroaster«. In der *Legenda Aurea* tauchen sie als Sterndeuter, Philosophen und Zauberer auf. Von seinen heidnischen Zeitgenossen wurde Jesus selbst für einen Magoi gehalten (GRAF 1996: 99).

Auch die persischen Priester des Sonnengottes Mithras hießen Magoi, was so viel bedeutete wie »die in die Riten des Gottesdienstes Eingeweihten«. Mithras sagte über sich selbst: »Ich bin ein Stern, der mit euch seine Wandelbahn geht und aufleuchtet aus der Tiefe« (GIEBEL 1990: 210). Haben die Magoi im Stern von Bethlehem ihren Gott Mithras erkannt? War das Jesuskind der wiedergeborene Mithras?

Die heiligen drei Könige bringen das Weihnachtsbier zur Krippe des Christkinds (Bierflaschenetikett).

Der Kirchenvater Tertullian (um 160 bis 225 n. Chr.) bezeichnete sie erstmals als Könige. Nach seiner Aussage wurde die Astrologie von den »gefallenen Engeln« erfunden und durfte von keinem Christen praktiziert werden. Für ihn waren die drei Weisen aus dem Morgenland auch Astrologen (LUCK 1990: 390), was aus kirchlicher Sicht durchaus heidnisch-anrüchig war und die lang währende offizielle Zurückhaltung gegenüber ihrer Verehrung erklärt.

Die Kunst ordnete die drei Könige seit dem 12. Jahrhundert den drei Lebensaltern zu, wobei Caspar die Kindheit und Jugend, Melchior das Alter und Balthasar den Erwachsenen verkörperte. Ab dem 13. Jahrhundert symbolisierten sie in dieser Reihenfolge zudem die drei damals bekannten Erdteile Afrika, Asien und Europa, wodurch Caspar zu einem dunkelhäutigen »Mohrenkönig« wurde. Somit huldigten Alt und Jung und Herrscher aller Rassen dem neugeborenen Religionsstifter und legitimierten damit seine weltweite Verehrung.

Die Geschenke der drei Magier

Die Weisen aus dem Morgenland brachten dem »König der Juden« drei Geschenke: Weihrauch, Myrrhe und Gold[124]: Caspar die Myrrhe, Melchior verkörperte »das Licht« des Orients (Asiens) und schenkte den Weihrauch, und Balthasar, »der Herr des Schatzes«[125], das Gold. Weihrauch steht für Religion, Myrrhe für die Heilkunst und das Gold für die weltliche Macht. Nach welcher Gabe das Jesuskind griff, darüber schweigen sich sowohl die schriftlichen Quellen als auch die Kunst aus ...

> »Von Myrrhe [hebräisch *mor*] und Aloe[holz],
> von Kassia duftet dein Gewand.«
> Psalm 45,9

Weihrauch und Myrrhe zählten im Altertum zu den begehrtesten Kostbarkeiten.

Die Myrrhe, das Harz der Myrrhenbäume (*Commiphora* spp., Burseraceae), wurde schon früh im Al-

124 Das »Gold« der heiligen drei Könige war vielleicht gar nicht das glänzende Metall sondern »Balsam [= Mekkabalsam aus *Commiphora opobalsamum*], der genauso buchstabiert wurde wie der arabische Begriff für ›Gold‹, nämlich *dhb*, und auch eine Art Räucherwerk war« (SELLAR und WATT 1997: 32). – »Der Balsam ist von königlicher Natur« (HILDEGARD VON BINGEN, *Physica* 1, 177).
125 »Schatz« soll sich auf die goldene Farbe des getrockneten Fliegenpilzhutes beziehen (HEINRICH 1998: 156).

Postkarten zu Dreikönig (Köpenicker Cartoon Gesellschaft, um 2001).

tertum als Arznei- und Wundheilmittel geschätzt und in vielerlei Hinsicht medizinisch angewandt. Ihr Wohlgeruch und ihre Heilwirkung verlängerte das Leben, bis über den Tod hinaus, weshalb die Ägypter sie zum Einbalsamieren nutzten. Selbst in der heutigen Pharmazie ist sie ein Bestandteil vieler Arzneimittel.

Olibanum (hebr. *levonah*, »Weihrauch«, arab. *luban*) ist der Name des Harzes vom Echten Weihrauchbaum, botanisch *Boswellia sacra* aus der Familie der Weihrauch- oder Balsamstrauchgewächse (Burseraceae) sowie nah verwandter Arten. Der Weihrauchbaum kommt in Somalia und Südarabien vor. Das Harz wird durch vier bis acht Zentimeter lange tiefe Schnitte in der Rinde gewonnen. Olibanum ist der bedeutendste Räucherstoff der Alten Welt.

Alle drei königlichen Geschenke werden als Räucherstoffe genutzt. Bis heute sind in manchen Räucherungen der katholischen wie auch der griechisch-orthodoxen Kirche liturgische Mischungen aus Olibanum, Myrrhe und Blattgold bekannt. Zu Ehren des Festes der Epiphanie opferte der englische König Edward I. am 6. Januar 1299 in seiner Kapelle Weihrauch, Myrrhe und Gold (sozusagen von König zu Königen ...). »Weihrauch und Myrrhe scheinen also, genauso wie Gold, immer Symbole für das innere Bedürfnis gewesen zu sein, mit den Göttern, der Natur oder unserem höheren Selbst zu kommunizieren« (Sellar und Watt 1997: 142).

Räucherung der drei Magoi aus dem Morgenland

Wenn das »Gold« der Magoi sich auf geistige Erkenntnis bezieht, könnte es ein Hinweis auf den heiligen Trank Haoma sein. Wenn Haoma die Steppenraute *(Peganum harmala)* ist, dann könnten die »Drei Heiligen« ein Räucherrezept folgender Zusammensetzung sein:

2 Teile Olibanum (Weihrauchtränen)
1 Teil Myrrhe (*Commiphora* sp.)
1 Teil Harmelsamen *(Peganum harmala)*

Die Weihrauchtränen und die Myrrhe grob zerstampfen und mit den Harmelsamen[126] vermischen. In kleinen Gaben auf die Räucherkohle streuen. Der Duft ist sehr angenehm, von warmer, würzig-harziger Qualität.

Dies ist in der Tat eine im gesamten arabischen und islamischen Kulturkreis gut bekannte Mischung bzw. Grundmischung für heiliges und apotropäisches Räucherwerk.

Symbolische Zuordnung der drei Könige

Name	Alter	Herkunft	Geschenk	Deutung
Caspar	Kindheit und Jugend	Afrika	Myrrhe	Heiler
Melchior	Alter	Asien	Weihrauch	Priester
Balthasar	Lebensmitte	Europa	Gold	Herrscher

126 In Afghanistan räuchern zum Neujahr die Kinder gegen ein kleines Entgeld mit Harmelsamen.

Dreikönigsräucherung

3 Teile Olibanum
2 Teile Myrrhe
1 Teil Storax
1 Teil Zimtrinde
1 Teil Sternanis

Olibanum, Myrrhe, Zimt und Sternanis werden zermörsert. Das Pulvergemisch wird mit dem klebrigen Storax vermischt und durchgeknetet. Die Masse in kleinen Mengen auf die Räucherkohle geben. Der Geruch breitet sich langsam aus: süß, warm, würzig.

»Drei-Königsweihrauch«
(nach Fischer-Rizzi 2001: 144)

3 Teile Weihrauch
2 Teile Myrrhe
1 Teil Benzoe
1 Teil Mastix
½ Teil Zimtrinde

Alle Zutaten werden grob zerkleinert und gemischt. Löffelweise auf die Räucherkohle streuen. Der Rauch hat ein insgesamt liebliches Aroma, komponiert aus feierlichem Olibanum, festlicher Myrrhe, warmer Benzoe, frischem Mastix und würzigem Zimt.

Gold[127], Myrrhe und Weihrauch (Olibanum) galten ebenfalls als Aphrodisiaka, als Liebesmittel!
»Wenn ein Mensch die Schwere-Noth das erstemahl bekömmt«, dann braucht man ein Amulett, ein Stück Papier, auf das man folgenden lateinischen Text schreibt: »Caspar sert myrrham, thus Melchior, Balthasar aurum, / Haec tria qui secum portabit nomina regum, / Solvitur a morbo Christi pietate caduco.«[128] Es ist nicht eindeutig, worauf sich die »Schwere-Noth« bezieht: auf Melancholie oder moralische Skrupel. Wer davon befallen wurde (ob ein »Schwerenöter« oder ein von Schwermut Betrübter), sollte dieses Amulett jedenfalls stets bei sich tragen, um vor Unbill geschützt zu sein (Kräutermann 1725: 63).

Sumatra-Benzoë (= Benzoe Sumatra), ein Räucherharz, das in vielen Mischungen für die Rauhnächte, speziell für das Ende, den Dreikönigstag, verwendet wird. Das süßlich, etwas nach Vanille duftende Harz gehört in Südostasien zu den wichtigsten schamanischen und magischen Räucherstoffen. Es stammt vom Benzoe-Storaxbaum (*Styrax benzoïn* Dryand., Styracaceae). »Benzoe wird sehr häufig eingesetzt für erotisierendes Räucherwerk« (Rovesti 1995: 100).

Ein Olibanumklumpen.

127 »Da das Gold mit Hilfe der Sonne entstanden und mit dieser verwandt sein sollte, hat man ihm auch lebensverlängernde Wirkung zugeschrieben« (Hiller 1989: 102).
128 Caspar bringt Myrrhe, Melchior Weihrauch und Balthasar Gold / Wer diese drei Namen der Könige mit sich tragen wird, wird durch Christi Gnade von der fallenden Krankheit erlöst. Wir danken Chris Überla für den Hinweis, dass »morbus caducus«, die »fallende Krankheit«, die alte Bezeichnung für Epilepsie ist.

Weihrauch, das »Geheimnis« des alten Arabien

> »Dem von den – wie man sagt – allen Lebensfreuden abholden Kirchenmännern geschwungene Weihrauchgefäß entweichen jedenfalls nicht nur andachtsfördernde Dämpfe, sondern auch Sexuallockstoffe! Gehen etwa deshalb viele ältere Damen so gern in die Kirche?«
> WIESHAMMER 1995: 105

Die Karawanen der Träume ziehen durch den Wüstenstaub, bringen ihre kostbaren Güter und Gaben. Das legendäre Weihrauchland Punt war vielleicht der Jemen im südlichen Arabien. Dort finden sich in Stein gemeißelte Hinweise auf den sehr alten Weihrauchhandel. Die »illustrierten Wandzeitungen« von Bir Hima im Süden Saudiarabiens gehören zu den ältesten Petroglyphen der Menschheit. Dargestellt sind schamanische Jagdrituale, Kamele und andere Fruchtbarkeitssymbole wie Böcke. »Seit etwa 9000 Jahren haben hier Nomaden, durchziehende Feldherrn und Karawanenführer in senkrechten Felswänden Abertausende von Gravuren hinterlassen: Szenen aus ihrem Leben, aus ihrer Zeit – ein gewaltiges Nachschlagewerk der Natur- und Kulturgeschichte Arabiens« (GEORGE 2002: 39). Im Altertum war *Arabia felix ac beata* die gebräuchliche Bezeichnung für Südarabien. Von dort stammten »die Schätze Arabiens (...), die jenem Land den Beinamen des ›Glücklichen‹ und ›Gesegneten‹ gegeben haben. Seine wichtigsten Erzeugnisse also sind der Weihrauch und die Myrrhe[129]; letztere kommt auch im Land der Troglodyten [›Höhlenmenschen‹] vor. Weihrauch gibt es aber nur in Arabien und auch dort nicht überall. Ungefähr in der Mitte Arabiens wohnen die Atramiter [eine arabische Ethnie], ein Bezirk der Sabäer, mit der Hauptstadt ihres Gebietes Sabota [= Sabbatha] auf einem hohen Berge, von dem acht Tagreisen entfernt die weihrauchtragende Gegend liegt, Sariba genannt, was nach Ansicht der Griechen ›Geheimnis‹ bedeutet« (PLINIUS II, 51f.).

Eine Räucherung aus Saba
(rekonstruiert)

3 Teile Weihrauch, Olibanum
2 Teile Myrrhe, *Commiphora abyssinica* (BERG.) ENGL.
2 Teile Aloeholz (Adlerholz), *Aquillaria agallocha* ROXB.
1 Teile Kassienzimt, *Cinnamomum cassia* BLUME
1 Teile Styrax calamitus, *Styrax officinalis* L.
1 Teil Kardamom, *Elettaria cardamomum*

Die zerkleinerten Zutaten werden vermischt und fein gepulvert. In kleinen Gaben nach und nach auf die Räucherkohle streuen. Diese Räucherung eignet sich auch zum Parfümieren von Körper und Kleidung. Dazu stellt man das Räucherbecken auf den Boden und stellt sich mit leicht gespreizten Beinen darüber. Und schon ist man die »Königin von Saba«!

Zu beachten: Es ist sehr wichtig, dass das Aloeholz fein gepulvert ist, sonst kommt sein einzigartiger Geruch in der Mischung kaum zum Tragen.

Die Minäer, das arabische Nachbarvolk der Atramiter, behaupteten vom kretischen König Minos abzustammen: »Dieses Volk hat zuerst den Weihrauchhandel betrieben und treibt ihn noch am meisten, wonach der Weihrauch auch der ›Minäische‹ heißt. Außer ihnen kennt kein Araber den Weihrauchbaum vom Augenschein, ja nicht einmal jene alle, denn es sollen nicht mehr als 3000 Familien sein, die sich dieses Recht durch Erfolge zu erhalten wissen; sie sollen deshalb ›Heilige‹ genannt werden, sich auch nicht, wenn sie die Bäume einschneiden oder ernten, durch Umgang mit Frauen und Teilnahme an Leichenbegräbnissen verunreinigen, und auf diese Weise werde der heilige Wert der Ware erhöht. Einige behaupten, der Weihrauch in den Wäldern gehöre diesen Völkern gemeinsam, nach anderen sollen sie sich abwechselnd jedes Jahr darein teilen« (PLINIUS II, 54).

129 Die Mohammedaner halten Myrrhe für heilig und glauben, dass sie aus Mekka stammt.

Die »Heiligen« waren also Minäer, die das »Geheimnis« des »glücklichen« und »gesegneten« Landes bewahrten. Vielleicht waren die drei Könige oder zumindest derjenige, der den Weihrauch (Olibanum) brachte, Minäer.

Weihrauch für alle!

> »Übrigens:
> Weihrauch enthält – wie Haschisch – den Wirkstoff Tetrahydrocannabinol (THC).«
> HADERER 2002: 40

Die meisten modernen Menschen glauben, dass der Weihrauch ein urchristliches Element der Kirche ist. Der Gebrauch von Weihrauch wurde jedoch erst gegen Ende der Spätantike von dem römischen Kaiser Flavius Valerius Constantinus I. dem Großen (272–337) eingeführt. Derselbe Constantinus, eingedeutscht Konstantin, hat auch das Christentum im Jahre 324/325 zur römischen Staatsreligion erhoben. Deshalb ist es auch nicht weiter verwunderlich, dass die Räucherstoffe der christlichen Kirche mit jenen der Heiden identisch sind. Olibanum und Myrrhe waren die wichtigsten heidnischen Räucherstoffe. Mit dem Staatsakt wurden sie christianisiert. Den Heiden entheiligt, den Christen geheiligt. Der Rauch von Weihrauch kann auch pharmakologisch wirksam sein. Denn rund zwei Drittel der Inhaltsstoffe gehen unverändert in den Rauch über und können beim Inhalieren über die Schleimhäute aufgenommen werden und in die Blutbahn gelangen. Dass der Geruch von Weihrauch starke psychologische Wirkungen entfalten kann, ist eindeutig. Bei manchen Menschen löst Weihrauch unangenehme Erinnerungen an die Kindheit aus; Bilder von düsteren, kalten Kirchen, lüsternen Pfaffen, die den Messknaben nachstellen, Verklemmungen christlicher Moral. Bei anderen Menschen kann derselbe Rauch feurige Liebeslust, erotische Gefühle und sinnliche Genüsse evozieren. Für manche wirkt Weihrauch aphrodisierend, für andere liebestötend. Jeder nach seiner Nase ...

Weihrauch für Kirchen
(nach FRERICHS et al. 1938 II: 307)

Man nehme:
2 Teile Weihrauch, Olibani (200 g)
3 Teile Styrax, Styracis calamit.[130] (300 g)
3 Teile Benzoe, Benzoës (300 g)
1 Teil Bernstein, Succini (100 g)
2½ Teile Myrrhe, Myrrhae (250 g)
1 Teil Lavendelblüten, Florum Lavandulae (100 g)
Alle Zutaten werden fein zerstoßen und gut vermischt. Dem groben Pulver können noch aromatische Essenzen zugesetzt werden. In manchen Kirchenweihrauchmischungen werden auch die ätherischen Öle von Lavendel[131], Bergamotte, Nelken und Zimt verarbeitet.

Hier endet unsere Reise durch die Weihnachtsbotanik. Sie führte auf verschlungenen Pfaden zu vielen unerwarteten und erstaunlichen Entdeckungen. Wir entdeckten, dass die Pflanzenrituale, die weltweit mit dem Weihnachtsfest und Christi Geburt verbunden sind, tatsächlich in älteren heidnischen Traditionen wurzeln, welche die natürlichen Zyklen der Fruchtbarkeit und Wiedergeburt der Sonne zelebrieren. Daraus folgt die Botschaft: Vertraue auf den nie endenden Kreislauf des Lebens!

130 Styrax calamitus wird aus den Pressrückständen bei der Styraxgewinnung gewonnen und dient als Räucherstoff. Die Stammpflanze für diesen Styrax ist der Orientalische Amberbaum (*Liquidambar orientalis* MILL., Hamamelidaceae), der aus Syrien stammt. Sein Styrax enthält bis zu 30% Zimtsäure, mehrere Zimtsäureester, ca. 2% Vanillin, Styrol (Phenyläthylen) und Harz.

131 »In den Alpen gilt das Lavendelkraut als besonders heilig: Es hilft gegen den Teufel und kann selbst Hexen retten, die vom Teufel verfolgt werden, sie brauchen sich nur darauf zu setzen. Auch das ein Nachklang aus der Heidenzeit« (SÖHNS 1920: 62).

Bibliografie

ABRAHAM, Hartwig und Inge THINNES
1995 *Hexenkraut und Zaubertrank*, Greifenberg: Urs Freund.

AGRIPPA VON NETTESHEIM, Heinrich Cornelius
1982 *Die magischen Werke*, Wiesbaden: Fourier.

AIGREMONT, Dr. [Pseudonym]
1987 *Volkserotik und Pflanzenwelt*, Berlin: EXpress Edition (Reprint der Bände von 1907/1910 in einer Ausgabe).

ALCORN, Janis B.
1984 *Hustaec Mayan Ethnobotany*, Austin: University of Texas Press.

ALLEGRO, John M.
1971 *Der Geheimkult des heiligen Pilzes: Rauschgift als Ursprung unserer Religion*, Wien: Molden.
1977 *Lost Gods*, London: Michael Joseph.
2000 »Der heilige Pilz und das Christentum«, in: Wolfgang BAUER et al. (Hg.), *Der Fliegenpilz: Traumkult, Märchenzauber, Mythenrausch*, Aarau: AT Verlag, S. 31–45.

ALLENDE, Isabel
1998 *Aphrodite: Eine Feier der Sinne*, Reinbek: Rowohlt.

ANDERSON, Hans Christian
1991 *Der Tannenbaum*, Illustrationen von Bernd Günther, Berlin: Der KinderBuchVerlag.

ANDERSON, William
1990 *Green Man: The Archetype of our Oneness with the Earth*, London und San Francisco: Harpercollins.

ANISIMOV, A. F.
1991 *Kosmologische Vorstellungen der Völker Nordasiens*, Hamburg: Schletzer.

ANONYM (Hg.)
1989 *Der Fliegenpilz: Herkunft, Bedeutung und Anwendung*, Amsterdam: Gods Press (Raubdruck; Konvolut verschiedener Schriftstücke).

APPLETON, Tom
2002 »Der Schamane im Rentierschlitten«, *Universum* Nr. 12, Dezember 2001/Januar 2002: 52–56.

ARENDS, G.
1935 *Volkstümliche Namen der Arzneimittel, Drogen, Heilkräuter und Chemikalien* (12. Aufl.), Berlin: Springer.

ARVIGO, Rosita und Nadine EPSTEIN
2001 *Die Maya Hausmedizin*, München: Integral.

BAETEN, Lieve
1996 *Die kleine Hexe feiert Weihnachten*, Hamburg: Verlag Friedrich Oetinger.

BALABANOVA, Svetlana
1997 *Die Geschichte der Tabakpflanze vor Columbus außerhalb Amerikas sowie das Rauchen im Spiegel der Zeiten*, Seeheim-Jungenheim: Innovations-Verlags-Gesellschaft.

BAUER, Wolfgang, Edzard KLAPP und Alexandra ROSENBOHM
2000 *Der Fliegenpilz: Traumkult, Märchenzauber, Mythenrausch*, Aarau: AT Verlag.

BECKER, Hans und Helga SCHMOLL gen. EISENWERTH
1986 *Mistel: Arzneipflanze, Brauchtum, Kunstmotiv im Jugendstil*, Stuttgart: Wissenschaftliche Verlagsgesellschaft.

BECKMANN, Dieter und Barbara BECKMANN
1990 *Alraune, Beifuß und andere Hexenkräuter: Alltagswissen vergangener Zeiten*, Frankfurt a. M., New York: Campus.

BEHR, Hans-Georg
1995 *Von Hanf ist die Rede: Kultur und Politik einer Pflanze* (erw. Aufl.), Frankfurt a. M.: Zweitausendeins.

BELLEDAME (Hg.)
1990 *Die persönliche Magie der Pflanzen: Traditionelle Grundlagen der Aromatherapie.* Bad Münstereifel: Edition Tramontane.

BENET, Sula
1975 »Early Diffusion and Folk Uses of Hemp«, in: V. RUBIN (Hg.), *Cannabis and Culture*, The Hague: Mouton, S. 39–49.

BERENDES, Julius
1891 *Die Pharmacie bei den alten Culturvölkern*, Halle: Tausch & Grosse.

BERGER, Markus
2002a »Psychoaktive Gewürze«, *Entheogene Blätter* 6: 4–13.
2002b *Psychoaktive Kakteen: Mehr als 293 entheogene Kakteen-Arten aus 72 Gattungen*, Löhrbach: Edition Rauschkunde.

BIBRA, Baron Ernst von
1855 *Die narkotischen Genussmittel und der Mensch*, Nürnberg: Verlag von Wilhelm Schmid (Reprint: Leipzig: Reprint-Verlag, 1995).

BOCK, H. Hieronymus
1577 *Kreütterbuch*, Straßburg: Josiam Rihel.

BORNEMANN, Ernest
1974 *Sex im Volksmund: Der obszöne Wortschatz der Deutschen* (2 Bde.), Reinbek: Rowohlt.
1984 *Lexikon der Sexualität*, Herrsching: Pawlak.

BOURKE, John Gregory
1913 *Der Unrat in Sitte, Brauch, Glauben und Gewohnheitrecht der Völker*, übersetzt und neubearbeitet v. Friedrich S. Krauss und H. Ihm; Geleitwort von Sigmund Freud, Leipzig: Ethnologischer Verlag (Reprint: Frankfurt a. M.: Eichborn, 1996).

BRAEM, Harald
1995 *Magische Riten und Kulte: das dunkle Europa*, Stuttgart, Wien: Weitbrecht.

BRANDON, Reiko Mochinaga und Barbara B. STEPHAN
1994 *Spirit and Symbol: The Japanese New Year*, Honolulu Academy of Arts and University of Hawaii Press.

BREMNESS, Lesley
1994 *Kräuter, Gewürze und Heilpflanzen*, Ravensburg: Ravensburger Buchverlag.

BRÖCKERS, Mathias
2002 *Cannabis*, Aarau: AT Verlag/Solothurn: Nachtschatten Verlag.

BROSSE, Jacques
1990 *Mythologie der Bäume*, Olten, Freiburg: Walter-Verlag.

BRUHN, Jan G.
1971 »*Carnegiea gigantea*: The Saguaro and Its Uses«, *Economic Botany* 25(3): 320–329.

Brunken, Ulrike, et al.
2000 *Wo der Pfeffer wächst: Ein Festival der Kräuter und Gewürze*, Frankfurt a. M.: Palmengarten (Sonderheft 32).

Brunnfeltz, Otho [= Brunfels]
1532 *Kreüterbuch*, Straßburg: Schotten.

Caldecott, Moyra
1993 *Myths of the Sacred Tree*, Rochester, Vermont: Destiny Books.

Callejo Cabo, Jesús (Illustrationen: Manuel Díez Pernía)
2000 *Gnomos y otros espíritus masculinos de la naturaleza* (6. Aufl.), Madrid, México, Buenos Aires: EDAF (Guía d los Seres mágicos de España).

Chamisso, Adelbert von
1987 *Illustriertes Heil-, Gift- und Nutzpflanzenbuch*, Berlin: Dietrich Reimer.

Coe, Sophie und Michael D. Coe
1997 *Die wahre Geschichte der Schokolade*, Frankfurt a. M.: S. Fischer.

Conte Corti, Egon
1986 *Geschichte des Rauchens: »Die trockene Trunkenheit«*, Frankfurt a. M.: Insel (zuerst 1930).

Cook, Roger
1988 *The Tree of Life: Images of the Cosmos*, London: Thames and Hudson.

Cosack, Ralph
1995 »Die anspruchsvolle Droge: Erfahrungen mit dem Fliegenpilz«, *Jahrbuch für Ethnomedizin und Bewusstseinsforschung* 3(1994): 207–241, Berlin: VWB.

Crumlin-Pedersen, Ole und Birgitte Munch Thye
1995 *The Ship as a Symbol – in Prehistoric and Medieval Scandinavia*, Kopenhagen: National Museum, PNM Vol. 1.

Cunningham, Scott
1983 *Magical Herbalism*, St. Paul, Minnesota: Llewellyn Publications.
1989 *Cunningham's Encyclopedia of Magical Herbs*, St. Paul, Minnesota: Llewellyn Publications.

Davis, Courtney
2000 *A Treasury of Viking Design*, London: Constable.

Daxelmüller, Christoph
1996 *Aberglaube, Hexenzauber, Höllenängste*, München: dtv.

Detienne, Marcel
1994 *The Gardens of Adonis: Spices in Greek Mythology*, Princeton, NJ: Princeton University Press.

Devereux, Paul
2000 »Schamanische Landschaften«, in: Franz-Theo Gottwald und Christian Rätsch (Hg.), *Rituale des Heilens: Ethnomedizin, Naturerkenntnis und Heilkraft*, Aarau: AT Verlag, S. 121–137.

Dickens, Charles
1984 *Drei Weihnachtsgeschichten*, deutsch von Gustav Meyrink, Zürich: Diogenes.

Dieck, Alfred
1993 »Eine bronzezeitliche Schamanendarstellung aus Schweden«, *Curare* 3/4: 189–190.

Dierbach, Johann Heinrich
1833 *Flora Mythologica oder Pflanzenkunde in Bezug auf Mythologie und Symbolik der Griechen und Römer*, Schaan/Liechtenstein: Sändig Reprint (1981).

Dioskurides, Pedanios
1610 *Kreutterbuch*, bearbeitete Übersetzung von Ioannes Danzius durch Peter Uffenbach, Franckfurt am Mayn: Conrad Corthons.
1902 *Arzneimittellehre*, übersetzt und kommentiert von J. Berendes, Stuttgart: Enke (Reprint: Schaan/Liechtenstein, Sändig Reprint Verlag, 1983)

Drury, Nevill
1988 *Lexikon esoterischen Wissens*, München: Knaur.
1989 *Der Schamane und der Magier: Reisen zwischen den Welten*, Basel: Sphinx.

Dutchman, E.
1983 »Weihnachtsbräuche aus alter und neuer Zeit«, *Unicorn* 7: 188–191.

Ehlert, Trude
1990 *Das Kochbuch des Mittelalters*, Zürich und München: Artemis.

Eliade, Mircea
1957 *Das Heilige und das Profane: Vom Wesen des Religiösen*, Hamburg: Rowohlt.
1966 *Kosmos und Geschichte: Der Mythos der ewigen Wiederkehr*, Reinbek: Rowohlt.

Emboden, William A.
1974 *Bizarre Plants*, New York: Macmillan.

Engel, Fritz-Martin
1978 *Zauberpflanzen – Pflanzenzauber*, Hannover: Landbuch-Verlag.

Fabich, Fred
1991 *Bauernmedizin*, Rosenheim: Rosenheimer Verlagshaus.

Fankhauser, Manfred
2002 *Haschisch als Medikament: Zur Bedeutung von Cannabis sativa in der westlichen Medizin*, Liebefeld: SGGP/SSHP/Schweiz. Apothekerverein.

Faure, Paul
1990 *Magie der Düfte: Eine Kulturgeschichte der Wohlgerüche von den Pharaonen zu den Römern*, München, Zürich: Artemis.

Feuersee, Hermann
2001 *Der kulinarische Adventsbegleiter* (3. Aufl.), München: Piper.

Fillipetti, Hervé und Janine Trotereau
1979 *Zauber, Riten und Symbole: Magisches Brauchtum im Volksglauben*, Freiburg: Bauer.

Fink, Hans
1980 *Südtiroler Küche, Tisch und Keller*, Bozen: Athesia.
1983 *Verzaubertes Land: Volkskult und Ahnenbrauch in Südtirol*, Innsbruck, Wien: Tyrolia.

Fischer, L.
1917 »Ein ›Hexenrauch‹: Eine volkskundlich-liturgiegeschichtliche Studie«, *Bayerische Hefte für Volkskunde* 4: 193–212.

Fischer-Rizzi, Susanne
2002 *Himmlische Düfte: Aromatherapie*, Aarau: AT Verlag (zuerst München: Hugendubel, 1989).
2000 *Gold in der Küche: Das Safrankochbuch*, Aarau: AT Verlag.
2001 *Botschaft an den Himmel: Anwendung, Wirkung und Geschichten von duftendem Räucherwerk*, Aarau: AT Verlag (zuerst: München: Hugendubel, 1996).

FLÜELER, Niklas und Sebastian SPEICH (Hg.)
1975 *Gold*, Luzern: Bucher.
FORSTNER, Dorothea
1986 *Die Welt der christlichen Symbole* (5. Aufl.), Innsbruck, Wien: Tyrolia-Verlag.
FRERICHS, G., G. ARENDS und H. ZÖRNIG (Hg.)
1938 *Hagers Handbuch der pharmazeutischen Praxis* (3 Bde.), Berlin: J. Springer.
FRITZ, Helmut
1985 *Das Evangelium der Erfrischung: Coca-Colas Weltmission*, Reinbek: Rowohlt.
FROND, Brian und Alan LEE
1979 *Das große Buch der Geister*, Oldenburg und München: Stalling.
FRONTY, Laura [und Yves DURONSOY: Fotografie]
2002 *Paradies der Düfte*, Weil der Stadt: Hädecke.
FRÜH, Sigrid
2000 *Rauhnächte: Märchen, Brauchtum, Aberglaube* (6. Aufl.), Waiblingen: Verlag Stendel (1. Aufl. 1998).
FUCHS, Eduard
1909 *Illustrierte Sittengeschichte vom Mittelalter bis zur Gegenwart: Renaissance*, München: Albert Langen Verlag für Literatur und Kunst.
FUCHS, Leonhart
1543 *New Kreüterbuch* ..., Basel: Michel Isingrin.
1545 *Laebliche abbildung und contrafaytung aller kreüter*, Basel: Michel Isingrin.
GEORGE, Uwe
2002 »Rub Al-Khali, Teil 2: Expedition durch Jahrtausende«, *Geo* 12/2002: 26–54.
GEORGIADES, Christos Ch.
1990 *Zyperns Natur: Landschaft – Flora – Fauna*, Nikosia: Ch. Georgiades.
GERMER, Renate
1985 *Flora des pharaonischen Ägypten*, Mainz: Philipp von Zabern.
1986 *Die Pflanzen des Alten Ägypten*, Berlin: Verlag Botanisches Museum.
GESCHWINDE, Thomas
1996 *Rauschdrogen: Marktformen und Wirkungsweisen* (3., erw. Aufl.), Berlin usw.: Springer-Verlag.
GESSMANN, G.[ustav] W. [1860–1924]
1922 *Die Pflanze im Zauberglauben und in der spagyrischen (okkulten) Heilkunst. Katechismus der Zauberbotanik mit einem Anhang über Pflanzensymbolik* (2., ergänzte und erweiterte Auflage), Berlin: Siegismund.
o.J. *Die Pflanze im Zauberglauben*, Den Haag: J. J. Couvreur (Reprint).
GIANI, Leo Maria
1994 *In heiliger Leidenschaft: Mythen, Kulte und Mysterien*, München: Kösel.
GIEBEL, Marion
1990 *Das Geheimnis der Mysterien: Antike Kulte in Griechenland, Rom und Ägypten*, Zürich/München: Artemis.
GIESCHEN, Jens Peter und Klaus MEIER
1993 *Der Fall »Christkind«: Juristisches Gutachten über die denkwürdigen Umstände von Zeugung und Geburt eines Glaubensstifters*, Frankfurt a. M.: Eichborn.
GINZBURG, Carlo
1980 *Die Benandanti: Feldkulte und Hexenwesen im 16. und 17. Jahrhundert*, Frankfurt a. M.: Syndikat.
1990 *Hexensabbat: Entzifferung einer nächtlichen Geschichte*, Berlin: Wagenbach.
GLAUSER, Friedrich
1989 *Wachtmeister Studer*, Zürich: Diogenes.
GOLOWIN, Sergius
1985 *Die Magie der verbotenen Märchen: Von Hexendrogen und Feenkräutern* (5. Aufl.), Gifkendorf: Merlin (zuerst Merlin Verlag, Hamburg, 1973).
GOLOWIN, Sergius (Hg.)
1982 *Kult und Brauch der Kräuterpfeife in Europa*, Allmendingen: Verlag der Melusine.
2003 *Von Elfenpfeifen und Hexenbier: Magie um unsere Genussmittel*, Solothurn: Nachtschatten Verlag.
GRAF, Fritz
1996 *Gottesnähe und Schadenzauber: Die Magie in der griechisch-römischen Antike*, München: Beck.
GRIGSON, Geoffrey
1978 *Aphrodite: Göttin der Liebe*, Bergisch-Gladbach: Gustav Lübbe Verlag.
GRIMM, Jakob
1968 *Deutsche Mythologie* (Nachdruck der 4. Auflage, Berlin 1875–78), [Graz: Akademische Druck- und Verlagsanstalt] Wiesbaden: Drei Lilien Edition (3 Bde.).
GRÖNBECH, Wilhelm
1997 *Kultur und Religion der Germanen* (12. Aufl.), Darmstadt: Primus/WBG.
GUTER, Josef (Hg.)
1978 *Märchen aus Sibirien*, Frankfurt a. M.: Fischer.
HADERER, Gerhard
2002 *Das Leben des Jesus*, Wien: Ueberreuter.
HAID, Hans
1992 *Mythos und Kult in den Alpen* (2. Aufl.), Rosenheim: Rosenheimer.
HARTEL, Klaus D.
1977 *Das Taschenbuch vom Schnupftabak*, München: Heyne.
HARTLIEB, Johannes
1140 *Kräuterbuch*.
HARTWICH, Carl
1911 *Die menschlichen Genussmittel*, Leipzig: Tauchnitz.
HASENEIER, Martin
1992 »Der Kahlkopf und das kollektive Unbewusste«, *Integration* 2/3: 5–38.
HECKER, Ulrich
1995 *Bäume und Sträucher*, München: BLV.
HEINRICH, Clark
1998 *Die Magie der Pilze: Psychoaktive Pflanzen in Mythos, Alchemie und Religion*, München: Diederichs.
2002 *Magic Mushrooms in Religion and Alchemy*, Rochester, VT: Park Street Press (erweiterte Ausgabe von HEINRICH 1998).

HEPPER, F. Nigel

1969 »Arabian and African Frankincense Trees«, *Journal of Egyptian Archaeology* (London) 55: 66–72.

1992 *Pflanzenwelt der Bibel*, Stuttgart: Deutsche Bibelgesellschaft.

HILDEGARD VON BINGEN

1985 *Ursachen und Behandlung der Krankheiten*, Heidelberg: Haug.

1991 *Heilkraft der Natur: »Physica«*, Augsburg: Pattloch (erste textkritische Übersetzung).

1997 *Scivias – Wisse die Wege*, Augsburg: Pattloch (Weltbild Verlag).

HILLER, Helmut

1989 *Lexikon des Aberglaubens: Alte Volksweisheiten und Bräuche*, Bergisch-Gladbach: Bastei-Lübbe.

HINRICHSEN, Torkild

1994 *Erzgebirge: »Der Duft des Himmels«*, Hamburg: Altonaer Museum.

HIRSCHFELD, Magnus und Richard LINSERT

1930 *Liebesmittel: Eine Darstellung der geschlechtlichen Reizmittel (Aphrodisiaca)*, Berlin: Man Verlag.

HODGE, Carle

1991 *All About Saguaros*, Phoenix: Arizona Highways Books.

HÖFLER, Max

1892 *Wald- und Baumkult in Beziehung zur Volksmedicin Oberbayerns*, München: Stahl.

1911 »Volksmedizinische Botanik der Kelten«, *Archiv für Geschichte der Medizin* 5(1/2): 1–35, 5(4/5): 241–279.

1990 *Volksmedizinische Botanik der Germanen*, Berlin: VWB (Reprint von 1908).

1994 *Volksmedizin und Aberglaube in Oberbayern Gegenwart und Vergangenheit*, Vaduz/Liechtenstein: Sändig Reprint (von 1888).

HOFMANN, Albert

1997 »Die Suche nach Glück und Sinn«, in: Lothar RIEDEL (Hg.), *Die Suche nach Glück und Sinn: Beiträge zu den Basler Psychotherapietagen 1997*, Rheinfelden: Mandala Media, S. 103–112.

HOVORKA, O. v. und A. KRONFELD

1908 *Vergleichende Volksmedizin*, Stuttgart: von Strecker & Schröder (Bd. 1 zur Mistel: 305–309).

HYSLOP, Jon und Paul RATCLIFFE

1989 *A Folk Herbal*, Oxford: Radiation Publications.

ITALIAANDER, Rolf

1982 *Xocolatl: Ein süßes Kapitel unserer Kulturgeschichte* (2. Aufl.), Düsseldorf: Droste Verlag.

JORDANS, Wilhelm

1933 *Der germanische Volksglaube von den Toten und Dämonen im Berg und ihrer Beschwichtigung*, Bonn: Hanstein (Bonner Studien zur englischen Philologie, Heft XVII).

KAPLAN, Reid W.

1975 »The Sacred Mushroom in Scandinavia«, *Man* N.S. 10: 72–79.

KARAGEORGHIS, Vasso

1976 »A Twelfth-century BC Opium Pipe from Kition«, *Antiquity* 50: 125–129.

KASTER, Heinrich L.

1986 *Die Weihrauchstraße: Handelswege im alten Orient*, Frankfurt a. M.: Umschau.

KEEWAYDINOQUAY

1979 »The Legend of Miskwedo«, *Journal of Psychedelic Drugs* 11(1–2): 29–31.

KEMPER, Wolf-R.

2003 *Die »Cocaine Blues« Story*, Einführung von Christian Rätsch, Nachwort von Konstantin Wecker, Löhrbach: Welt-Beat in der Edition Rauschkunde.

KERÉNYI, Carl [= Karl]

1966 *Die Mythologie der Griechen*, München: dtv.

1983 *Apollo*, Dallas, Texas: Spring Publications.

KLAPP, Edzard

1985 »Rabenbrot«, *Curare Sonderband* 3: 67–72.

KLAPPER, Joseph

1936 *Der schlesische Berggeist Rübezahl*, Reihe: Schlesienbändchen, hrsg. v. Landesstelle für Heimatpflege in Niederschlesien, Breslau: Flemmings Verlag.

KLEINAU, Tilmann (Hg.)

2002 *Die Weihnachtshexe: Weihnachtliche Geschichten aus Italien* (2. Aufl.), München: dtv.

KLESSMANN, Eckart

1995 *Das Hamburger Weihnachtsbuch*, Hamburg: Kabel.

KLUGE, Heidelore

1988 *Zaubertränke und Hexenküche: Die geheimen Rezepte und Tinkturen der weisen Frauen*, München: Heyne.

KLUGE, Heidelore, R. Charles FERNANDO und Edzard F. KEIBEL

1999 *Weihrauch, Gold und Myrrhe: Nutzen Sie die Heilschätze der Natur*, Heidelberg: Haug.

KNUF, Joachim

1985 »Traditioneller Blitzschutz als Kommunikationsproblem«, *Volkskunst* 8(4): 18–22.

KÖLBL, Konrad

1983 *Kölbl's Kräuterfibel* (20. Auflage), Grünwald: Reprint-Verlag Konrad Kölbl.

KRÄUTERMANN, Valentino

1725 *Der Curieuse und vernünfftige Zauber-Arzt*, Frankfurt und Leipzig: E. L. Riedt.

KRAUSE, Wolfgang

1970 *Runen*, Berlin: De Gruyter.

KRONFELD, E.M.

1906 *Der Weihnachtsbaum: Botanik und Geschichte des Weihnachtsgrüns*, Oldenburg und Leipzig: Schulzesche Hof-Buchhandlung.

KRÜTZFELD, Kerstin

2002 »Muskat, die psychoaktive Nuss: Vom aphrodisischen Moschusduft zum synthetischen Entaktogen«, *Deutsche Apotheker Zeitung* 142(46): 58–67.

KÜSTER, Hansjörg

2001 »Die Suche nach Yggdrasil«, *Der Palmengarten* 65/1: 7–12.

KUTSCH, Angelika (Hg.)

1996 *Weihnachten, als ich klein war*, Hamburg: Friedrich Oetinger

LABOUVIE, Eva

1991 *Zauberei und Hexenwerk: Ländlicher Hexenglaube in der frühen Neuzeit*, Frankfurt a. M.: Fischer.

LANDY, Eugene E.

1971 *The Underground Dictionary*, New York: Simon and Schuster/A Touchstone Book.

LEMAIRE, Ton
1995 *Godenspijs of duivelsbrood: Op het spoor van de vliegenzwam*, Baarn: Ambo [»Götterspeise oder Teufelsbrot? Auf der Spur des Fliegenpilzes«]

LEWIN, Louis
1924 *Phantastica: Die Betäubenden und erregenden Genussmittel*, Berlin: Georg Stilke.
1927 *Phantastica: Die Betäubenden und erregenden Genussmittel. Für Ärzte und Nichtärzte* (2., erw. Aufl.), Berlin: Georg Stilke.

LIEBS, Elke
1988 *Das Köstlichste von allem: Von der Lust am Essen und dem Hunger nach Liebe*, Zürich: Kreuz Verlag.

LOMMEL, Herman
1949 »Mithra und das Stieropfer«, *Paideuma* 3(6/7): 207–218.

LONICERUS, Adamus
1679 *Kreuterbuch*, Franckfurt: Matthius Wagner.

LUCK, Georg
1990 *Magie und andere Geheimlehren in der Antike*, Stuttgart: Kröner.

LUDLOW, Fitz Hugh
2001 *Der Haschisch-Esser* (Klassiker der berauschten Literatur), Solothurn: Nachtschatten Verlag.

LURKER, Manfred
1987 *Lexikon der Götter und Symbole der alten Ägypter*, Bern usw.: Scherz.

LUSSI, Kurt
1996 »Verbotene Lust: Nächtliche Tänze und blühende Hanffelder im Luzerner Hexenwesen«, *Jahrbuch für Ethnomedizin und Bewusstseinsforschung* 4(1995): 115–142.
2002 *Im Reich der Geister und tanzenden Hexen: Jenseitsvorstellungen, Dämonen und Zauberglaube*, Aarau: AT Verlag.

MADEJSKY, Margret und Olaf RIPPE
1997 *Heilmittel der Sonne*, München: Verlag Peter Erd.

MAJUPURIA, Trilok Chandra und D.P. JOSHI
1988 *Religious and Useful Plants of Nepal and India*, Lalitpur: Gupta.

MANANDHAR, N. P.
2002 *Plants and People of Nepal*, Portland, Oregon: Timber Press.

MARTINETZ, Dieter, Karlheinz LOHS und Jörg JANZEN
1989 *Weihrauch und Myrrhe*, Stuttgart: WVG.

MARTINETZ, Dieter
1994 *Rauschdrogen und Stimulatien: Geschichte – Fakten – Trends*, Leipzig, Jena, Berlin: Urania.

MARZELL, Heinrich
1926 *Alte Heilkräuter*, Jena: Eugen Diederichs.
1935 *Volksbotanik: Die Pflanze im Deutschen Brauchtum*, Berlin: Verlag Enckehaus.
1964 *Zauberpflanzen – Hexentränke*, Stuttgart: Kosmos.

MATTHIOLUS, Pierandrea
1626 *Kreutterbuch*, Frankfurt a. M.: J. Fischers Erben.

MAUTNER, Uli und Bernd KÜLLENBERG
1989 *Arzneigewürze*, Wiesbaden: Jopp.

MEHLING, Marianne (Hg.)
1981 *Frohe Weihnacht: Geschichten, Lieder und Gedichte zur Advents- und Weihnachtszeit*, Würzburg: Edition Mehling.

MERCATANTE, Anthony
1980 *Der magische Garten*, Zürich: Schweizer Verlagshaus.

MERKELBACH, Reinhold
1984 *Mithras*, Königstein/Ts.: Hain.
1988 *Die Hirten des Dionysos*, Stuttgart: Teubner.

MESSNER, Reinhold
1998 *Yeti – Legende und Wirklichkeit*, Frankfurt/M.: S. Fischer.

METZNER, Ralph
1988 »The Mystical Symbolic Psychology of Hildegard von Bingen«, *ReVISION* 11(2): 3–12. (Auch in METZNER 2000: 73–87.)
1993 »Die schwarze Göttin, der grüne Gott und der wilde Mensch«, in: C. RÄTSCH (Hg.), *Naturverehrung und Heilkunst*, Südergellersen: Bruno Martin, S. 37–63.
1994 *Der Brunnen der Erinnerung: Von den mythologischen Wurzeln unserer Kultur*, Braunschweig: Aurum.
2000 *Das Mystische Grün: Die Wiedervereinigung des Heiligen mit dem Natürlichen*, Engerda: Arun-Verlag.

MILLEVILLE, René de
2002 *The Rhododendrons of Nepal*, Lalitpur: Himal Books.

MOERMAN, Daniel E.
1998 *Native American Ethnobotany*, Portland, Oregon: Timber Press.

MÖLLMANN, Klaus (Hg.)
1998 *Weihnacht bei den Trollen: Weihnachtliche Geschichten aus Skandinavien*, München: DTV.

MONTIGNAC, Michel
1996 *Gesund mit Schokolade*, Offenburg: Artulen-Verlag.

MOOKERJEE, Ajit
1988 *Kali – The Feminine Force*, London: Thames and Hudson.

MOST, Georg Friedrich
1843 *Encyclopädie der gesammten Volksmedicin*, Graz: Akademische Druck- und Verlagsanstalt (Reprint 1973).

MÜLLER, Irmgard
1982 *Die pflanzlichen Heilmittel bei Hildegard von Bingen*, Salzburg: Otto Müller Verlag.

MÜLLER-EBELING, Claudia
1991 »Wolf und Bilsenkraut, Himmel und Hölle: Ein Beitrag zur Dämonisierung der Natur«, in: Susanne G. SEILER (Hg.), *Gaia – Das Erwachen der Göttin*, Braunschweig: Aurum, S. 163–182.
1993 »Die Dämonisierung der Natur«, in: C. RÄTSCH (Hg.), *Naturverehrung und Heilkunst*, Südergellersen: Bruno Martin, S. 23–35.

MÜLLER-EBELING, Claudia, Christian RÄTSCH und Wolf-Dieter STORL
1998 *Hexenmedizin: Die Wiederentdeckung einer verbotenen Heilkunst – schamanische Traditionen in Europa*, Aarau: AT Verlag.

MÜLLER-EBELING, Claudia, Christian RÄTSCH und Surendra Bahadur SHAHI
2000 *Schamanismus und Tantra in Nepal*, Aarau: AT Verlag.

MUTHMANN, Friedrich
1982 *Der Granatapfel: Symbol des Lebens in der Alten Welt*, Bern: Verlag Office du Livre (Schriften der Abegg-Stiftung).

NAUWALD, Nana
2002 *Bärenkraft und Jaguarmedizin: Die bewusstseinsöffnenden Techniken der Schamanen*, Aarau: AT Verlag.

Navarro, Fray Juan
1992 *Historia natural o Jardín Americano (Manuscrito de 1801)*, México, D.F.: UNAM.
Nemec, Helmut
1976 *Zauberzeichen: Magie im volkstümlichen Bereich*, Wien und München: Verlag Anton Schroll.
Norman, Jill
1991 *Das grosse Buch der Gewürze*, Aarau: AT Verlag.
Paczensky, Gert von und Anna Dünnebier
1999 *Kulturgeschichte des Essens und Trinkens*, München: Orbis Verlag.
Pahlow, Mannfried
1993 *Das große Buch der Heilpflanzen* (überarb. Neuausgabe), München: Gräfe und Unzer.
Papajorgis, Kostis
1993 *Der Rausch: Ein philosophischer Aperetif*, Stuttgart: Klett-Cotta.
Pendergrast, Mark
1996 *Für Gott, Vaterland und Coca-Cola*, München: Heyne (englische Originalausgabe: *For God, Country and Coca-Cola*, New York: C. Scribner's Sons 1993, Neuaufl. 2000).
Perger, K. Ritter von
1864 *Deutsche Pflanzensagen*, Stuttgart und Oehringen: Schaber.
Peuckert, Will-Erich
1951 *Geheimkulte*, Heidelberg: Carl Pfeffer Verlag (Nachdruck Hildesheim, Olms Verlag, 1988).
1978 *Deutscher Volksglaube im Spätmittelalter*, Hildesheim und New York: Georg Olms Verlag (Nachdruck der Ausgabe von 1942).
Pfyl, Paul und Heinz Knieriemen
1998 *Vogelbeere, Schlehe, Hagebutte: Die besten Rezepte*, Aarau: AT Verlag.
Philpot, J. H.
1994 *The Sacred Tree or The Tree in Religion and Myth*, Felinfach: Llanerch Publishers (Reprint von 1897).
Pieper, Werner
1998 *Die Geschichte des O.: Opiumfreuden – Opiumkriege*, Löhrbach: Edition Rauschkunde.
Plinius, C. Secundus d. Ä.
1973ff. *Naturkunde* (37 Bücher), hrsg. u. übers. von Roderich König in Zusammenarbeit mit Gerhard Winkler, München: Heimeran.
Plowman, Timothy
1977 »*Brunfelsia* in Ethnomedicine«, *Botanical Museum Leaflets* 25(10): 289–320.
Pohlhausen, Henn
1953 »Zum Motiv der Rentierversenkung der Hamburger und Ahrensburger Stufe ...«, *Anthropos* 48: 987–990.
Prahn, Hermann
1922 *Pflanzennamen* (3. Aufl.), Berlin: Schnetter & Dr. Lindemeyer.
Praetorius, Johannes
1669 *Blockes-Berges Verrichtung*, Leipzig: Johann Scheiben/Frankfurt a. M.: Friedrich Arnsten.
Rätsch, Christian
1987 »Der Rauch von Delphi: Eine ethnopharmakologische Annäherung«, *Curare* 10(4): 215–228.
1992 »Die heiligen Pflanzen unserer Ahnen«, in: C. Rätsch (Hg.), *Das Tor zu inneren Räumen*, Südergellersen: Verlag Bruno Martin, S. 95–103.
1994a »Der Met der Begeisterung und die Zauberpflanzen der Germanen«, in: Ralph Metzner, *Der Brunnen der Erinnerung*, Braunschweig: Aurum, S. 231–249.
1994b »Die Alraune in der Antike«, *Annali dei Musei Civici dei Rovereto* 10: 249–296.
1995 *Heilpflanzen der Antike in Ägypten, Griechenland und Rom*, München: Diederichs.
1996a *Räucherstoffe – Der Atem des Drachen: Ethnobotanik, Rituale und praktische Anwendungen*, Aarau, Stuttgart: AT Verlag.
1996b *Urbock: Bier jenseits von Hopfen und Malz*, Aarau: AT Verlag.
1998a *Hanf als Heilmittel: Ethnomedizin, Anwendungen und Rezepte* (vollständig überarbeitete und ergänzte Neuauflage), Aarau: AT Verlag.
1998b *Enzyklopädie der psychoaktiven Pflanzen*, Aarau: AT Verlag.
2000 »Tengu – Der Geist des Fliegenpilzes«, in: Wolfgang Bauer et al. (Hg.), *Der Fliegenpilz: Traumkult, Märchenzauber, Mythenrausch*, Aarau: AT Verlag, S. 66–71.
2002a »Aztekenkakao, Echter Kakao und Jaguarbaum«, in: Hartmut Roder (Hg.), *Schokolade*, Bremen: Edition Temmen/Übersee-Museum, S. 91–99.
2002b *Schamanenpflanze Tabak. Band 1: Kultur und Geschichte des Tabaks in der Neuen Welt*, Solothurn: Nachtschatten Verlag.
2002c »War der Weihnachtsman ein Schamane? Glückspilze unterm Tannenbaum«, *KGS* 12/02: 14–15.
Rätsch, Christian und Heinz Probst
1985 *Namaste Yeti: Geschichten vom wilden Mann*, München: Knaur.
Rätsch, Christian und Claudia Müller-Ebeling
2003 *Lexikon der Liebesmittel: Pflanzliche, mineralische, tierische und synthetische Aphrodisiaka*, Aarau: AT Verlag.
Rätsch, Christian und Jonathan Ott
2003 *Coca und Kokain: Ethnobotanik, Kunst und Chemie*, Aarau: AT Verlag.
Rahner, Hugo
1957 *Griechische Mythen in christlicher Deutung*, Zürich: Rhein-Verlag.
Reko, Victor A.
1938 *Magische Gifte: Rausch- und Betäubungsmittel der neuen Welt* (2. überarb. Aufl.), Stuttgart: Enke.
Rias-Bucher, Barbara
2001 *Das Weihnachts-ABC*, München: dtv.
Rippe, Olaf, Margret Madejsky, Max Amann, Patricia Ochsner und Christian Rätsch
2001 *Paracelsusmedizin: Altes Wissen in der Heilkunst von heute*, Aarau: AT Verlag.
Riemerschmidt, Ulrich
1962 *Weihnachten: Kult und Brauch – einst und jetzt*, Hamburg: Marion von Schröder Verlag.
Root, Waverley
1996 *Wachtel, Trüffel, Schokolade: Die Enzyklopädie der kulinarischen Köstlichkeiten*, München: Goldmann (btb).
Rosenbohm, Alexandra
1991 *Halluzinogene Drogen im Schamanismus: Mythos und Ritual im kulturellen Vergleich*, Berlin: Dietrich Reimer Verlag.

1995 »Zwischen Mythologie und Mykologie: Der Fliegenpilz als Heilmittel«, *Curare* 18(1): 15–23.

ROTH, Lutz, Max DAUNDERER und Kurt KORMANN

1994 *Giftpflanzen – Pflanzengifte* (4. überarbeitete und wesentlich erweiterte Auflage), Landsberg, München: Ecomed.

ROVESTI, Paolo, hrsg. von Susanne FISCHER-RIZZI

1995 *Auf der Suche nach den verlorenen Düften: Eine aromatische Kulturgeschichte*, München: Hugendubel (Irisiana).

RÜTTNER-COVA, Sonja

1988 *Frau Holle: Die gestürzte Göttin*, Basel: Sphinx.

RUST, Jürgen

1983 *Aberglaube und Hexenwahn in Schleswig-Holstein*, Garding: Cobra-Verlag.

SAMORINI, Giorgio

2002 *Liebestolle Katzen und berauschte Kühe: Vom Drogenkonsum der Tiere*, Aarau: AT Verlag.

SAHAGUN-SELER, Eduard

1927 *Einige ausgewählte Kapitel aus dem Geschichtswerke des Fray Bernardino de Sahagun*, Stuttgart: Strecker und Schröder.

SCHADEWALDT, Wolfgang

1980 *Sternsagen*, Frankfurt a. M.: Insel.

1990 *Der Gott von Delphi*, Frankfurt a. M.: Insel.

SCHENK, Gustav

1943a *Das wunderbare Leben – Roman*, Berlin: Verlag Die Heimbücherei John Jahr.

1943b *Traum und Tat – Aufzeichnungen aus zwei Jahrzehnten*, Hannover: Adolf Sponholtz Verlag.

1948 *Schatten der Nacht: Die Macht des Giftes in der Welt*, Hannover: Adolf Sponholtz Verlag.

1954 *Das Buch der Gifte*, Berlin: Safari-Verlag.

1959 *Vor der Schwelle der letzten Dinge: Über die neuesten Forschungen und Erkenntnisse der Chemie und Physik*, Berlin: Safari-Verlag (Neuauflage).

1960 *Die Bärlapp-Dynastie: Eine Pflanze erobert die Erde*, West-Berlin, Herrenalb/Schw., Frankfurt a. M.: Verlag für Internationalen Kulturaustausch.

SCHIERING, Walther

1927 »Bilsenkraut: Eine okkultistisch-kulturgeschichtliche Betrachtung«, in: *Zentralblatt für Okkultismus*, S. 23–31, Leipzig.

SCHIPPERGES, Heinrich

1990 *Der Garten der Gesundheit: Medizin im Mittelalter*, München: dtv.

SCHIVELBUSCH, Wolfgang

1983 *Das Paradies, der Geschmack und die Vernunft: Eine Geschichte der Genussmittel*, Frankfurt a. M. usw: Ullstein.

SCHMIDT, Brian B.

1995 »The ›Witch‹ of En-dor, 1 Samuel 28, and Ancient Near Eastern Necromancy«, in: Marvin MEYER und Paul MIRECKI (Hg.), *Ancient Magic and Ritual Power*, Leiden usw.: E. J. Brill, S. 111–129.

SCHOEN, Ernest

1963 *Nomina popularia plantarum medicinalium*, [Schweiz]: Galenica.

SCHÖPF, Hans

1986 *Zauberkräuter*, Graz: Adeva.

2001 *Volksmagie: Vom Beschwören, Heilen und Liebe zaubern*, Graz, Wien, Köln: Styria.

SCHOPEN, Armin

1983 *Traditionelle Heilmittel in Jemen*, Wiesbaden: Franz Steiner Verlag.

SCHWARZ, Aljoscha und Ronald SCHWEPPE

1997 *Von der Heilkraft der Schokolade: Geniessen ist gesund*, München: Verlag Peter Erd.

SELIGMANN, Siegfried

1996 *Die magischen Heil- und Schutzmittel aus der belebten Natur: Das Pflanzenreich*, aus dem Nachlass bearb. u. hrsg. von Jürgen ZWERNEMANN, Berlin: Reimer.

1999 *Die magischen Heil- und Schutzmittel aus der belebten Natur: Das Tierreich*, aus dem Nachlass bearb. u. hrsg. von Jürgen ZWERNEMANN, Berlin: Reimer.

SELLAR, Wanda und Martin WATT

1997 *Weihrauch und Myrrhe: Anwendung in Geschichte und Gegenwart*, München: Knaur.

SEYFRIED, Gerhard

2003 *Cannabis Collection – Kiff-Cartoons 1973–2003*, Solothurn: Nachtschatten Verlag.

SIEGEL, Ronald K.

1995 *Rauschdrogen: Sehnsucht nach dem Künstlichen Paradies*, Frankfurt a. M.: Eichborn.

SIMEK, Rudolf

1984 *Lexikon der germanischen Mythologie*, Stuttgart: Kröner.

SIMON, Erika

1990 *Die Götter der Römer*, München: Hirmer.

SMITH, Kile

2000 »William Henry Fry (1813–1864)«, im Begleitheft zur CD *American Classics: William Henry Fry – Santa Claus Symphony*, Royal Scottish National Orchestra unter Leitung von Tony Rowe (Naxos, HNH International Ltd., 8.559057).

SÖHNS, Franz

1920 *Unsere Pflanzen. Ihre Namenserklärung und ihre Stellung in der Mythologie und im Volksglauben*, 6. Aufl., Leipzig: Teubner.

SPAMER, Adolf

1937 *Weihnachten in alter und neuer Zeit*, Jena: Eugen Diederichs Verlag.

STARKS, Michael

1981 *The Fabulous Illustrated History of Psychoactive Plants or Great Grandma's Pleasures*, Mason, Michigan: Loompanics Unlimited.

STEWART, F. E.

1885 »Coca-leaf Cigars and Cigarettes«, *Philadelphia Medical Times and Register* 15: 933–935.

STOFFLER, Hans-Dieter

1978 *Der Hortulus des Walahfried Strabo: Aus dem Kräutergarten des Klosters Reichenau*, Sigmaringen: Jan Thorbecke Verlag.

STORL, Wolf-Dieter

1988 *Feuer und Asche – Dunkel und Licht: Shiva – Urbild des Menschen*, Freiburg i. B.: Bauer.

1993 *Von Heilkräutern und Pflanzengottheiten*, Braunschweig: Aurum.

1996a *Kräuterkunde*, Braunschweig: Aurum.

1996b *Heilkräuter und Zauberpflanzen zwischen Haustür und Gartentor*, Aarau: AT Verlag.

1997 *Pflanzendevas – Die Göttin und ihre Pflanzenengel*, Aarau: AT Verlag.

2000a *Götterpflanze Bilsenkraut*, Solothurn: Nachtschatten Verlag.
2000b *Pflanzen der Kelten*, Aarau: AT Verlag.
2000c »Die Werkzeuge der Wurzelgräber: Elemente archaischer Pflanzensammelrituale«, in: Franz-Theo GOTTWALD und Christian RÄTSCH (Hg.), *Rituale des Heilens: Ethnomedizin, Naturerkenntnis und Heilkraft*, Aarau: AT Verlag, S. 91–100.
2002 *Shiva – Der wilde, gütige Gott: Tor zur Wahrheit, Weisheit, Wonne*, Burgrain: KOHA-Verlag [KTM].

STRASSMANN, René A.
1994 *Baumheilkunde*, Aarau: AT Verlag.

STRÖTER-BENDER, Jutta
1994 *Liebesgöttinnen: Von der Großen Mutter zum Hollywoodstar*, Köln: DuMont.

STUTLEY, Margaret
1985 *The Illustrated Dictionary of Hindu Iconography*, London usw.: Routledge & Kegan Paul.

TABERNÆMONTANUS, Jacobus Theodorus
1731 *Neu Vollkommen Kräuter-Buch*, vermehrt von Casparum und Hieronymum BAUHINIUM, Basel: Verlag Johann Ludwig König.

TACITUS
1988 *Germania – Bericht über Germanien*, München: dtv.

THÜRY, Günther E. und Johannes WALTER
1999 *Condimenta: Gewürzpflanzen in Koch- und Backrezepten aus der römischen Antike* (3. Aufl.), Herrsching: Rudolf Spann Verlag.

USTERI, A.
1926 *Pflanzenmärchen und -sagen* (2. Aufl.), Basel: Rudolf Seering.

VAN RENTERGHEM, Tony
1995 *When Santa Was a Shaman: The Ancient Origins of Santa Claus & the Christmas Tree*, St. Paul, Minnesota: Llewellyn.

VAUPEL, Elisabeth
2002 *Gewürze – Acht kulturhistorische Porträts*, München: Katalog des Deutschen Museums.

VENZLAFF, Helga
1977 *Der marokkanische Drogenhändler und seine Ware*, Wiesbaden: Franz Steiner.

VINCI, Leo
1980 *Incense: Its Ritual Significance, Use and Preparation*, New York: Samuel Weiser.

VLČEK, Emanuel
1959 »Old literary Evidence for the Existence of the ›Snow Man‹ in Tibet and Mongolia«, *Man* 203/204: 133–134, Plate H.

VLČEK, Emanuel, Josef KOLMAS und Pavel POUCHA
1960 »Diagnosis of the ›Wild Man‹ according to Buddhist Literary Sources from Tibet, Mongolia and China«, *Man* 193/194: 153–155.

VONARBURG, Bruno
1993 »Wie die Innerrhoder ›räuchelen‹«, *Natürlich* 13(12): 13.
2002a »Sonne tanken bei der Christrose«, *Natürlich* 22(1): 66–68.
2002b »Weihnächtliche Pflanzensymbole«, *Natürlich* 22(12): 20–22.

VOSSEN, Rüdiger
1985 *Weihnachtsbräuche in aller Welt: Weihnachtszeit – Wendezeit, Martini bis Lichtmess*, Hamburg: Christians Verlag.

VRIES, herman de
1984 *natural relations I – die marokkanische sammlung*, Nürnberg: Institut für moderne Kunst/Stuttgart: Galerie d+c mueller-roth.
1985 »hermel, harmel, harmal, peganum harmala, die steppenraute, ihr gebrauch in marokko als heilpflanze und psychotherapeutikum«, *Salix* 1(1): 36–40.
1989 *natural relations*, Nürnberg: Verlag für moderne Kunst.
1993 »heilige bäume, bilsenkraut und bildzeitung«, in: C. RÄTSCH (Hg.), *Naturverehrung und Heilkunst*, Südergellersen: Verlag Bruno Martin, S. 65–83.

WALLBERGEN, Johann
1988 [*Johann Wallbergens Sammlung*] *Natürlicher Zauberkünste* (1769), hrsg. und mit einem Essay versehen von Christopf Hein, Leipzig und Weimar: Gustav Kiepenheuer Verlag (Bibliothek des 18. Jahrhunderts).

WASSON, R. Gordon
1968 *Soma: Divine Mushroom of Immortality*, New York: Harcourt Brace Jovanovich.
1986 »Lightningbolt and Mushroom«, in: R.G. WASSON et al., *Persephone's Quest: Entheogens and the Origins of Religion*, New Haven and London: Yale University Press, S. 83–94.

WEBER-KELLERMANN, Ingeborg
1987 *Das Weihnachtsfest: Eine Kultur- und Sozialgeschichte der Weihnachtszeit*, München, Luzern: Bucher.

WELTZIEN, Diane von
1994 »Ritual des Todes – Tod des Rituals«, *Connection* 10(1): 8–12.

WERFEL, Franz
1981 *Stern der Ungeborenen – Ein Reiseroman*, Frankfurt a. M.: Fischer TB.

WERNECK, Heinrich L. und Franz SPETA
1980 *Das Kräuterbuch des Johannes Hartlieb*, Graz: Akademische Druck- und Verlagsanstalt (Adeva).

WEUSTENFELD, Wilfried
1995 *Zauberkräuter von A–Z: Heilende und mystische Wirkung*, München: Verlag Peter Erd.
1996 *Heilkraft, Kult und Mythos von Bäumen und Sträuchern*, München: Verlag Peter Erd.

WIEDEMANN, Inga
1992 *Cocataschen aus den Anden*, Berlin: Haus der Kulturen der Welt.

WIESHAMMER, Rainer-Maria
1995 *Der 5. Sinn: Düfte als unheimliche Verführer*, Rott am Inn: F/O/L/T/Y/S Edition.

WOHLSTEIN, Herman
1959 »Heilige Bäume und Pflanzen«, *Ethnos* 1–2: 81–84.

ZIMMERER, E. W.
1896 *Kräutersegen*, Donauwörth: Auer.

ZOOZMANN, Richard
1927 *Pflanzen-Legenden: Schlichtfromme Erzählungen von Blumen, Büschen und Bäumen* (2. Aufl.), Karlsruhe: Badenia A.-G.

ZOHARY, Michael
1986 *Pflanzen der Bibel* (2. erw. Aufl.), Stuttgart: Calwer.

Register

Christian Rätsch
Enzyklopädie der psychoaktiven Pflanzen
Botanik, Ethnopharmakologie und Anwendungen
Mit einem Vorwort von Albert Hofmann

Christian Rätsch, Claudia Müller-Ebeling
Lexikon der Liebesmittel
Pflanzliche, mineralische, tierische und synthetische Aphrodisiaka

Christian Rätsch
Räucherstoffe – Der Atem des Drachen
Ethnobotanik und Rituale – 72 Pflanzenporträts und praktische Anwendungen

Claudia Müller-Ebeling, Christian Rätsch, Wolf-Dieter Storl
Hexenmedizin
Die Wiederentdeckung einer verbotenen Heilkunst – Schamanische Traditionen in Europa

Christian Rätsch, Claudia Müller-Ebeling, Surendra Bahadur Shahi
Schamanismus und Tantra in Nepal
Heilmethoden, Thankas und Rituale aus dem Himalaya

Christian Rätsch
Pflanzen der Liebe
Aphrodisiaka in Mythos, Geschichte und Gegenwart

Richard E. Schultes, Albert Hofmann, neu überarbeitet von C. Rätsch
Pflanzen der Götter
Die magischen Kräfte der bewusstseinserweiternden Gewächse
Mit Pflanzenlexikon und Übersicht zur Anwendung

Christian Rätsch und Roger Liggenstorfer (Hg.)
Pilze der Götter
Von Maria Sabina und dem traditionellen Schamanentum zur weltweiten Pilzkultur

Christian Rätsch, Jonathan Ott
Coca und Kokain
Ethnobotanik, Kunst und Chemie

Christian Rätsch
Hanf als Heilmittel
Ethnomedizin, Anwendungen und Rezepte

Susanne Fischer-Rizzi
Himmlische Düfte
Aromatherapie
Anwendung wohlriechender Pflanzenessenzen und ihre Wirkung auf Körper und Seele

Susanne Fischer-Rizzi
Botschaft an den Himmel
Anwendung, Wirkung und Geschichten von duftendem Räucherwerk

AT Verlag
Stadtturmstrasse 19
CH-5401 Baden
Telefon ++41-(0)62 836 62 46
Fax ++41-(0)62 836 66 67
E-Mail: at-verlag@azag.ch
Internet: www.at-verlag.ch